W0192874

Segeln mit
Wind und Wonne

Udo Breiholz

Segeln mit Wind und Wonne

Aufgeschrieben für Mitsegler
und werdende Skipper

DSV-Verlag

Udo Breiholz • Segeln mit Wind und Wonne
ISBN 3-88412-360-2
1. Auflage
© 2001 by DSV-Verlag
Gründgensstraße 18, 22309 Hamburg, Tel. 040/63 20 09-18, Fax 040/63 20 09-25
Sämtliche Rechte der Speicherung, Nachnutzung sowie der Verbreitung sind vorbehalten.

Herausgeber: Peter Krampe
Titelbild: J. Blume • Layout: W. Isensee • Druck: Neue Stalling, Oldenburg
Printed in Germany

Vorwort

Mit den hier vorliegenden Ausführungen sollen vor allem diejenigen angesprochen werden, die gelegentlich Mitsegler oder Vorschoter sind und die aus Spaß und Interesse an der Sache wenigstens so viele Kenntnisse erwerben möchten, dass sie sinnvoll mitmachen können und Zusammenhänge verstehen. Nur trimmbarer Ballast zu sein, ist eben auf Dauer zu wenig. Das Buch soll darüber hinaus all denjenigen erklärend zur Seite stehen, die in irgendeiner Form das Segeln kennen gelernt haben, die vielleicht schon den Kauf eines eigenen kleinen Sportbootes planen, aber letztlich noch nicht so recht wissen, auf was sie sich da einlassen.

Dies ist kein Lehrbuch im herkömmlichen Sinne, obwohl es für den Einsteiger sicherlich viel zu lernen gibt. In erster Linie soll aber nicht doziert, sondern erzählt werden, etwa so, wie ein erfahrener Skipper in zwanglosen und möglichst unkomplizierten Gesprächen seinen Partner/seine Partnerin in die Welt des Segelns einführen würde, damit beide zu einem guten Team zusammenwachsen. Was man später aus dem so vermittelten Grundwissen macht, ist jedem selbst überlassen. Die Vorstellungen eines Newcomers reichen erfahrungsgemäß vom Schönwettersegelbootfahren über das Tourenskippern und Hartwindsegeln bis zu profimäßigen Regattawettfahrten – wer weiß schon gleich am Anfang seiner Karriere, wohin es ihn führen wird? Vielleicht aber auch bleibt mancher liebend gerne „nur" Vorschoter, aber einer mit genug Kenntnissen, um auf jedem Boot als Mitsegler willkommen zu sein.

Der Autor dieses Buches segelt aktiv seit Jugendzeiten, war Eigner diverser Jollen sowie eines Jollenkreuzers und ist zurzeit begeistert von seinem trailerbaren Kielschiff. Viele Erfahrungen sammelte er zudem auf größeren Yachten bei mehrwöchigen Törns, unter anderem nach Skandinavien, England, Schottland und Irland.
Die eigentliche Liebe gehört jedoch dem sportlichen Daysailing auf reizvollen Binnengewässern und im Wattenmeer sowie im Küstenbereich der Ostsee.

Mehrere Jahre leitete er eigenverantwortlich die ehrenamtliche A-Schein-Ausbildung in einem norddeutschen Traditionsclub, im Übrigen ist er seit 1978 als DSV-Prüfer tätig. Die Verbindung zum Seglernachwuchs ist eigentlich nie unterbrochen gewesen, die immer wiederkehrenden Fragen und Probleme der Einsteiger sind nur zu gut bekannt.

Dieses Buch sollte dazu beitragen, die Voraussetzungen für sicheres und auch spaßvolles (Mit-)Segeln zu schaffen. Es behandelt alles, was mit dem Wind und einem Boot zu tun hat und was als Basis für weitergehende Ambitionen von Bedeutung sein kann.

Letztlich gilt das Prinzip des „learning by doing": 20 Bücher können nicht so viel Praxis vermitteln wie ein Segelnachmittag auf einem Sportboot, wenn man mit offenen Augen bei der Sache ist.

In diesem Sinne: Willkommen an Bord!

Udo Breiholz

Was mir noch am Herzen liegt:
Wo immer Sie in den folgenden Kapiteln dieses Buches personifizierende Formulierungen wie Seg**ler**, Vorschot**er** oder **Mann**schaft und dergleichen finden, verstehen Sie diese bitte als Synonyme sowohl für das Männliche als auch für das Weibliche! Sie ersparen mir damit Wortkrücken à la Segler-**innen**, Vorschoter-**innen** oder Mann-**Frau**schaft, wie sie in manchen Szeneblättern mit modernistischen Abhandlungen über die „Emanzipation der unterdrückten Frau in der patriarchalisch strukturierten Gesellschaft von heute" zu finden sind.

Sie, liebe **Leserin**, werden auch ohne sprachliche Mätzchen wissen, dass Sie an der Pinne eines Bootes kein Steuer**mann** sind.

Danke für Ihr Verständnis!

Gewidmet
meinem Vorschoter:

Karen

Kleine Jolle auf großer Fahrt.

Inhalt

*Abendstimmung auf
einem Binnensee*

12

1 Schicksalsfrage

Eines Tages – und nichts Besseres kann Ihnen eigentlich passieren – werden Sie vielleicht mal gefragt: „Hast du Lust, am Wochenende mit mir zu segeln?"

Neben einigen banalen Ausreden von der Art „Ich weiß nicht so recht, eigentlich heirate ich morgen und dann geht's in die Flitterwochen ...", oder (noch fadenscheiniger): „Wäre mir schon recht, aber ich möchte doch lieber etwas Sinnvolles machen ...!", gibt es bei der gestellten Frage lediglich zwei Antwortmöglichkeiten: Entweder glauben Sie zu wissen, dass Segeln nur mit den unangenehmen Dingen des Lebens zu tun hat, und lehnen deshalb dankend ab, oder aber Sie sind ein spontaner und zukunftsneugieriger Mensch und nehmen die Einladung dankend an.

Wie Sie sich auch entscheiden, Sie haben sich richtig verhalten, es kommt eben immer auf den persönlichen Standpunkt an.

Im Falle der Verweigerung kann ich nur empfehlen: Bleiben Sie bei Ihrer Meinung! Sie ersparen sich eine Menge Ärger, Frust, nasse Klamotten, zerzauste Frisuren, klamme Finger und nicht zuletzt manche Geldausgabe.

Im Falle der freudigen Zustimmung können Sie sicher sein, Einblick zu gewinnen in ein Hobby, das einem ansonsten ausgeglichenen Dasein unendlich viele Topp-Kicks an Lebensqualität vermitteln kann. Wenn Sie dann noch das Glück haben, von einer kompetenten und umgangsfreundlichen Person in die Welt des Segelsports eingeführt zu werden, steht dem schicksalhaften Beginn einer permanenten Lebensbereicherung nichts mehr im Wege.

Wer es erlebt hat, wird mir zustimmen: Segeln kann wie eine Droge sein, mit der umzugehen man lernen muss. Sie werden zu Ihrem Boot eine ganz andere Beziehung haben als zu Ihrem Auto, obwohl doch beide lediglich der Fortbewegung dienen. Falls jemand ein anderes Hobby betreibt: Gibt er seinem Tennisschläger, Rennrad oder Klavier einen Namen? Aber seinem Boot! Er haucht ihm damit gleichsam eine Seele ein, als wäre es ein edles Dressurpferd. Warum nur?

Lange segelfreie Winterabende können dazu ermuntern, über dieses und andere Phänomene rund um das Boot nachzudenken. Man kommt dabei leicht in den Bereich des Philosophischen und bedarf dann im Falle einer geistigen Verstopfung der psychischen Unterstützung eines vertrauten Mitmenschen, der das alles nicht so schwer nimmt.

Zurück zu unserer Schicksalsfrage: Sie haben sich entschieden? Sie haben „Ja!" gesagt? Dann wollen wir gemeinsam unseren ersten Segelausflug starten.

2   Leinen los!

Bevor wir uns auf den Weg zu unserem Boot machen, darf ich noch einmal vergleichend das Auto beanspruchen: Was geschieht, wenn wir damit beispielsweise zu einem Bekannten fahren, um diesen zu besuchen? Klar: Wir setzen uns hinein, starten den Motor und fahren los – viel mehr ist es nicht. Die Fortbewegung mit einem Segelboot ist notgedrungen anders, denn dieses liegt meistens nicht startklar vor unserer Haustür oder in der Garage. Wir müssen erst eine mehr oder (hoffentlich) weniger lange Anreise vornehmen, bevor das eigentliche Segelabenteuer beginnen kann. Je länger zeitlich die Anfahrt, umso sorgfältiger sollten wir – egal, ob als Mitsegler oder Eigner – gewisse Dinge vorher planen und überlegen. Wie ärgerlich wäre es doch, nach einer Stunde Fahrtzeit den Hafen freudig erregt in Sicht zu haben und erst dann festzustellen, dass man die Schlüssel für eine Backskiste oder gar die Segel vergessen hat. Tunlichst konzentrieren wir uns lieber vorher und haken gedanklich ab, was von Bedeutung sein könnte:

- Hafen- und Bootsschlüssel dabei?
- Richtige Kleidung eingepackt?
- Getränke mitnehmen? (Es muss/sollte kein Alkohol sein!)
- Sonnenschutzmittel?
- Eine neue Festmacherleine gekauft, weil die jetzige total durchgescheuert und brüchig ist?
- Katze versorgt? usw., usw.
- Wollten Sie nicht auch noch Ihr Handy mitnehmen?
  (Ob Sie es dabei haben müssen, hängt von den Notwendigkeiten Ihres sozialen und beruflichen Umfeldes ab. Glücklicher sind Sie bei der Ausübung eines Hobbys vermutlich ohne ständige Erreichbarkeit.)

Dann endlich, spätestens im zweiten Anlauf, sind wir mit allen notwendigen Utensilien bei unserem Boot angekommen, das schon unruhig an den Festmacherleinen zerrend auf uns wartet. Vorsicht!!! Springen Sie niemals ungestüm oder gar trampelig auf das Deck eines kleinen Schiffchens! Das Boot oder Sie könnten Schaden nehmen, z. B. wenn Sie auf einem nassen Holzdeck ausrutschen oder in der Hektik das Gleichgewicht verlieren. Bewegen Sie sich, und das gilt eigentlich auch für das Verhalten auf großen Yachten, möglichst immer nach Art einer Katze, ich möchte fast sagen: mit einer gewissen Eleganz, wenn Sie wissen, was ich damit meine. Alles Laute, Deftige und Grobe ist auf Segelbooten eigentlich verpönt, es gilt als unfein, stört andere und muss nicht sein.

Wie Sie sicher schon geahnt haben: Segeln hat auch eine Menge mit unserem Gleichgewichtsgefühl zu tun, und je kleiner ein Boot, desto mehr ist darauf zu achten, dass man nicht für sich allein oder auch im Zusammenwirken mit der gesamten Mannschaft im falschen Moment den falschen Schritt macht oder auf der falschen Seite sitzt. Es gibt übrigens kleine, leichte Boote, da liegen die größten Schwierigkeiten Ihres Segelausflugs schon hinter Ihnen, sobald Sie erst einmal mit trockenen Füßen das Cockpit erreicht haben. Es gibt des Weiteren Boote, die mit einer Persenning bedeckt sind, die vor Schmutz, Sonne und Regenwasser schützt. Ich verkneife mir zu erwähnen, dass Sie diese vermutlich abgenommen haben, bevor Sie die weiteren Vorbereitungen treffen.

Und da sitzen wir nun das erste Mal auf einem Segelboot und warten gespannt, wie wir damit aus dem Hafen heraus auf die vor uns liegende freie Wasserfläche gelangen.

Glauben Sie mir: Das richtige Segelsetzen und Ablegen ist eine verdammt einfache Sache. Umso mehr verwundert es mich immer wieder, wenn auch langjährige Segler gelegentlich durch zu große Gleichgültigkeit, übertriebene Hast oder unter Missachtung der einfachsten Grundregeln heikle Situationen für sich, ihr eigenes Boot und das ihrer Stegnachbarn verursachen und in Kauf nehmen, nur um vielleicht zwei Minuten schneller abzulegen.

Schwierigkeiten bereitet es allerdings, den in der Praxis so einfachen Vorgang genauso einfach in Worte zu fassen. Sie kennen den so genannten „Wendeltreppeneffekt": Jeder weiß, was eine Wendeltreppe ist, aber beschreiben Sie das mal kurz und bündig! Meistens wird automatisch eine kreisende Handbewegung zu Hilfe genommen, weil es mit Worten allein zu umständlich ist. Den Fußballfan darf ich diesbezüglich an die berüchtigte Abseitsregel erinnern. Mussten Sie die schon mal jemandem erklären?

Versuchen wir es also jetzt mit unserem Problem und vergleichen Sie bitte mit der zugehörigen Skizze:

Ich empfehle, ein **Ablegemanöver in drei Schritten** vorzunehmen.

1. Mit dem Paddel oder durch Abstoßen per Hand oder mit einem Bootshaken hangeln wir uns von Pfahl zu Pfahl aus der Box heraus bis zu einer Stelle möglichst am Hafenrand, von der wir später ohne Schwierigkeiten ins freie Wasser hineinsegeln können. Wichtig ist, dass wir hier ein paar Bootslängen freien Raum nach Lee haben, also zu der Richtung hin, in die der Wind weht. An dieser Stelle, an der wir möglichst auch niemanden behindern, der ein- oder auslaufen will, machen wir das Boot mit der Vorleine an einem Pfahl fest, und ohne unser Zutun wird es sich mit dem Bug so in den Wind legen, dass dieser genau von vorne auf uns zukommt. Nun kann das Boot frei schwojen, d. h. mit dem vielleicht etwas unruhigen Wind hin- und herpendeln, und wir können in Ruhe die weiteren Vorbereitungen treffen. Wie schon

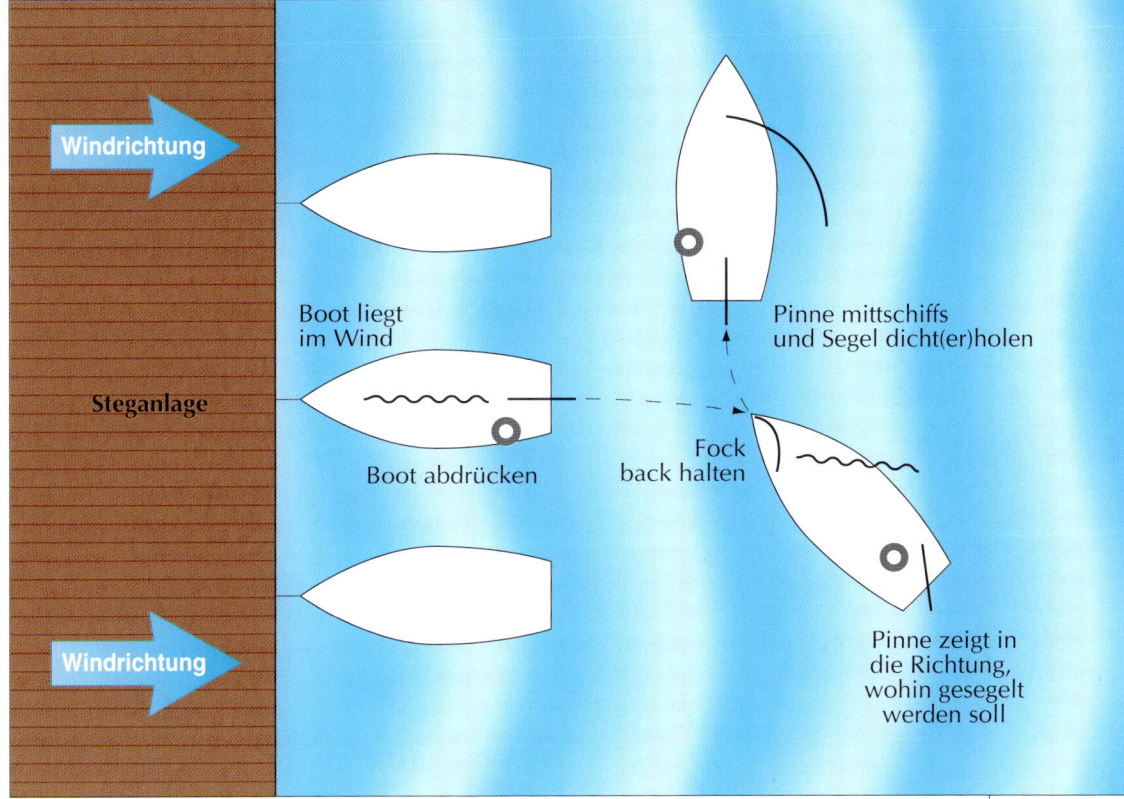

Windrichtung

Boot liegt
im Wind

Steganlage

Boot abdrücken

Pinne mittschiffs
und Segel dicht(er)holen

Fock
back halten

Windrichtung

Pinne zeigt in
die Richtung,
wohin gesegelt
werden soll

Das Ablegen

gesagt: Hinter uns sollten sich – für den Anfang – ein paar Bootslängen freie Wasserfläche befinden, irgendwann später brauchen wir dann zum Ablegen nicht mehr ganz so viel Platz.
(Es freut mich übrigens, dass niemand vorgeschlagen hat, für das
Ablegemanöver einen Motor einzusetzen, dem wir uns allenfalls
in Notsituationen anvertrauen wollen – siehe Kapitel 27.)

2. Jetzt nehmen wir uns die notwendige Zeit, um sorgfältig unsere
Segel zu setzen (sagen Sie bitte nie „auftakeln", das ist etwas
anderes und interessiert uns irgendwo später). Unser kleines

Sportboot, eine Jolle, hat zwei Segel: die Fock vor dem Mast, das Großsegel (alias Groß) am Mast, genauer, zwischen Mast und Baum. Diese beiden „Tücher" ziehen wir mit den so genannten **Fallen** nach oben und befestigen natürlich das Tauwerk an den jeweils vorgesehenen Stellen an Deck, damit die Segel nicht im ungeeigneten Moment auf uns nieder-**fallen**!

Was mir gerade einfällt: Wenn Sie bei stärkerem Wind auf Ihrem Boot stehen und das Großfall in die Hand genommen haben, um es mit dem Segelkopf zu verbinden, so lassen Sie es um Himmels willen nicht los! Zum einen kann Ihnen der Wind den Metallschäkel, mit dem die Verbindung von Segel und Fall hergestellt wird, gefährlich um die Ohren schlagen, zum anderen ist es auch mir bei dieser Unachtsamkeit schon passiert,

Zum Segel setzen liegt
das Boot im Wind.

dass das Großfall fröhlich schwingend in Windrichtung ausweht und ich auf dem Deck balancierend zum Gespött der
Hafennachbarn Verrenkungen machen muss wie beim Fliegen-
fangen, um den Ausreißer wieder in die Hand zu bekommen.
Im Übrigen traue ich Ihnen zu, dass Sie in der Praxis an Bord
schnell merken, welche Segelecke nach oben, welche nach
vorn oder achtern gehört. Einmal probiert – für immer kapiert.
Ich könnte mir allerdings denken, dass Sie neugierig sind, und
deshalb sage ich Ihnen schon an dieser Stelle, wie die Ecken und
Kanten eines Segels heißen: **Kopf, Hals und Schothorn** sind die
Ecken. Sie haben richtig vermutet: Der Segelkopf sitzt oben, darunter der Hals, nach achtern (den Begriff „hinten" gibt es im
Segelsport nicht!) finden wir das Schothorn, an dem die Schot
(= das Tau) zum Bedienen des Segels angreift. Die Seiten sind
die **Lieken**. Das **Vorliek** (beim Großsegel auch Mastliek) ist – na
klar! – vorne, das **Achterliek** natürlich achtern, und das **Unterliek** (beim Großsegel auch Baumliek) finden wir unten am Segel.

Um die Segel bedienen zu können, brauchen wir im einfachsten Fall jetzt nur noch die **Schoten** („die liegen in den Pfoten"),
die bei der Fock am Schothorn und für das Großsegel an der
Unterkante des Baumes befestigt werden. Mit diesen Schoten
können wir unterwegs die Segel je nach Windrichtung und Stärke korrekt einstellen (**trimmen**), um optimal zu segeln. Die
Fockschot wird dabei vom Schothorn des Vorsegels außen um
die so genannten **Wanten** herum durch Leitösen und Umlenk-
rollen ins Cockpit geführt, damit der Vorschoter sie dort jederzeit zur Hand hat und an Backbord oder Steuerbord dichtholen
(= strammer ziehen) bzw. fieren (= loser lassen) kann.

Es reicht uns jetzt mit langatmigen Beschreibungen, wir wollen
segeln und kommen deshalb zu Punkt drei unseres Manöver-
planes:

3. Wir machen die Vorleine los und legen ab! Ist das alles? Das ist
   (fast) alles!
   Wenn wir zu zweit an Bord unseres Bootes sind (das wird für
   die meisten Manöver in diesem Buch unterstellt), sprechen wir

uns natürlich ab, wohin der Bug des Bootes weggedrückt werden soll, damit die Segel möglichst schnell Wind einfangen können, und wir regeln vorher andere Dinge, die von Bedeutung sein können. Vor allem machen wir vor dem endgültigen Ablegen einen sorgfältigen Rundumblick, um uns zu vergewissern, dass wir niemanden behindern – andere Boote, Surfer, Schwimmer.

Und dann sind wir endlich im freien Wasser und bekommen die erste Ahnung davon, was Segeln uns mit der Zeit bedeuten wird. Sollte ich Sie vielleicht noch einmal warnen, auf was Sie sich da einlassen? Aber Sie haben sich ja wohl bereits endgültig entschieden.

Wenn ein Ablegemanöver immer in der Form wie vorstehend dargestellt durchgeführt wird, kann es nie zu ernsthaften Schwierigkeiten kommen. Es gibt natürlich unzählige Variationen, aber auf die werden Sie später von selbst kommen oder sie bei Segelfreunden abgucken. Bleiben Sie aber bitte immer auf der „sicheren Seite", indem Sie die eigenen Fähigkeiten nie überschätzen und das Unvermögen anderer einkalkulieren. Tun Sie sich und Ihren Wassersport treibenden Mitmenschen den Gefallen, jedes Risiko zu minimieren, sonst gehören Sie bald zu jenen bedauernswerten Segelfreunden, die sich zum Ergötzen und Schrecken der anderen durch so genannte „RBH-Manöver" auszeichnen: Rums – Bums – Hoppla, irgendwie komme ich schon zurecht.

Allein die Bequemlichkeit, die Segel schon in der Box zu setzen, weil der Wind doch gerade so günstig von vorn einfällt, und nicht – wie vorstehend empfohlen – erst einmal zu einem günstigen Ablegeplatz zu paddeln, kann fatale Folgen haben: Beim späteren rückwärtigen Herausstoßen aus der Box verheddern sich nur zu leicht die Schoten oder der schwingende Baum an einem der hinteren Pfähle, das Boot schert unkontrolliert aus, haut – ehe Sie es verhindern können – dem Stegnachbarn eine Macke ins teure Mahagoni und macht Sie so schätzungsweise um 824 DM oder gar Euro ärmer (zuzüglich Mehrwertsteuer). Abgesehen vom finanziellen Schaden haben Sie unter dem Imageverlust bei Ihren Mitseglern zu leiden, die natürlich hinter Ihrem Rücken frei bekunden werden, was für ein Mist das wieder einmal war.

Ist Ihnen übrigens beim Lesen dieses Kapitels etwas aufgefallen? Wir haben notwendigerweise schon etliche Fachausdrücke benutzt, die Sie vorher nicht kannten, die aber als Fachvokabular mit dem Segeln zu tun haben. Ganz selbstverständlich werden diese und etliche andere Begriffe jetzt und künftig von Ihnen angenommen und sehr bald bewusst/unbewusst verstanden. In einem der späteren Kapitel müssen wir uns ganz speziell mit dieser Sprach-Materie befassen. Sie zu beherrschen, hat zwar nichts mit gutem Segeln zu schaffen, gehört aber einfach dazu.

Darf ich noch eine freundliche Bitte aussprechen? Wenn Sie abgelegt haben, spätestens dann, holen Sie doch Ihre **Fender** ins Boot, diese luftgefüllten Kunststoffhüllen in Kugel-, Kissen- oder Wurstformen, mit denen die wertvollen Boote in den Liegeboxen voreinander geschützt werden. Fender sind für festgemachte Boote empfehlenswert nützlich, sie haben aber während des Segelns nicht an der Bordwand zu baumeln. Das können die Hafenschlepper in Hamburg oder Hongkong machen, die den ganzen Tag große Schiffe zu ihren Liegeplätzen bugsieren müssen und alte Autoreifen als Fender benutzen. Wir aber sind Ästheten, denen nicht eingeholte Fender genauso hässlich scheinen wie drei Strumpflaufmaschen am tollen Bein einer schönen Frau. Schlimm! (Vielleicht haben Sie bessere Beispiele parat, um das Überschreiten der Toleranzgrenze innerhalb Ihres ästhetischen Empfindens zum Ausdruck zu bringen.)

Nichts anderes gilt für unsere **Festmacherleine**: Auch diese hat während des Segelns außenbords nichts zu suchen, sie gehört an Deck und muss dort notfalls festgezurrt werden.

Es ist zwar nicht verboten, diese Dinge zu missachten, aber glauben Sie mir: Durch solche Kleinigkeiten unterscheidet sich ein Segelboot von einem Daddelprahm, oder auch – wie es feinsinnig heißt – ein Segler von einem Segelbootfahrer.

3   Ein paar seemännische Begriffe

Keine Angst, ich überfordere Sie jetzt nicht mit einem unendlichen Fachchinesisch!

Es geht nur um ein paar Ausdrücke, mit denen Segler unter ihresgleichen Richtungen in Bezug auf ihr Boot angeben. Die meisten dieser Begriffe werden Ihnen vertraut sein, nicht zuletzt aus Kreuzworträtseln. Jetzt wollen wir sie uns nur ein für allemal mit ihrer Bedeutung fest einprägen, die zugehörige Skizze wird Ihnen helfen.

Wir beginnen mit **Backbord** und **Steuerbord**.

Auch jeder Laie weiß, dass Backbord links und Steuerbord rechts sein soll. Für uns Segler ist das keine ausreichend korrekte Angabe, denn diese muss lauten: in Fahrtrichtung links bzw. rechts! Backbord bezeichnet also bei Blickrichtung von achtern nach vorn die linke (Schiffs-)Seite. Ich kann an meiner Backbordseite eine Schramme am Schiff haben und außerdem ein anderes Boot, das parallel mit mir segelt. Kehre ich um und bewege mich in Gegenrichtung, so ist die Schramme immer noch an Backbord, das andere Schiff aber sehe ich jetzt auf meiner Steuerbordseite. Die Richtungsangabe ist immer auf mein Boot bezogen, wohingegen die Bezeichnung „links" auf meine Person bezogen bleibt. Das Entsprechende gilt für Steuerbord; Sie werden sich hier bereits selbst orientieren und fachgerecht formulieren können.

Ein Beispiel soll unsere Kenntnisse vertiefen: Wir stehen in unserem Boot und blicken nach vorn, dann ist – wie gesagt – links die Backbord- und rechts die Steuerbordseite unseres Schiffes. Nun drehen wir uns um, schauen nach achtern und haben nun zu unserer rechten Hand die Backbordseite, zur linken das Steuerbord.

Noch einmal zum Verständnis, dann war's das:
Meistens sitzen wir beim Segeln quer zur Mittschiffslinie auf dem Seitendeck unseres Bootes. Befinden wir uns auf der rechten Seite, so blicken wir in Geradeausrichtung (uns gegenüber) nach Backbord, wenn wir die Augen links wenden, sehen wir nach

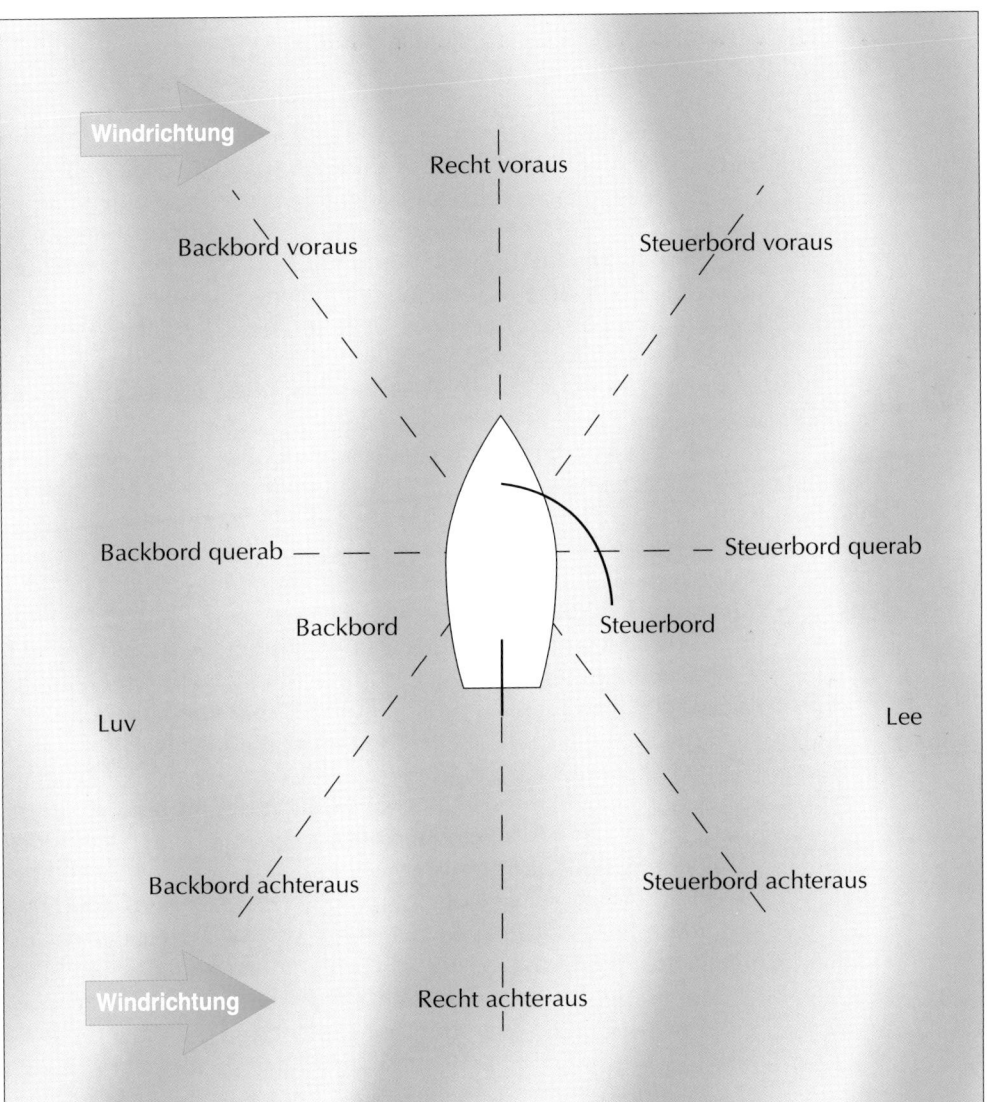

Windrichtung

Recht voraus

Backbord voraus

Steuerbord voraus

Backbord querab

Steuerbord querab

Backbord

Steuerbord

Luv

Lee

Backbord achteraus

Steuerbord achteraus

Windrichtung

Recht achteraus

Richtungen
zum Boot

achtern. Verwirrend? Ich glaube, ein umgekehrtes Beispiel können Sie jetzt schon selbst bilden.

Falls es Sie übrigens interessiert: Die Steuerbordseite gilt aus Tradition heraus als die vornehme Seite eines Schiffes. Deshalb wird z. B. die Nationalflagge eines Gastlandes in der Takelage (unter der Saling) immer auf der Steuerbordseite gefahren, um dadurch eine Ehrenbezeugung abzugeben. Auch die Tatsache, dass die Registriernummer in einem Segel auf der Steuerbordseite stets höher angebracht ist als auf Backbord, geht auf diese Tradition zurück.

Unsere beiden nächsten Begriffe sind **recht voraus** und **recht achteraus**. Es liegt kein Schreibfehler vor: Nicht rechts ist gemeint, sondern recht im Sinne von genau oder richtig. Recht voraus heißt also: genau vor uns, recht achteraus bedeutet entsprechend: genau hinter uns.

Wir kommen voran:
Backbord querab ist genau genommen die Richtung 90 Grad links von unserem Boot, wobei Sie diese Angabe nicht verbissen genau sehen dürfen: Zwischen 80 und 100 Grad liegen Sie in der Praxis auch noch absolut richtig. Preisfrage: Was bedeutet **Steuerbord querab**? – Na also, ist doch alles recht einfach.
Die nächsten vier Fachbegriffe brauche ich wahrscheinlich nur zu erwähnen, und Sie wissen oder können sich bewusst machen, was darunter zu verstehen ist. **Backbord voraus** und **Steuerbord voraus** bedeutet natürlich schräg vorne links bzw. vorne rechts, jeweils in einem Winkel von etwa 45 Grad. **Backbord achteraus** und **Steuerbord achteraus** – Sie wissen es – bedeutet schräg nach hinten links bzw. rechts. Aber bitte daran denken: Die Richtung gilt immer nur auf mein Boot bezogen – siehe weiter oben!

Abgesehen von den vorstehend erwähnten Bezeichnungen werden Richtungsangaben in der Praxis gern nach dem Uhrzeigerprinzip gemacht; 12 Uhr heißt recht voraus, 6 Uhr = recht achteraus, 9 Uhr = Backbord querab und 2 Uhr 45 = ?? (So genau brauchen wir es natürlich nicht, man begnügt sich mit vollen Stundenangaben.)

Jetzt kommen wir auf zwei total seemännische Begriffe zu sprechen: **Luv** und **Lee**. Das hat bekanntlich irgendwie mit dem Wind zu tun, und wir können uns die Sprachhilfe „L**u**v = z**u**m Wind, L**e**e = w**e**g vom Wind" mit den jeweils gleichen Vokalen „u" und „e" einprägen.

Fahre ich mit meinem Boot über den See, und der Wind kommt aus irgendeiner Richtung zwischen Backbord voraus und Backbord achteraus auf mich zu, so ist die Backbordseite meines Bootes die Luvseite. Der Wind drückt meine Segel und den Baum während der Fahrt immer nach Lee, deshalb sitzt die Mannschaft (fast) immer auf der Luvseite des Bootes, um einen Gewichtsausgleich zur Windkraft herzustellen. Wenn wir diese Trimmposition als grundsätzlich angebracht ansehen, sitzen wir mit dem Rücken nach Luv und schauen geradeaus unter dem Baum hindurch nach Lee.

Unsere beiden letzten Begriffe für heute haben mit dem vorstehend Gesagten direkt zu tun: **anluven** und **abfallen**.

Das Erste bedeutet, dass wir durch Steuern mit der so genannten Pinne unser Boot mehr in den Wind drehen, so dass dieser spitzer von vorn weht (= der Kurs geht weiter nach **Luv**), abfallen ist der umgekehrte Vorgang: Wir steuern so, dass der Wind achterlicher einfällt (= der Kurs geht weiter nach **Lee**). Beispiel: Auf unserem Kurs weht der Wind genau von Backbord querab. Drücken wir jetzt die Pinne ein wenig von uns weg, bis der Wind aus der Richtung Backbord voraus einfällt, so haben wir angeluvt. Ziehen wir die Pinne ein wenig zu uns heran, bis der Wind nicht mehr rechtwinklig, sondern von Backbord achteraus zu uns herweht, dann sind wir abgefallen.

Wann wir diese Manöver fahren und warum, das wird uns in einem der nächsten Kapitel interessieren. Für den Moment sage ich nur, dass diese beiden fundamentale Bedeutung haben und später bei jeder notwendigen Kursänderung durchgeführt werden müssen.

Ich weiß, wie schwierig dies alles aus der Theorie heraus eventuell zu verstehen ist, haben Sie es aber in der Praxis ein- oder zweimal exerziert, dann werden Sie es genauso einfach finden wie ich.

Notfalls üben Sie zu Hause, wenn nichts Besseres anliegt, indem Sie sich auf einen Stuhl setzen, hinter sich einen Ventilator oder Föhn einschalten (Stufe drei, damit es ordentlich weht!) und dann einen Besenstiel waagerecht in die linke Hand nehmen, wenn Sie nach rechts fahren wollen (sonst umgekehrt): Besen weg = anluven, Besen her = abfallen. Dabei werden Sie nicht einmal nass, passen Sie aber unbedingt auf, dass kein Unbefugter Sie bei dieser Übung überrascht, es könnte sein, dass er Sie in die Psychiatrie schafft.

4 Hin und her – kreuz und quer

Wir hatten mit unserem Boot abgelegt und segeln nun schon eine ganze Weile unter blauem Himmel mit fotowürdigen Wattewolken auf unserem See umher. Mehr oder weniger spontan machen wir die richtigen Handgriffe, um uns irgendwie auf dem freien Wasser zu bewegen. Doch welche erprobten Möglichkeiten gibt es eigentlich, die Segel dem Wind entgegenzustellen, damit unser Boot so richtig läuft? Gehen Sie die weiteren Ausführungen dieses Kapitels bitte im Vergleich mit der zugehörigen Skizze durch.

Die jedermann am ehesten einleuchtende Ausgangsposition ist die, dass der Wind genau von achtern auf unser Boot trifft und die Segel weit nach Back- oder Steuerbord ausgestellt sind, damit wir auf diese Weise besonders viel Luftströmung einfangen – wir segeln **vor dem Wind** oder **mit achterlichem Wind**. Dabei sind wir sogar so clever, dass wir die Fock zur anderen Seite setzen als das Großsegel, weil sie andernfalls im Windschattten des Hauptsegels ziemlich wirkungslos bliebe. Das nennt der Insider **Schmetterling-Segeln**.

Die vorstehende Art der Fortbewegung überrascht natürlich nicht einmal den größten Laien, denn „vor dem Winde frisch und froh, da segelt auch ein Bündel Stroh", so heißt es. Unser Boot kann aber noch ganz andere und viel interessantere Kurse zum Wind segeln.

Wenn wir ein wenig anluven, also die Pinne zur Seite des Groß-segels hindrücken, bis der Wind nicht mehr direkt, sondern schräg von achtern auf uns trifft (richtig: von Backbord oder Steuerbord achteraus), dann laufen wir jetzt auf dem Kurs **Raumschots**.

Nachdem wir diese Kursänderung vorgenommen haben, müssen wir feststellen, dass das Segel nicht mehr so richtig steht: Es **killt**, beginnt zu flattern, und zwar umso heftiger, je mehr der Wind nun von der Seite einfällt. Dieses Segelkillen beheben wir dadurch, dass wir die Schoten dichter holen (= strammer ziehen, nicht stramm!) und damit sowohl die Fock als auch das Großsegel etwas mehr zur Bootsmitte heranholen.

Wir luven jetzt weiter an, bis der Wind von Backbord oder Steuerbord querab zu uns herweht. Auch diesmal müssen wir gleichzeitig die Schoten wieder angemessen dichter holen, damit die Segel auch auf dem neuen Kurs schön voll stehen – wir segeln jetzt **mit halbem Wind**.

Einige Total-Laien wundern sich bereits, dass unser Boot nicht seitlich wegdriftet, sondern doch tatsächlich „rechtwinklig" zum Wind fährt. Diese armen Menschen wissen nicht, dass wir in der Mitte unter unserem Bootsrumpf ein Schwert oder einen Kiel haben, durch die eine seitliche Abdrift weitgehend verhindert wird. Mehr zu diesen wichtigen Bauteilen werden wir später erfahren, im Augenblick reicht uns die Kenntnis ihrer Existenz.

Die erwähnten Laien werden sich jetzt immer mehr wundern, wenn wir noch weiter anluven (und natürlich die Segel wieder dichter holen), bis der Wind schräg von vorne (richtig: von Backbord oder Steuerbord voraus) auf uns trifft. Wir bewegen uns jetzt **am Wind** oder – wenn wir einen sehr spitzen Einfallwinkel angesteuert haben – **hoch am Wind**. Das Boot schafft es, etwa in einem Winkel von 45 Grad „gegen den Wind" zu segeln.

Muss ich noch erwähnen, dass beim Abfallen (z. B. von dem Kurs halber Wind auf Raumschots) die Pinne vom Großsegel weggezogen und die Schot gefiert, also loser gemacht wird?

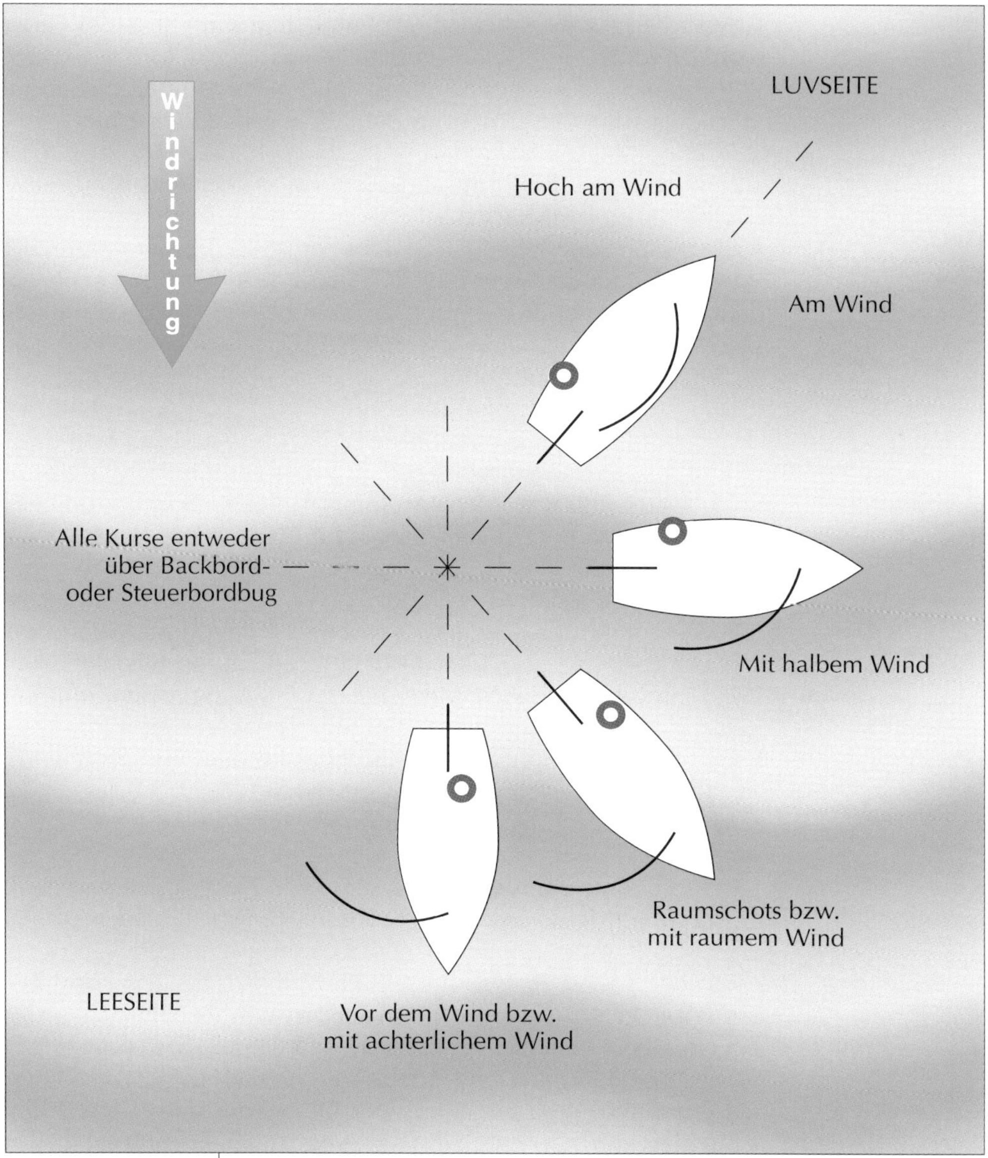

Windrichtung

LUVSEITE

Hoch am Wind

Am Wind

Alle Kurse entweder
über Backbord-
oder Steuerbordbug

Mit halbem Wind

Raumschots bzw.
mit raumem Wind

LEESEITE

Vor dem Wind bzw.
mit achterlichem Wind

Kurse zum Wind

Ich glaube nicht. Sie wissen das und beherrschen diese Manöver bereits im (Halb-)Schlaf.

Für alle genannten Kurse gilt:
Drückt der Wind unser Segel nach Backbord, so fahren wir **_über Backbordbug_** oder **_mit Backbordschoten_**, umgekehrt, wenn unsere Lee-Seite an Steuerbord ist, fahren wir **_über Steuerbordbug_** oder **_mit Steuerbordschoten_**.

Dies zu wissen und zu unterscheiden, ist Voraussetzung für das Verständnis der Ausweichregeln, auf die wir noch ausführlich zu sprechen kommen (siehe Kapitel 6).

Sollte dieses trockene Kapitel Sie verwirrt haben, so lesen Sie trotzdem alles noch einmal durch. Interessanter und verständlicher als ein Steuerbescheid ist die Materie allemal, und spätestens beim zweiten Durchlesen kommt der Aha-Effekt, weil es doch eigentlich ganz einfach ist.

Für die Praxis gilt:

Das A und O eines gescheiten Segelns ist die Kunst, auf jedem Kurs den besten **_Anstellwinkel_** für die Segel zu finden, und das geht so:
Beim Großsegel fieren wir die Schot (= lassen sie loser, nicht los!), bis das Segel im vorderen Drittel mehr oder weniger deutlich flattert, killt oder einbeult. Dann holen wir die Schot wieder gefühlvoll dichter (= ziehen sie strammer, nicht stramm!), und zwar so weit, bis unser Segel optimal windgefüllt ist und spürbar besseren Vortrieb bringt. Die Fock bedienen wir entsprechend.

Mit der Zeit ist Ihnen dieser Vorgang ebenso geläufig und vertraut wie einem Autofahrer das Hoch- und Runterschalten der Gänge. Aber: So wie es Sonntagsfahrer auf der Straße gibt, die kein Gefühl für Technik haben und unbekümmert 90 km/h im dritten Gang fahren, so gibt es Segelbootfahrer, die dieses Allerweltsgeheimnis der geschickten Windumsetzung nie begreifen. Das können trotzdem nette Menschen sein, sie müssen halt nur mit ihrem Unvermögen leben.

Wir anderen beherzigen den Grundsatz:

Die Segel immer so offen wie möglich fahren, und das gilt natürlich sowohl für das Groß als auch für die Fock, die vom Vorschoter (liebevoll: Fockaffen) bedient wird.

Wenn wir das vorher Gesagte gedanklich auf der Zunge zergehen lassen, wird uns klar, dass es in dieser Hinsicht nur zwei Fehlermöglichkeiten gibt: Segel zu dicht oder Segel zu offen.
In dem einen Fall wird es uns leicht gemacht, den schlechten Trimm festzustellen: Sind sie zu offen, dann killen die Segel (siehe oben). Wir können optisch und akustisch wahrnehmen, dass wir ein wenig zu nachlässig waren und den Lapsus schnell beheben: Schoten etwas dichter.

Was ist aber nun in dem anderen Fall, wie sollen wir feststellen, ob die Segel zu dicht stehen? Ich sage Ihnen ganz offen, dass schon ein bisschen Gefühl für Segeldynamik dazugehört, um hier einwandfrei zu arbeiten. Wir bemerken eine zu dichte Segelstellung daran, dass unser Boot unverhältnismäßig stark nach Lee krängt (sich schräg legt) und außerdem langsamer ist, als es sein müsste.
Sie können sich vorstellen, dass man so etwas nur bemerkt, wenn man diesbezüglich gewisse Erfahrungswerte hat, und die bekommen Sie mit der Zeit. Bevor es so weit ist, verfahren Sie im Falle eines Falles so, wie oben dargestellt: Gelegentlich die Segel fieren, bis sie killen, dann wieder sinnig dichter holen, bis sie vorbildlich stehen.

Sie werden Ihre helle Freude an sich und Ihrem Boot haben, wenn die Sache erst einmal selbstverständlich und routinemäßig gehandhabt wird. Natürlich geht es nicht darum, unbedingt der Schnellste auf dem Wasser zu sein, dann dürfte man sich nur eine übertakelte Rennziege oder einen Katamaran (Zweirumpfboot) zulegen. Aber aus seinem Boot – und mag der Kahn auch noch so alt sein – das Optimale herauszuholen, das macht eigentlich den Reiz der Sache aus. Solange Sie noch kein Regattasegler sind, sollten Sie die ganze Sache aber auch nicht zu verbissen sehen und eine bald nicht mehr abzulegende Hektik ins Boot bringen, indem

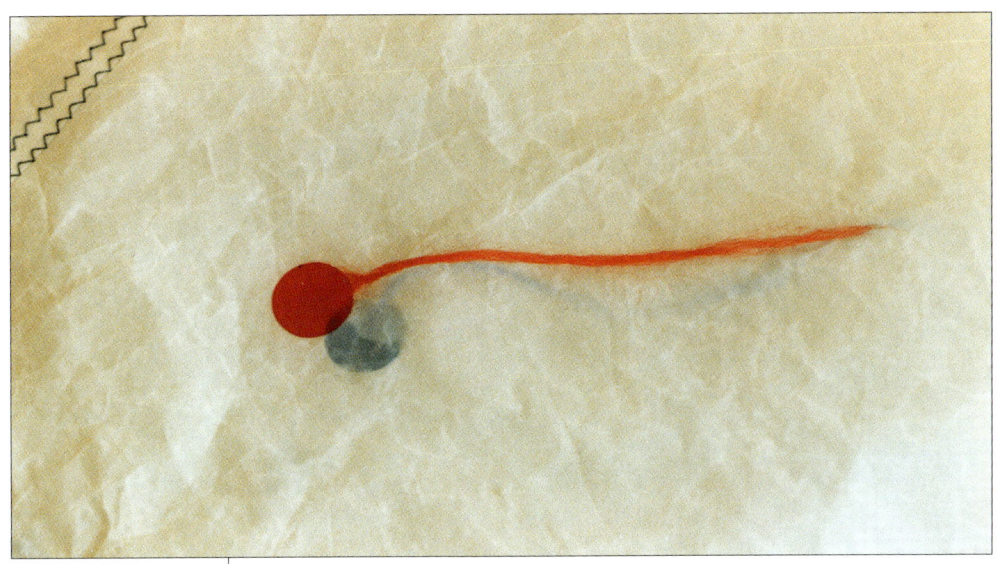

Trimmfäden im Vorsegel

Sie ständig an den Strippen ziehen. Gewisse Toleranzen sind ohne weiteres zu akzeptieren, wie es in anderen Lebensbereichen auch üblich ist: Wenn Ihr Idealgewicht bei 60 kg liegt, dann wären 58 oder 62 auch noch in Ordnung. Bei Abweichungen von 10 kg und mehr nach oben oder unten würde ich mir allerdings Gedanken machen und reagieren.

Letztlich sollten Sie auch noch wissen, dass es in der Praxis tolle Hilfen für die Kontrolle des richtigen Anstellwinkels gibt, so genannte Trimmfäden im vorderen Drittel der Segel sowie am Achterliek des Groß. An der Art und Weise, wie diese Fäden auswehen, ist einwandfrei zu erkennen, ob ich meine Segel zu offen oder zu dicht fahre. Ich bin also nicht mehr nur auf mein Gefühl angewiesen und muss auch nicht ständig unnötigerweise die Schoten fieren und dichtholen, sondern kann mit einem kurzen Blick leicht feststellen, ob ich optimal segle.

Lassen Sie sich diese einfache Sache von einem Praktiker zeigen und erklären, Sie werden begeistert sein.

5   Von A nach B

Wollen wir mit unserem Boot ein bestimmtes Ziel ansteuern, so können wir nicht davon ausgehen, dass dieses immer auf direktem Kurs und ohne gelegentliche Umwege zu erreichen ist: Eine kleine Insel liegt zwischen uns und der fernen Anlegestelle, eine Boje zur Fahrwasserbegrenzung zwingt uns ein Manöver auf, ein anderes Boot kreuzt unseren Kurs, oder gar der Wind bläst uns ins Gesicht, wir müssen also gegenanknüppeln. Obwohl wir doch das **Anluven** und **Abfallen** inzwischen so gut beherrschen, werden Sie verstehen, dass diese beiden Maßnahmen nicht immer ausreichen können, um von A nach B zu gelangen.

Stellen Sie sich vor, wir segeln mit **halbem Wind von Steuerbord** und jubeln innerlich über die tolle Fahrt, die unser Boot durchs Wasser macht: Irgendwann kommt das Ufer unseres Binnenreviers in Sicht, und wir müssen uns mit dem Gedanken vertraut machen, dass wir umkehren. **Anluven** oder **Abfallen** sind keine Lösung mehr, dadurch können wir allenfalls den Zeitpunkt für eine jetzt notwendige Aktion hinauszögern, aber irgendwann ist Schluss: Wir müssen reagieren und auf Gegenkurs gehen, wenn wir nicht auf Schiet sitzen und eine Grundberührung riskieren wollen.

Das Manöver, das jetzt zu fahren wäre, ist eine **Wende** (Sie haben die passende Skizze zur Hand?).
Die Kunst, alles richtig zu machen, besteht lediglich darin, dass ich zügig **anluve**, indem ich die Pinne zum Großsegel hindrücke **und** in dieser Position lasse, bis der Wind nicht mehr von der Steuerbordseite, sondern von Backbord auf mein Segel trifft. Dabei bin ich mit meinem Boot **durch den Wind** oder **über Stag** gegangen. Eigentlich ein recht einfaches Manöver, wenn man es sich nicht selbst zu kompliziert macht.
Nur zwei Dinge wären zu beachten: Zum einen sollte man tatsächlich zügig (nicht hastig!) agieren und das Manöver mit einem gewissen Elan fahren, sonst kann es passieren, dass unserem Boot in dem Moment, in dem der Wind genau von vorne auf

uns trifft und das Segel kraftlos mittschiffs flattert, der nötige Schwung zum Weiterdrehen genommen wird – wir „verhungern" und können nicht **über Stag** gehen. Zum Zweiten muss die Mannschaft des Bootes in dem Rhythmus, wie das Segel mit dem Baum von Backbord nach Steuerbord gedrückt wird, unter dem Baum hindurchtauchend ebenso die Seite wechseln und die neue Luvkante erreicht haben, wenn das Segel auf der neuen Leeseite steht. Ist die Wende geschafft, fallen wir wieder so weit ab, bis wir mit halbem Wind von Backbord auf Gegenkurs gehen können. Am anderen Ufer wiederholt sich das Spiel – wir fahren erneut eine Wende und können so stundenlang zwischen zwei Punkten hin- und hersegeln, ohne auszusteigen und unser Boot per Hand umdrehen zu müssen.

Sicherlich werden Sie zu Anfang gewisse Probleme haben, die verschiedenen Bewegungsabläufe des Bootes und der Mannschaft zu koordinieren, aber schon nach kurzer Zeit stolpern Sie nicht mehr über die Pinne, müssen Sie die Großschot nicht mehr zwischen die Zähne nehmen, und dann finden Sie auch das angemessene Tempo zum Platzwechsel im Cockpit.

Eine weitere Möglichkeit zum Kurswechsel ist die, dass wir eine **Halse** fahren. Dieses Manöver wollen wir aus der Position heraus üben, dass wir mit **halbem Wind** von **Backbord** segeln. Wiederum kurz vor dem berüchtigten Ufer, oder wo immer es sein soll, holen wir diesmal die Pinne zu uns heran und fieren die Schoten, als würden wir abfallen. Diesmal gehen wir aber nicht nur auf **Raumschots-** oder **Vor-dem-Wind-Kurs**, sondern wir lassen die Pinne angezogen, bis unser Boot mit dem Heck (= Achterschiff) durch den Wind gegangen ist. Im Rhythmus des Wechsels der Segelseite ändern wir auch jetzt mit der Mannschaft die Sitzposition auf dem Boot, damit wir nicht unversehens nach Lee ausreiten – das wäre was! Abschließend wird die Pinne von der neuen Luvseite (Steuerbord) in Richtung Großsegel gedrückt. Wir luven dadurch an, bis wir auf Gegenkurs mit **halbem Wind** weitersegeln können, oder noch weiter, bis wir **am Wind** segeln – ganz wie es gefällt.

Sie sollten wissen, dass eine **Halse** so ihre Tücken haben kann, allerdings nur bei frischen bzw. starken Windverhältnissen. Woran das liegt, können wir uns leicht vergegenwärtigen: Wenn unser

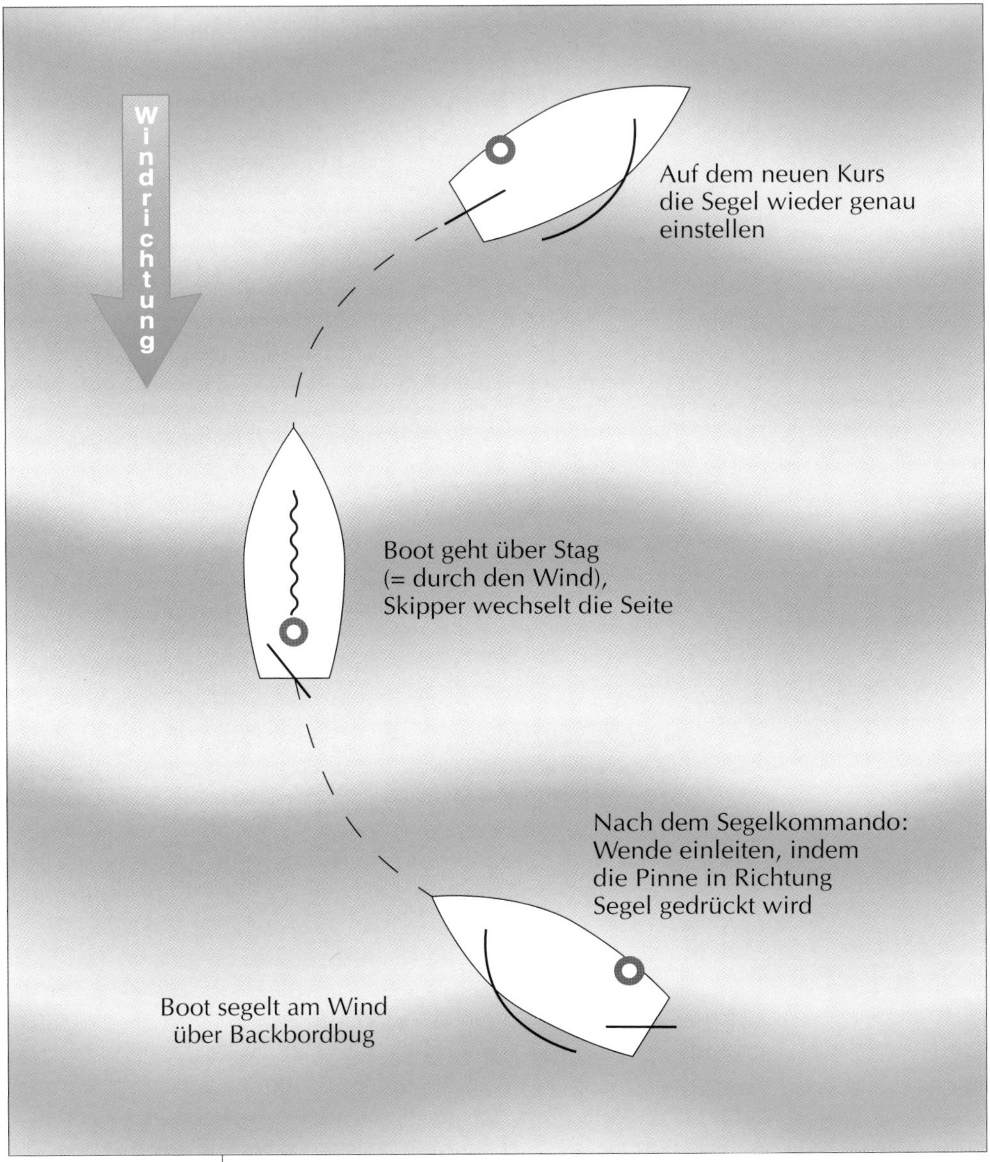

Auf dem neuen Kurs
die Segel wieder genau
einstellen

Boot geht über Stag
(= durch den Wind),
Skipper wechselt die Seite

Nach dem Segelkommando:
Wende einleiten, indem
die Pinne in Richtung
Segel gedrückt wird

Boot segelt am Wind
über Backbordbug

Das Wendemanöver

Boot abfällt, zunächst vom **halben Wind** auf **vor dem Wind** unter gleichzeitigem Fieren der Schoten (siehe oben), dann kommt der Moment, wo unser Großsegel fast querab vom Boot nach Lee steht und dabei viel Wind einfängt. Wenn wir jetzt mit festgehaltener Pinne weiterdrehen (nunmehr luven wir an!), wird unser Großsegel mit gewaltiger Kraft von der alten auf die neue Leeseite geworfen. Das kann insbesondere bei leichten Sportbooten zu einem unkontrollierten Anluven führen, bei dem starke Zentrifugalkräfte freigesetzt werden, die das Boot zum Kentern bringen (umkippen lassen).

Wenn das Manöver misslingt, spricht man von einer **Patenthalse**, obwohl man sich dabei ja wohl nicht sehr patent angestellt hat. Doch keine Sorge, wie für fast alles im Leben gibt es auch für das gefahrlose Halsen ein sicheres Rezept, und das sieht so aus:

Sobald Sie die Pinne herangezogen haben und abfallen, achten Sie auf den Moment, in dem der Wind genau achterlich einfällt. Bevor der Baum und das Großsegel von allein auf die neue Leeseite springen, halten Sie die Pinne so lange mittschiffs, bis Sie fest in die Großschot gegriffen und das Segel zügig auf die andere Seite geworfen haben. Erst dann luven Sie so weit an, bis der gewünschte neue Kurs erreicht ist. Bei diesem Vorgang brauchen Sie nicht auszureiten und sollten möglichst mittig im Cockpit vor der Pinne knien oder hocken.

Das so beschriebene Manöver werden Sie nach einigen Probeläufen zügig ausführen, und kein Hackwetter kann Sie gefährden: In dem kritischen Moment, in dem das Segel die Seite wechselt, läuft Ihr Boot geradeaus. Der Wind kann es nicht umwerfen, weil ein Boot wohl zur Seite in den Bach geht, aber so gut wie nie über den Bug wegkippt.

Es gibt Menschen, die bringen ein erfülltes Seglerleben hinter sich, ohne auch nur ein einziges Mal eine Halse zu fahren. Sie haben von dem Risiko zum Kentern gehört und es deshalb versäumt, die Sache richtig anzupacken. Nun segeln sie ihr Leben lang statt einer Halse eine **Q-Wende**, quasi als Ersatzmanöver. Das klingt ein bisschen hochnäsig, und wir wollen ruhig zugeben, dass

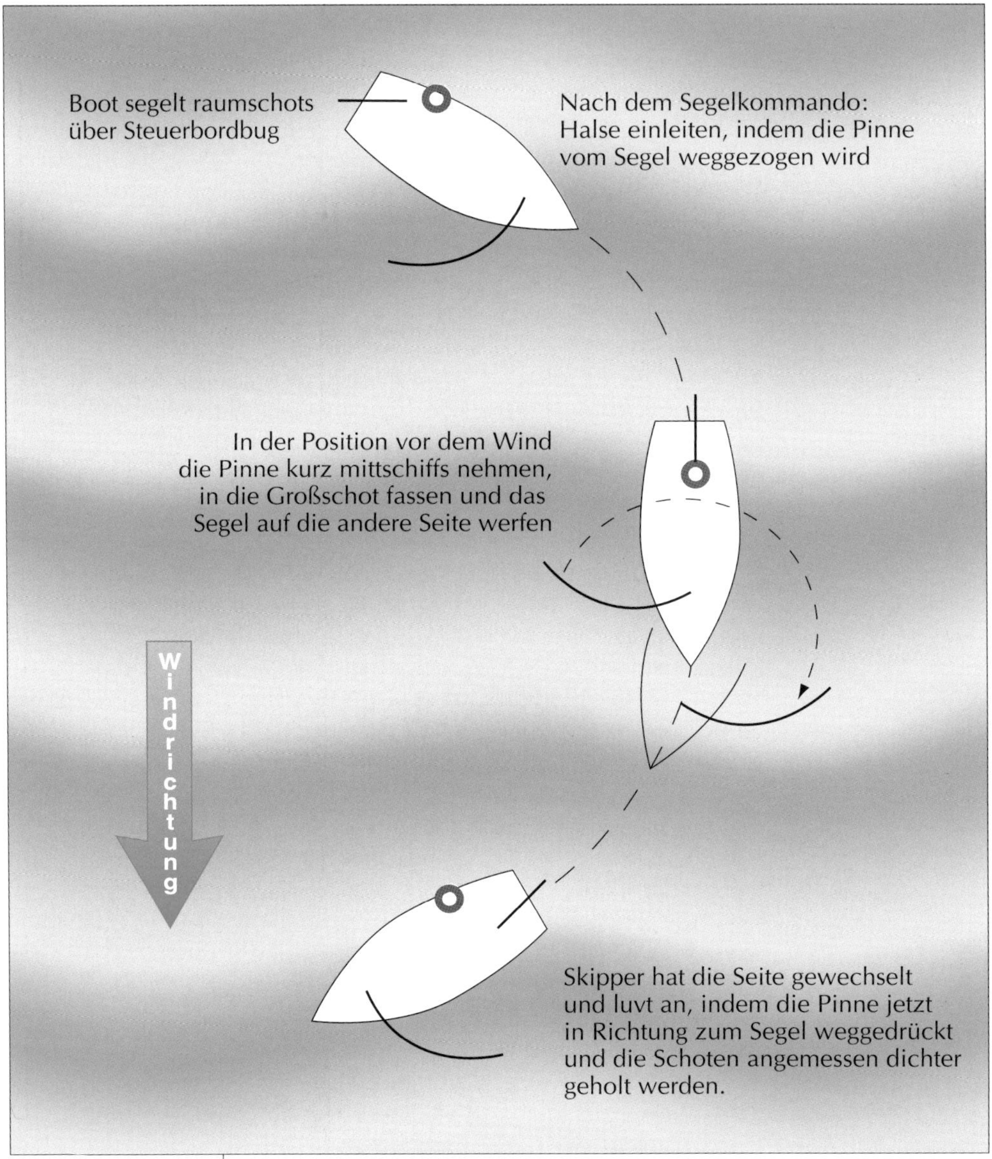

Boot segelt raumschots
über Steuerbordbug

Nach dem Segelkommando:
Halse einleiten, indem die Pinne
vom Segel weggezogen wird

In der Position vor dem Wind
die Pinne kurz mittschiffs nehmen,
in die Großschot fassen und das
Segel auf die andere Seite werfen

Windrichtung

Skipper hat die Seite gewechselt
und luvt an, indem die Pinne jetzt
in Richtung zum Segel weggedrückt
und die Schoten angemessen dichter
geholt werden.

Die Halse

es auch für uns Situationen gibt, in denen eine Q-Wende der Halse vorzuziehen ist – dazu später mehr.

Im Prinzip und in der technischen Ausführung wird eine Q-Wende genau wie eine herkömmliche Wende gefahren (Pinne weg und anluven, Bug durch den Wind, abfallen auf neuen Kurs, weitersegeln), die Ausgangssituation ist jedoch eine andere: Eine Wende fahre ich normalerweise, um z. B. von einem **Am-Wind-Kurs auf Backbordbug** auf einen **Am-Wind-Kurs** auf **Steuerbordbug** zu wechseln; eine Halse bringt mich z. B. von einem **Raum-schots-Kurs** auf **Backbordbug** zu einem **Raumschots-Kurs** auf **Steuerbordbug**. Ob ich eine Wende oder Halse fahre, hängt also eigentlich nur davon ab, wo der kleinere und damit kürzere bzw. schnellere Drehwinkel liegt.

Fahre ich nun wegen der oben dargestellten Sicherheitsrisiken statt einer Halse eine Q-Wende, so nehme ich einen unnötig großen Wendewinkel in Kauf, um einmal wieder auf der sicheren Seite zu bleiben. Dieser ist so groß, dass ich mein eigenes Kiel-wasser kreuze und als Anfänger auch manchmal die Übersicht ver-liere, wo eigentlich mein neuer Kurs liegt. Für diesen Fall können Landmarken helfen, die ich anpeile, bevor mein Manöver beginnt.

Der Ausdruck Q-Wende hat übrigens nichts mit einer (dusseli-gen) Kuh zu tun, sondern gibt nur wieder, dass der Weg eines Boo-tes bei diesem Manöver in etwa die Form eines Q beschreibt.

Wir sollten uns in diesem Kapitel noch kurz damit beschäftigen, wie ein Ziel in Luv angesteuert wird. Auch wenn unser Boot eine fantastische Höhe läuft, also sehr hoch am Wind segeln kann, ist es ihm doch unmöglich, direkt in den Wind hineinzusegeln. Sie werden auch einsehen, dass es nicht sehr seemännisch ist, in sol-chen Fällen mit dem Ablegen zu warten, bis der Wind aus einer für uns günstigeren Richtung weht – das könnte lange dauern, die Vorleine wird **jetzt** gelöst.

Wollen wir von A nach B, und der Wind weht von B nach A, so müssen wir den Wind austricksen, indem wir mit unserem Boot eine Manöverfolge fahren, die man **Kreuzen** nennt. Dabei fährt man **hoch am Wind** abwechselnd über Backbord- und Steuerbordbug, legt also eine Wende nach der anderen hin.

Entscheiden muss man sich lediglich, ob man viele kleine Zick-zack-Kurse nimmt oder z. B. lieber einen langen Schlag über Backbordbug und dann einen gleichen über Steuerbordbug macht. Im Prinzip kann das egal sein, nur bei wechselnden Windstärken ist es günstiger, kürzere Schläge zu machen, weil man dann bei schwächer werdendem Wind eine kürzere Restdistanz zu segeln hat, die näher an der Windachse liegt. Letzteres muss uns aber wirklich noch nicht allzu sehr interessieren, solange wir keine Regatten segeln oder es aus anderen Gründen besonders eilig haben. Ich sag's auch nur für die, die mich sowieso danach gefragt hätten.

Ach ja: Wenn Sie bei **Wenden** und **Halsen** Ihre Position im Cockpit wechseln (von der alten zur neuen Luvseite), dann bitte um Himmels willen nicht in der Art, dass Sie in gebückter Stellung Ihr Hinterteil dem Wind zuwenden und mit achterwärts gesenktem Kopf ins eigene Kielwasser starren! In einer solchen Stellung darf man meinetwegen Stiefmütterchen pflanzen, aber kein seemännisches Manöver fahren! Empfehlenswert ist es, während des Wechsels der Windseite nach vorne gewandt im Cockpit zu kauern, die Pinne hinter dem Rücken von der einen in die andere Hand zu übergeben und mit der jeweils freien Hand die Schot zu bedienen. Mit der Zeit und ein wenig Geschick werden Sie diesen Vorgang ohne Hast und mit einer gewissen Bewegungseleganz beherrschen – dann ist es richtig!

6   Platz da!

Je schöner ein Segelrevier ist, umso mehr gefällt es nicht nur uns, sondern auch anderen. Wir müssen also bei der Ausübung unseres Hobbys jederzeit damit rechnen, dass andere Segler, Motorboote, Surfer, Ausflugsdampfer oder auch Kanuten und Schwimmer unsere Kurse kreuzen und darauf vertrauen, dass wir die geltenden Ausweichregeln beherrschen. Andernfalls gäbe es ein böses Durcheinander, denn auf den besegelbaren Wasserflächen gibt es keine Straßenführung mit Ampeln und anderen Vorfahrtsregelungen, wie sie an Land üblich sind – von Ausnahmen abgesehen (z. B. Flussläufen und Kanälen), die hier nicht sonderlich interessieren. Aus jeder Richtung, von vorn, achtern, seitlich schräg, kann ein anderes Fahrzeug auf uns zukommen oder wir auf jenes, manchmal ist das sicherlich ganz schön kompliziert.

Da denkt nun mancher, sich durch einen Schwall von Gesetzen, Bestimmungen und Verordnungen hindurchkämpfen zu müssen. Seien Sie beruhigt: Insbesondere für uns Segler sind die Vorschriften bezüglich Wegerecht eigentlich ganz einfach gehalten, sobald wir es geschafft haben, die Unterscheidung zwischen *Fahrzeugen* und *Kleinfahrzeugen* jederzeit abrufbar in unserem Kleinhirn zu verankern.

Wir merken uns also ab jetzt und für alle Zeiten:
– Als *Fahrzeuge* gelten alle gewerblich betriebenen Schiffe (unabhängig von der Größe) sowie Sportboote ab 20 Metern Länge,
– als *Kleinfahrzeuge* gelten Sportboote unter 20 Metern Länge.

Mit dieser grundlegenden Definition ist alles Weitere leicht und logisch, Sie werden mir am Schluss dieses Kapitels zustimmen.

Unsere 1. Regel lautet nun: Kleinfahrzeuge (egal, ob unter Motor oder Segel) müssen den Fahrzeugen ausweichen. Ist ja auch wohl selbstverständlich, dass wir auf einer 6-Meter-Jolle nicht Wegerecht beanspruchen können gegenüber einem Vergnügungsdampfer mit 130 zahlenden Gästen an Bord und einem Kapitän, der es sowieso schon schwer genug hat, bei all den vielen Segel- und Ruderbooten um ihn herum die Übersicht zu behalten. Seien wir also korrekt und zeigen durch deutliches Kurshalten und/oder rechtzeitiges Ausweichen an, dass wir ihn gesehen haben und seine Vorfahrt respektieren.

Schwieriger kann es schon werden, wenn wir auf Ramming-Kurs mit einem Segler liegen, bei dem die genaue Länge nicht auszumachen ist – über oder unter 20 Meter? Fahrzeug oder Kleinfahrzeug? Im Zweifel haben wir davon auszugehen, dass uns ein Fahrzeug begegnet – **wir** weichen aus!

Regel Nr. 2 und alles Weitere beziehen sich jetzt natürlich nur noch auf das Verhalten von Sportbooten (Kleinfahrzeugen) untereinander, und da haben wir Segler es gut: Motorboote, Ruderer, Tret- und Elektroboote müssen uns Platz machen! Eigentlich auch recht logisch, denn diese Wassersportfreunde sind nicht wie wir auf den Wind angewiesen und können jederzeit in jede Richtung ausweichen. Manchmal ist es trotzdem nicht falsch, sich mit einem freundlichen Winken zu bedanken.

Hinzu kommt noch Folgendes:
Wer fährt gerne Tretboot? Vermutlich eine nette alte Dame mit ihren Enkeln oder zwei junge Mädchen, die sich angeregt von ihrem ersten Treff mit Hans und Franz erzählen, oder – oder – oder. Diese lieben Menschen denken an alles und vieles, aber nicht unbedingt daran, dass wir in unserem tollen Segelboot Vorfahrt haben. Fazit: Wir weichen aus! Recht haben und nicht unbedingt beanspruchen heißt die Devise, sie hat nicht nur beim Segeln Gültigkeit.

Ähnliches kann für die Begegnung mit einem Ruder-Achter mit Steuermann überlegenswert sein: Klar, wir haben Vorfahrt, aber die Jungs machen gerade eine stramme Trainingstour und kämen total aus der Schlagzahl, wenn wir stur blieben. Es sollte uns nichts ausmachen anzuluven, abzufallen oder zu wenden.

Verstehen Sie mich bitte nicht falsch, wir wollen die geltenden Regeln durch übertriebene Rücksicht nicht ins Gegenteil verkehren, und Sie werden das richtige Feeling schon entwickeln, wie es gehen sollte.

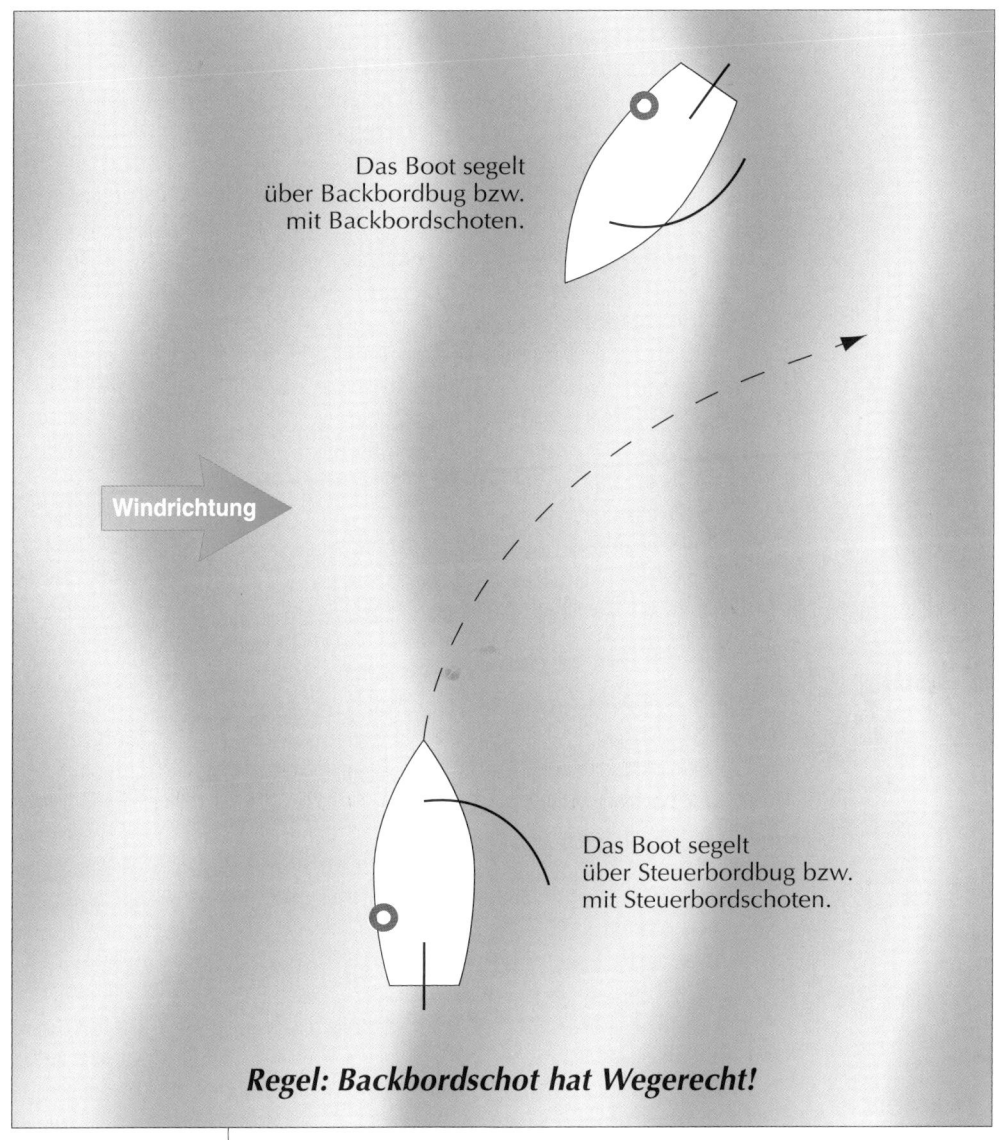

Das Boot segelt
über Backbordbug bzw.
mit Backbordschoten.

Windrichtung

Das Boot segelt
über Steuerbordbug bzw.
mit Steuerbordschoten.

Regel: Backbordschot hat Wegerecht!

*Ausweichregel,
wenn die Segel auf verschiedenen Seiten stehen*

Übrigens: Segler, die gleichzeitig einen Motor mitlaufen lassen, gelten natürlich als Motorboote und müssen uns ausweichen. Und wie verhalten sich die Motorboote untereinander? Da gilt rechts vor links, wenn sich die Kurse kreuzen, bzw., es hat sich jeder rechts zu halten, wenn man aufeinander zufährt – Backbord an Backbord wird passiert.

Nun wird es interessant – wir kommen zu Regel Nr. 3: Wie verhalten sich segelnde Kleinfahrzeuge untereinander, wenn sich ihre Kurse so kreuzen, dass die Gefahr eines Zusammenstoßes besteht?
Gewöhnen Sie sich bitte an, in einer solchen Situation als Erstes innerlich die Frage zu beantworten: Haben die betreffenden Boote die Segel auf der gleichen oder auf verschiedenen Seiten?
Achten Sie nun bitte auf die zugehörigen Skizzen!

A   Werden die Segel auf verschiedenen Seiten gefahren (das wird zwangsläufig immer der Fall sein, wenn sich die Boote in irgendeiner Form begegnen), so hat das Boot mit den Segeln an Backbord Vorfahrt – Merksatz:
    Backbordschot hat Wegerecht.

Auch diese Regel entbehrt nicht der Logik: Wenn wir mit Backbordschoten segeln, sitzen wir grundsätzlich auf der Steuerbordseite und – Sie erinnern sich? – damit auf der vornehmen Seite unseres Bootes: Wir dürfen also sitzen bleiben und Kurs halten.

B   Werden die Segel auf der gleichen Seite gefahren (das ist der Fall, wenn zwei Boote sich in einem spitzeren Winkel nähern), dann gilt laut Vorschrift:
    Luv weicht Lee, das luvseitige Boot muss Raum geben.

Wir stellen uns vor, dass wir mit Backbordschoten segeln, und hinter unserem Rücken fährt ein gleich schnelles anderes Boot schräg in unseren Kurs hinein, natürlich auch mit Backbordschoten. Wer ist nun in Luv und muss ausweichen? Ziemlich einfach: Wir sitzen beim Segeln grundsätzlich in Luv, also unserem Großsegel gegenüber, das vom Wind immer nach Lee weggedrückt wird. Derjenige, der hinter unserem Rücken in irgendeinem

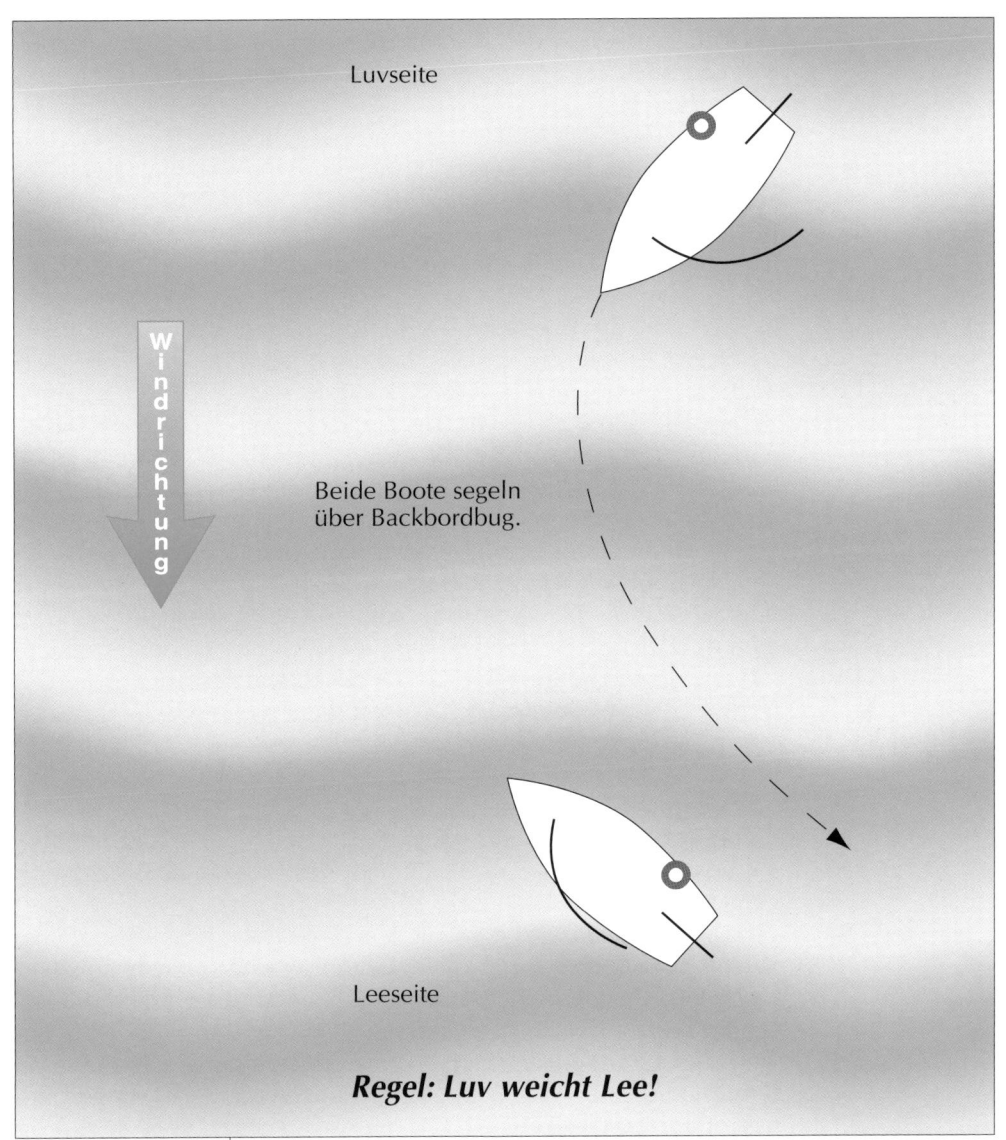

Luvseite

Windrichtung

Beide Boote segeln
über Backbordbug.

Leeseite

Regel: Luv weicht Lee!

*Ausweichregel,
wenn die Segel auf den gleichen Seiten stehen*

Winkel auf uns zusegelt, hat Raum zu geben, oder anders formuliert: Bei gleicher Segelseite zeigt mein Baum auf das Boot, dem ich ausweichen muss.

Auch hier wieder eine gewisse Logik: Beim Segeln kann ich den Seeraum hinter mir am schlechtesten kontrollieren, denn meine Blickrichtung geht im Wesentlichen nach vorn (recht voraus) und nach Lee. Also Luv (in meinem Rücken) hält sich von mir frei.

C Jetzt fehlt nur noch eine Kleinigkeit, nämlich:
   Der Überholer weicht aus und überholt in Luv.

Beispiel: Wir segeln, weil wir die Sache mit dem Anstellwinkel nun bereits beherrschen, mit rauschender Bugwelle dahin und nähern uns von achtern einem Boot, dessen Steuermann das alles noch nicht so ganz begriffen hat. Der gute Mann ist schon frustriert genug, wenn er uns herankommen sieht, man erspart ihm deshalb das Platzmachen und geht anluvend vorbei.

Es ist zwar nicht verboten, ein Boot in Lee zu passieren, aber Sie ahnen, was dann geschehen kann: Obwohl wir eindeutig schneller segeln, verhungern wir im Windschatten des anderen. Das muss nicht sein: Es gilt nicht als unhöflich, wenn wir dem Langsameren für kurze Zeit den Wind nehmen, soll er seine Sache doch besser machen!

Das ist alles mit den Ausweichregeln, spitzfindige Besonderheiten ersparen wir uns. Zur Abrundung des Ganzen aber noch Folgendes:

Beim Begegnen und Ausweichen dürfen wir – egal wie es bei Regatten betrieben wird – niemals messerscharf aneinander vorbeisegeln. Im falschen Moment kann unser Boot krängen (sich schräg legen), der andere kann ungewollt wegen einer Bö anluven, und schon entstehen Probleme. Wir verlieren die Kontrolle über die Situation und können froh sein, wenn nichts Ernsthaftes geschieht.

Eine Mastlänge sollte der Mindestabstand beim Passieren von Sportbooten sein. Die schlimmste aller Unsitten: Sich noch kurz vor dem Bug des anderen vorbeidrücken – man hat ja im Gefühl, ob es gut geht! Hat man??? Fahren Sie bitte niemals so riskant, Sie outen sich dadurch als einer, der's nicht richtig kann oder der nicht richtig will – beides ist negativ.

Surfbretter sind rechtlich wie Segelboote eingestuft, wir müssen sie also in unsere Ausweichregeln entsprechend einbeziehen. Zusätzlich bedenken sollten wir in diesem Zusammenhang, dass es bei der Begegnung mit einem Surfer nicht selten vorkommt, dass dieser von seinem Brett ins Wasser fällt. Das ist Normalität und für den Betroffenen kein Problem, wenn wir ihm daraus keines machen. Eben noch surfte er über Steuerbordbug, wir kamen ihm auf Backbordbug entgegen, nun liegt er da und ist manövrierunfähig. Konsequenz: Wir haben plötzlich auszuweichen. Auf so etwas sollte man immer innerlich vorbereitet sein und schon vorausschauend angemessen Platz lassen.

Eine weitere besondere Situation möchte ich Ihnen vorstellen:
Sie segeln frohgemut auf Backbordbug über den See, und eine Horde schneller Boote kommt Ihnen entgegen – alle natürlich auf Steuerbordbug. Sie haben Ihre Vorschriften im Kopf und brettern durch – Wegerecht bleibt Wegerecht! Leicht verwundert sind Sie nur darüber, dass die Gegenkommer Ihnen verdammt harte „Grußworte" an den Kopf werfen, einer sogar einen abgekauten Apfel.
Nun, beim nächsten Mal werden Sie wissen, dass es sich in solchen Fällen um eine Regatta handelt, in die Sie geraten sind, und da verlangt es die sportliche Fairness, dass wir uns deutlich von den teilnehmenden Booten freihalten. Ich habe es übrigens auch schon mal erlebt, dass sich jemand durch ein kurzes freundliches Winken dafür bedankte. Das ist allerdings selten.

Und auch das kommt vor:
Ein Boot, das uns Wegerecht einräumen müsste, kommt dieser Verpflichtung nicht nach. Was nun? Wir geben nicht sofort klein bei, sondern machen zunächst mit dem dafür vorgeschriebenen lauten Zuruf auf uns aufmerksam: ***„Raum!!"***
Das bedeutet so viel wie „Bitte Raum geben!/Bitte Platz machen!" Oft ist die Situation auf diese Art und Weise bereinigt. Der andere hatte gerade mal an seinen Kontostand denken

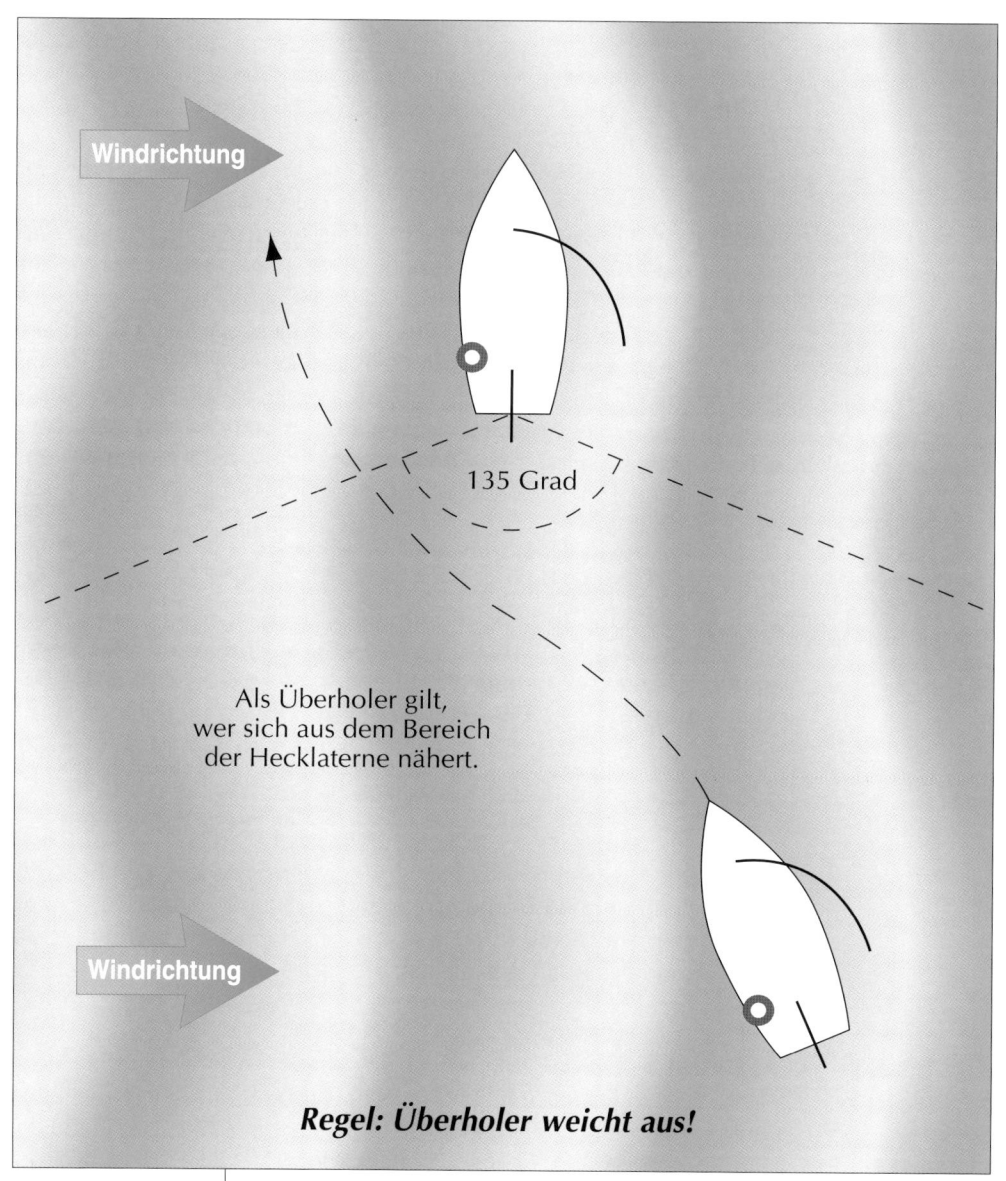

Windrichtung

135 Grad

Als Überholer gilt,
wer sich aus dem Bereich
der Hecklaterne nähert.

Windrichtung

Regel: Überholer weicht aus!

Ausweichregel für Überholer

müssen oder war sich trotz langer Überlegung immer noch nicht im Klaren gewesen, ob nun er oder wir ausweichen müssen, jedenfalls macht er nun eifrig Platz, und wir können Kurs halten.

Stellen wir in solchen Fällen trotz mehrmaligen Anrufs mit *„Raum!"* keine Reaktion fest, sind wir verpflichtet, entgegen der eigentlichen Regel selbst auszuweichen. Wir fahren dann notfalls ein **Manöver des letzten Augenblicks**, indem wir anluven, abfallen, wenden oder halsen, so, wie wir es für angemessen halten.

Wir sollten bedenken, dass der andere uns vielleicht gerne ausweichen wollte, aber seine Ruderanlage klemmte, oder er musste seinem Mitsegler gerade eine blutende Nase verbinden, was weiß ich!?

Innerlich sollten wir auf solche Besonderheiten jederzeit eingestellt sein, dann kann uns nichts überraschen. Deshalb: Auch mit Backbordschoten niemals rücksichtslos über das Wasser brettern, weil in jedem Fall die Verpflichtung zu ständiger Umsicht und Aufmerksamkeit gegenüber anderen und dem Geschehen um uns herum besteht.

Wenn wir es sind, die anderen Raum geben müssen, dann bitte deutlich und nicht in letzter Sekunde, der andere sollte klar erkennen, dass wir unserer Ausweichpflicht nachkommen. Es ist eigentlich immer sehr schön, wenn man sich – nicht nur dabei – so verhält, wie man es umgekehrt von den anderen auch erwarten würde.

Letztlich:
Nachdem wir nun alle Ausweichregeln verinnerlicht haben und uns ständig bemühen, sie korrekt anzuwenden, müssen wir im Laufe der Zeit gelegentlich frustriert zur Kenntnis nehmen, dass es entgegen den geltenden Vorschriften eigentlich drei Gruppen von praktizierenden Sportbootfahrern gibt:

Zum Ersten die dynamisch-rücksichtslos Unbekümmerten, die das Wegerecht in jeder Situation für sich beanspruchen und andere durch ihr forsches Drauf-und-los-Verhalten einschüchtern. Geben Sie diesen armen Menschen Raum, die sich halt immer in einer Regatta befindlich fühlen und auf dem Wasser das darstellen, was auf den Autostraßen die Verkehrsrowdys sind.

In dieser Situation gilt vermutlich: Oben hat Wegerecht vor unten.

Zum Zweiten gibt es die Gruppe der ängstlich-vorsichtig Unerfahrenen, die aus Zweifel an ihren eigenen Fähigkeiten jedem anderen ausweichen. Sicherlich sind das die umgänglicheren Wassersportfreunde, aber sie tun mir gelegentlich Leid, wenn sie ohne Grund eilfertig Platz machen, um nur ja nicht unangenehm aufzufallen. Außer Vor- und Rücksicht signalisieren sie durch ihr Verhalten auch eine gehörige Portion Unwissenheit, und man kann nie wissen, was für gut gemeinte Überraschungen sie noch im Kopf haben. Es bleibt zu hoffen, dass diese Mitmenschen irgendwann dazulernen und damit in die dritte Gruppe eingegliedert werden können.

Dort finden wir die Segler, die nicht nur ihr Boot, sondern auch die gültigen Regeln beherrschen, die sicher ihre Bahnen ziehen und wissen, dass aktiver Segelsport erst dann so richtig Spaß bringt, wenn alle Beteiligten kundig bei der Sache sind.

Dieser Gruppe sollten Sie sich anschließen!

7   Halt doch mal an!

Ob ein Segler sein Handwerk versteht und ein echter Könner ist, sehen wir in erster Linie nicht daran, wie schräg oder schneidig er hin- und hersegelt. Für diese Beurteilung ist sehr viel mehr entscheidend, wie jemand den Hafen verlässt, und noch mehr, wie er wieder anlegt. Was man da so manchmal erleben kann ...!
Gewiss gibt es auch beim Anlegen so manche Tücke, denn unser Boot hat nun mal weder Hand- noch Fußbremse – wie kommen wir also zum Stehen?

Vorab sage ich an dieser Stelle ganz entschieden: Liebäugeln Sie nicht voreilig mit der Möglichkeit, sich einen Elektroquirl oder anderen Außenborder zuzulegen, die Sie bei scheinbar schwierigen Manövern und auch noch als Flautenschieber benutzen wollen. Das Ergebnis würde sein, dass Sie Ihr Boot unter Segel niemals richtig in den Griff kriegen, und es wäre auch das Eingeständnis sich selbst gegenüber, dass Sie sich nicht (mehr) allzu viel zutrauen.
Hilfsmotoren gönnen wir uns nur in unabdingbaren Ausnahmefällen, z. B. auf Gewässern mit gelegentlich starker Strömung (Flüsse, Wattenmeer), bei Kajütbooten ab etwa 8 Metern Länge und natürlich auch dann, wenn wir aus Alters- oder Gesundheitsgründen etwas vorsichtiger agieren müssen. Ansonsten wird gesegelt, nichts anderes.

Nachdem wir nun einen ganzen Nachmittag über unseren See gedüst sind, möchten wir im Hafen anlegen, um eine Pause oder für heute Schluss zu machen. Was ist zu tun?

Gedanklich sollte uns klar sein, dass unser Boot mit der Kraft des Windes sowohl in Fahrt gebracht wird, als auch bei Bedarf abgebremst werden kann. Letzteres machen wir, indem wir anluven (aus welchem Kurs auch immer), also die Pinne von uns wegdrücken, bis die killenden Segel mittschiffs stehen. Dieses Brems-Manöver nennt man den *Aufschießer* (Hinweis auf die Skizze!).

Je nach Bootsgewicht und Anlaufgeschwindigkeit, Windstärke und aufgebauter Welle oder Strömung werden wir eine verschieden lange Distanz als Auslaufstrecke zurücklegen, bis unser Boot steht. Die Kunst besteht darin, diese Faktoren richtig einzuschätzen, damit ich im Moment des Stillstandes den angesteuerten Pfahl oder Steg mit der Hand oder einem Bootshaken fest packen kann. Ich sage bewusst „packen" und nicht nur anfassen, weil wir bei zu zaghaftem Hantieren leicht wieder zurückgetrieben werden können und dann vermutlich reichlich hilflos in die Gegend gucken.

Es empfiehlt sich, den Aufschießer unter den verschiedensten Bedingungen x-mal auf dem freien Wasser zu üben, weil es dabei nicht darauf ankommt, ob wir 2 Meter zu kurz sind oder am gedachten Pfahl vorbeisegeln. Mit der Zeit werden wir dann immer sicherer und trauen uns irgendwann auch zu, dem Ernstfall ins Auge zu sehen und ein Anlegemanöver im Hafen zu fahren.

Nicht schlecht ist es, wenn wir an der Stelle wieder festmachen können, an der wir zu Beginn unseres Segeltörns abgelegt haben, was natürlich voraussetzt, dass dort nicht gerade ein Klubkamerad vor uns angelegt hat. Das wäre nicht der geeignete Augenblick, um *Raum* zu verlangen; wir halten stattdessen Ausschau nach einem anderen geeigneten Platz, wo wir genug Bewegungsfreiheit haben, um uns mit etwa halbem Wind zu nähern und den Aufschießer gegen den Wind zu fahren.

Dazu noch einige Tipps und Anregungen:
– Vermeiden Sie voreilige Entschlüsse, indem Sie unbedingt dort anlegen wollen, wo Sie zuvor ablegten, auch wenn die Stelle gerade wieder schön frei ist. Der Wind bleibt bezüglich seiner Stärke und Richtung beileibe nicht immer konstant. Er kann sich gedreht haben (bis zu 180 Grad), und wir müssen deshalb unseren Aufschießer anders ausrichten. Flaggen und Wimpel an Land und im Hafen signalisieren uns, woher der Wind tatsächlich weht. Dementsprechend suchen wir, wenn es nötig sein sollte, eine neue passende Anlegestelle. Vielleicht aber reicht es ja auch, dass wir wegen einer nur leichten Winddrehung in einem

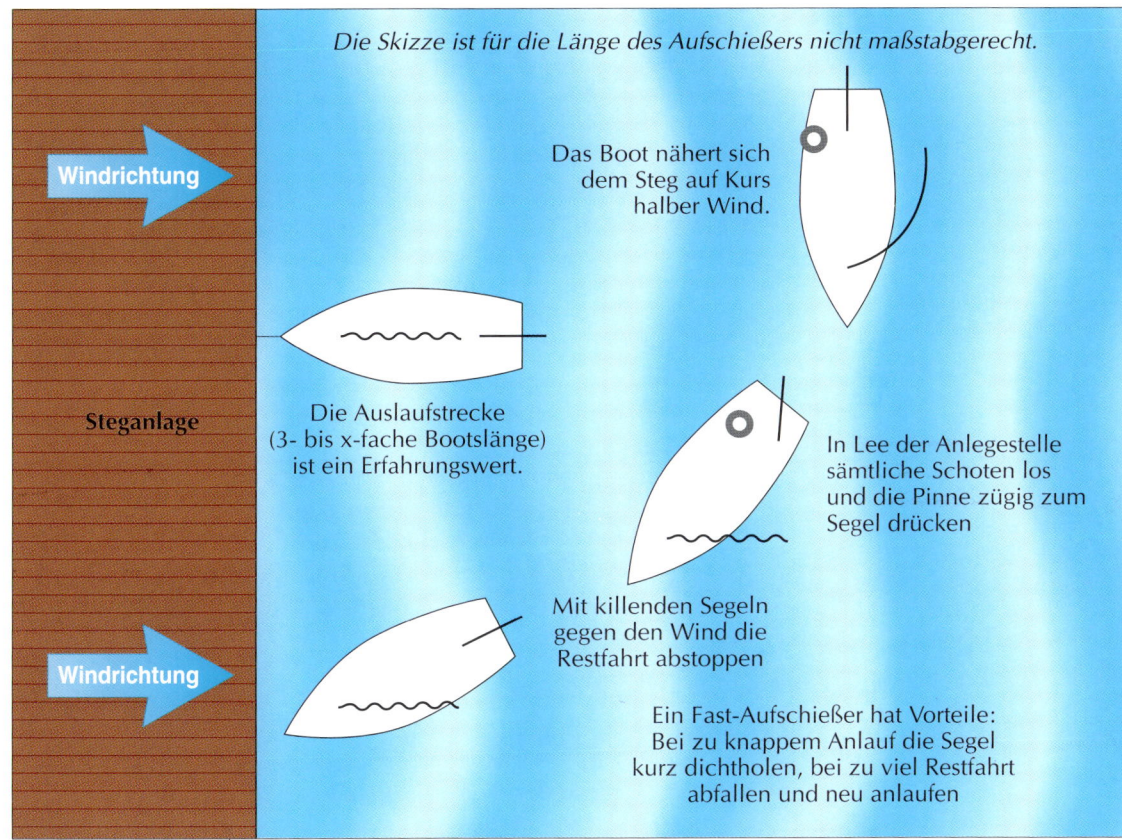

Die Skizze ist für die Länge des Aufschießers nicht maßstabgerecht.

Windrichtung

Das Boot nähert sich dem Steg auf Kurs halber Wind.

Steganlage

Die Auslaufstrecke (3- bis x-fache Bootslänge) ist ein Erfahrungswert.

In Lee der Anlegestelle sämtliche Schoten los und die Pinne zügig zum Segel drücken

Mit killenden Segeln gegen den Wind die Restfahrt abstoppen

Windrichtung

Ein Fast-Aufschießer hat Vorteile: Bei zu knappem Anlauf die Segel kurz dichtholen, bei zu viel Restfahrt abfallen und neu anlaufen

Das Anlegemanöver

etwas anderen Winkel unseren alten Pfahl anlaufen – das kommt eben auf die jeweiligen Umstände an.

– In der Praxis sollte immer darauf geachtet werden, dass man einen „Fluchtweg" in Reserve hat, wenn unser Anlegemanöver im ersten Anlauf misslingt. Das kann geschehen, weil der Aufschießer zu kurz geraten ist, oder wir haben zu viel Restfahrt und können mit den Händen oder einem Bootshaken das Boot nicht vom Steg oder Pfahl abfedern. Im ersten Fall verhungern wir gelegentlich wenige Zentimeter vor dem Ziel, aber irgendwo ist unser sehnsuchtsvoll ausgestreckter Arm eben zu Ende. Dann müssen wir genug Platz haben, um abzufallen und ein weiteres Mal anzulaufen – diesmal richtig. Im anderen Fall würden wir vermutlich unser Boot beschädigen, wenn wir frontal mit zu viel Wucht gegen den Steg donnern. Also fahren wir rechtzeitig eine Wende oder steuern elegant am Pfahl vorbei, um den nächsten Versuch zu starten.

– Durch die Entschlossenheit, mit der Sie den Aufschießer einleiten, nehmen Sie Einfluss auf die Länge der Auslaufstrecke. Wird die Pinne langsam und weich nach Lee weggedrückt, fährt unser Boot einen relativ weiten Bogen und behält viel Fahrt. Drücken wir die Pinne entschlossen und kräftig, ist der Bogen eng, und die Auslaufstrecke bleibt kürzer. Vorwärtsenergie wird in Drehenergie umgewandelt und dabei reduziert wie bei einem Schlittschuhläufer, der durch schnelle und geschickte Körperdrehung den gleichen physikalischen Effekt zum Abstoppen nutzt. Anderes Beispiel: In manchen Action-Krimis können Sie beobachten, wie bei rasanten Verfolgungsfahrten plötzlich eines der Autos durch kunstvolle 180-Grad-Drehung zum Stehen kommt, während der zu spät reagierende Verfolger geradeaus weiterbrettert und showgerecht einen Obst- oder Gemüsestand in seine Einzelteile zerlegt – „Aufschießer an Land", medienwirksam zubereitet.

– Bei zu viel Restfahrt im Boot kann es manchmal hilfreich sein, wenn man – eventuell im Cockpit stehend – den Baum und damit das Großsegel an Backbord oder Steuerbord kräftig gegen den Wind drückt, denn das bremst natürlich mehr, als wenn die Segel nur mittschiffs killen. Auf keinen Fall sollten Sie jedoch jemals versuchen, zu viel Restfahrt mit dem Fuß oder den Händen abzufangen. Böse Verletzungen können die Folge sein, wenn diese Körperteile zwischen Pfahl oder Steg und dem Boot gequetscht werden. Lassen Sie im Zweifel lieber das Vorschiff zerdeppern, falls Sie im Anfängerpech tatsächlich nicht an den Fluchtweg (siehe oben) gedacht haben.

– Ist der Aufschießer nur ein wenig zu kurz geraten, dann können die letzten paar Meter oder gar Zentimeter auch mithilfe eines Paddels überbrückt werden, wenn ein solches rechtzeitig und vorausschauend parat gelegt wurde. Bei wenig Wind und sehr kurzen Fehldistanzen reicht es, mit dem Ruder quasi zu „wriggen", indem wir die Pinne kräftig von Backbord nach Steuerbord und zurück hin- und herbewegen.

Es gibt eine absolut sichere Methode, ohne Probleme in den Hafen bzw. zu unserem Liegeplatz zu gelangen, von der wir Gebrauch machen sollten, wenn wir uns noch nicht sicher fühlen:
Fahren Sie den Aufschießer auf der freien Wasserfläche in unmittelbarer Hafennähe, ohne einen Pfahl oder den Steg direkt anzusteuern. Sobald das Boot im Wind steht, bergen Sie die Segel schnell und provisorisch im Cockpit und paddeln anschließend in Ihre Box. Kein erfahrener Segler wird über Ihr Verhalten die Nase rümpfen, im Gegenteil: Man respektiert, dass Sie Ihre derzeitigen Fähigkeiten richtig einschätzen und auf „Nummer sicher" gehen. Das ist wesentlich sympathischer, als wenn jemand in der Art eines Katastrophenseglers anlegt und die berüchtigten RBH-Manöver fährt. Wir vergessen aber nicht: Das klassische Anlegemanöver ist und bleibt der Aufschießer!

Nicht nur für Anfänger, auch für fortgeschrittene Segler ist es übrigens eine Hilfe, wenn an günstiger Stelle im unmittelbaren Hafenbereich eine oder mehrere Bojen verankert werden. Zum Ablegen paddelt man dorthin und setzt in Ruhe die Segel, später fährt man dort seinen Aufschießer, macht das Boot klar für die Box und legt die letzten Meter paddelnd zurück.

Letztlich:
Meine Frau ist kein Muskeltarzan, ich selbst bin es auch nicht. Trotzdem hat es die Natur so gewollt, dass ich mehr Körperkräfte habe und deshalb bei unseren gemeinsamen Anlegemanövern auf das Vordeck gehöre, um gegebenenfalls fester zupacken zu können. Immer wieder kann man dagegen – insbesondere auf „Dickschiffen" – in unseren Häfen bewundern, wie bei „gemischten Crews" die zierliche Frau auf dem Vordeck herumturnt und die Knochenarbeit macht, während Männe – lauthals Befehle und Zurechtweisungen von sich gebend – an der Pinne sitzt. Je unsicherer er sich fühlt, umso lauter wird kommandiert – manchmal

die reinste Lachnummer. Sie werden mit mir übereinstimmen, dass grundsätzlich eine andere Rollenverteilung angebrachter ist. Und laut werden sollten wir nie – außer wenn wir **Raum** verlangen.

8   Parken und pausieren

Na bitte: Geschafft!!!

Schon im zweiten Anlauf haben wir ein ordentliches Anlegemanöver hingelegt, an dem es kaum noch etwas zu nörgeln gibt. Der Aufschießer war so gut angesetzt, dass nicht einmal mehr ein rohes Hühnerei zwischen Steg und Boot gepasst hätte – zu Recht sind wir stolz und zufrieden.

Bevor nun Freudentaumel und Wonnebeben einige von uns übermannen, bemühe ich mich lieber, alle zurück auf den Teppich der Realitäten zu holen. Glauben Sie bitte nicht, dass von nun an bis in alle Ewigkeit jedes Anlegemanöver so klappen wird wie dieses! Mitnichten! Beim nächsten Mal ist alles ganz anders, als man gedacht hätte, und es bedarf immer wieder vollster Konzentration, um die Sache erneut gut und richtig zu machen. Lassen Sie sich jedoch nie entmutigen, so ist halt das Seglerleben. Es wird sich auch nicht vermeiden lassen, dass Ihnen Fehler bei anderen Manövern unterlaufen, die Sie eigentlich schon unter „bekannt und gekonnt" abgehakt hatten. Mit dieser Erkenntnis muss auch der erfahrenste Profi leben!

Wichtig wäre, jeden gemachten Fehler im Nachhinein zu analysieren, um zu wissen: Aha, daran hat es gelegen, das passiert mir nicht ein zweites Mal! Während es zu Beginn einer Seglerkarriere im Allgemeinen die Regel ist, dass man vieles falsch und nur gelegentlich etwas richtig macht, wird sich dieses Verhältnis im Laufe der Zeit je nach Begabung und Intensität der Bemühungen mehr oder weniger schnell umkehren: Das meiste wird richtig, nur in Ausnahmefällen noch ein Fehler gemacht. Es liegt an jedem selbst, wie lange die Zeitspanne andauert. Andererseits wäre es auch wohl ziemlich langweilig in unserem Hobby, wenn man niemals bewusst und kalkulierbar ein höheres Risiko fahren würde, um z. B. etwas Neues auszuprobieren oder um unsere Fähigkeiten zu vervollkommnen. Was mich betrifft, so sage ich an dieser Stelle ganz offen, dass ich im Laufe meiner seglerischen Entwicklung kaum einen Fehler ausgelassen habe, sei es aus Leichtsinn, Übermut, Unvermögen oder frommer Selbstüberschätzung. Kummer gemacht haben mir dabei eigentlich nur die Situationen, bei denen ich anschließend nicht wusste, warum ein Manöver misslungen war und das Boot anders reagierte, als ich es wollte – in solchen Fällen konnte ich eben nie sicher sein, dass sich das Malheur nicht wiederholte.

Sie sollten keine Hemmungen haben, bei Zweifelsfragen und Unsicherheiten Ihre Probleme mit einem erfahrenen Segelfreund zu besprechen, da wird jeder gerne behilflich sein, ich hab es noch nie anders erlebt.

Wenn Ihnen allerdings ungefragt „gute Ratschläge" gegeben werden, so achten Sie nicht unbedingt auf jene Zeitgenossen, die scheinbar schon als Embryo im Fruchtwasser die ersten Aufschießer gefahren und mit der eigenen Nabelschnur die kompliziertesten Seemannsknoten geknüpft haben! Solche Thekenkapitäne finden Sie in jeder maritimen Kantine, das sind nette Leute und gute Unterhalter in einer fröhlichen Gesellschaft, gestandene Segler sind sie meistens nicht.

Irgendwie bin ich wohl vom Thema abgekommen, wir wollten doch über **Parken** und **Pausieren** reden. Na gut, das Vorstehende sollte auch mal gesagt sein.

Wir haben also am Steg festgemacht und überlegen, ob wir nur kurz parken wollen, um eine Tasse Kaffee zu trinken oder dergleichen, oder ob wir für heute Schluss machen und das Boot in die Box bringen müssen.

Machen wir nur eine kleine Pause, dann haben wir als Erstes darauf zu achten, dass wir niemanden behindern, wenn wir an der Anlegestelle bleiben. Unser im Wind liegendes Boot könnte

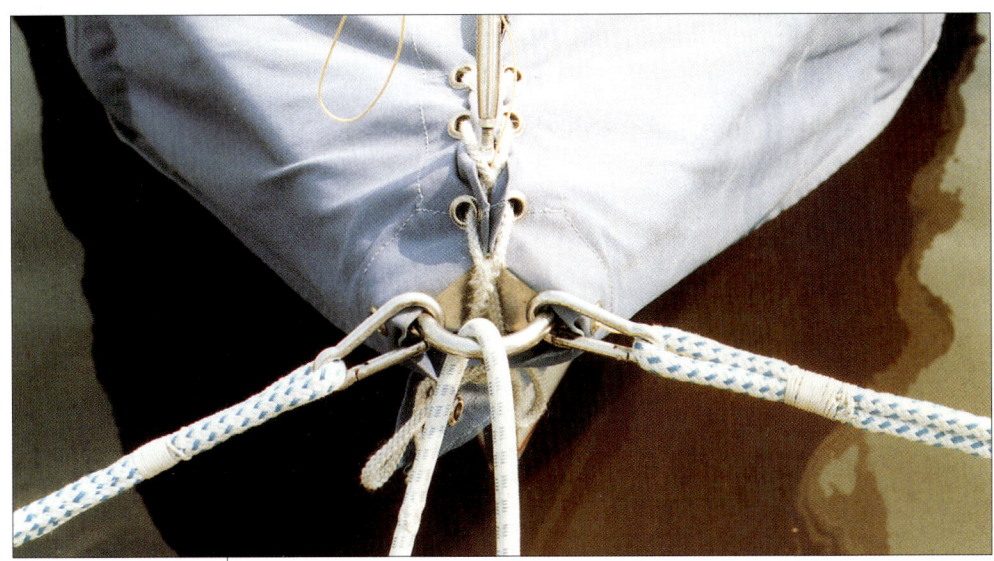

Man kann sein Boot anbinden
oder festmachen ...

eine Einfahrt versperren oder im Bereich einer Badeleiter liegen. Es könnte auch sein, dass drehender Wind für unseren Aufschießer noch akzeptabel war, dass wir aber anschließend verholen müssen (= einen anderen Platz suchen), weil sonst unser Boot eventuell gegen den Steg gedrückt und dabei natürlich beschädigt wird.

Haben wir alles gut bedacht und können liegen bleiben, dann bergen wir die Segel, indem wir sie niederholen und zumindest provisorisch auf dem Baum festbinden. Eigentlich niemals, allenfalls bei sehr schwachem Wind, sollten wir das wertvolle Tuch stehen lassen, weil das Material eines im Wind killenden Segels bei Windstärke 2 mehr leidet als ein richtig getrimmtes in Fahrt bei 6 Windstärken. Im Übrigen holen Sie – falls bei Ihrem Bootstyp möglich – das Schwert und das Ruderblatt hoch, damit das Boot im Wind leicht schwojen kann (= auf dem Wasser mit dem Wind hin- und hertreiben). Haben Sie (bei wirklich nur leichtem Wind) Fock und/oder Großsegel stehen lassen, dann vergessen Sie natürlich nicht, die entsprechenden Schoten zu lösen, damit die Segel in keinem Falle Wind einfangen können und das Boot im Radius der Festmacherleine mit Wucht gegen den Steg segelt.

Noch ein Rundblick – alles klar? Nein, wir hatten noch keine Fender seitenbords ausgelegt für den Fall, dass während unserer Abwesenheit ein anderer Gastlieger neben uns festmacht. Nachdem das Versäumte nachgeholt ist, können wir uns nun getrost ins Klubhaus begeben und uns Kaffe und Kuchen schmecken lassen.

Haben Sie für diesen Tag genug gesegelt, so gehört das Boot nach dem Anlegemanöver an den ständigen Liegeplatz, in die so genannte Box. Diese können Sie, nachdem die Segel geborgen sind, leicht per Paddel oder durch Abstoßen von Hafenpfählen erreichen.

Auch ohne vorheriges Anlegemanöver per Aufschießer können Sie übrigens direkt in Ihre Box gelangen, Sie sollten dann aber schon über gewisse Erfahrungen bezüglich Auslaufstrecke und Restfahrt verfügen. Dazu wird in passend angemessener Entfernung vom Liegeplatz das Boot kurz in den Wind gedrückt (ohne es total abzustoppen), um die Segel „fliegend" zu bergen. Die verbleibende Geschwindigkeit sollte ausreichen, um die Box anzusteuern und das Boot dort mit den Händen abzufedern. Sie werden oft beobachten können, wie die einen oder anderen das so machen, irgendwann gelingt es Ihnen auch.

Ruckdämpfer schonen Festmacherleinen und Bootsbeschläge.

In der Box selbst ist sicherlich alles ganz einfach, weil Sie Ihre Festmacher auf passende Längen eingestellt haben und eventuell nur noch mit Karabinerhaken einklinken müssen. Ein bisschen kitzelig ist diese Sache nur, wenn Sie Ihr Boot zum ersten Mal in eine Box bringen, z. B. zu Beginn der Saison aus dem Winterlager kommend, oder wenn Sie auf einem Urlaubsrevier eine Gästebox belegen.

Dann geht die Sache am besten mit einem Helfer vonstatten, der Ihr Boot mit den Händen in einem Abstand von etwa 20 Zentimetern vom Steg fest fixiert, während Sie zwei Achterleinen an den rückwärtigen Pfählen festmachen und diese stramm an Bord belegen oder – als bessere Möglichkeit – einhaken.

Ist das geschehen, sollte der Helfer noch einmal kräftig ziehen und damit kontrollieren, ob das Boot auch nicht den Steg berühren kann und in etwa den gewünschten Abstand einhält. Ist das der Fall, werden anschließend die Vorleinen belegt, diese allerdings nicht total stramm, sondern mit einer gewissen Lose, damit das Boot ein wenig in der Box pendeln kann. Stellen Sie sich vor, alle Leinen würden sehr dicht (stramm) angezogen, dann könnte Ihr Boot in den Hafenwellen nicht dümpeln, das ständige Rucken und Reißen der Leinen an den Bootsbeschlägen (Klampen, Augbolzen) würde langfristig Schäden verursachen. Es empfiehlt sich deshalb auch, zusätzlich so genannte Ruckfender oder -dämpfer (aus Gummi oder in Form von Stahlspiralen) in die Festmacher einzufügen.

Wenn Sie alles richtig gemacht haben, ist Ihr Boot bis zum nächsten Segelausflug sicher vertäut. Kommt der Wind in den nächsten Tagen achterlich in die Box hinein, so kann das Boot – wir haben ja zur Kontrolle kräftig gezogen – nicht an den Steg gedrückt werden, die Achterleinen halten. Kommt der Wind direkt von vorn, wird das Boot nicht aus der Box herausgedrückt, denn wir haben nicht zu viel Lose gegeben.

Sollten Sie meinen, dass Ihr Boot bei seitlichem Wind zu viel Spielraum hat, können Sie die achteren Festmacher über Kreuz belegen: von der Steuerbordseite des Bootes zum Pfahl an der Backbordseite und umgekehrt – schon ist die Sache behoben.

Es ist guter Brauch und in den meisten Häfen auch Vorschrift, dass an beiden Bootsseiten gut dimensionierte Fender ausgebracht werden, um das eigene Boot und das des Nachbarn zu schützen, wenn mal eine Leine zu Bruch geht oder wider Erwarten doch zu viel Lose bekommen hat.

Für noch erwähnenswerter halte ich, dass Sie niemals die in Seglerkreisen berüchtigten Wurstbänder als Festmacher verwenden sollten – lieber zwei Nummern zu stark als eine halbe zu schwach. Sie werden mit der Zeit merken, welchen Belastungen Ihre Leinen ausgesetzt sind, wie schnell sie in einer Sturmnacht durchscheuern können und wie teuer der entstandene Schaden wird.

Nun haben wir unser Boot so ziemlich versorgt, es kann nicht mehr allzu lange dauern, bis wir wieder nach Hause fahren. Bevor Sie von Bord gehen, lassen Sie Ihre Augen noch einmal über alles hinweggehen, und prüfen Sie in Ruhe, ob noch irgendetwas zu erledigen ist:
– Leinen noch alle in Ordnung? Neue besorgen? (Man sollte niemals so lange warten, bis eine Leine reißt oder bricht. Auszuwechseln ist, sobald Verschleiß erkennbar wird.)
– Abfall mitgenommen?
– Schwert und Ruderblatt aufgeholt?
– Eingerissene Fock zwecks Reparatur eingepackt?
– Schramme an der Backbordseite provisorisch versorgt?
– Boot abgeschlossen? usw., usw.

Nun sind wir endlich klar und verlassen unser Schiff, nachdem wir vielleicht noch eine schützende Persenning darüber gelegt haben.

Gibt es noch weitere Hinweise, die man hier in diesem Zusammenhang anführen sollte? Das meiste ist wohl so selbstverständlich, dass es einer ausführlichen Erwähnung nicht mehr bedarf:
– Natürlich werden wir die Selbstlenzer (= Wasserablaufventile) öffnen, wenn wir keine Plane über das Boot legen.
– Klar, wir haben die Segel nicht ungeordnet im Cockpit liegen lassen, sondern entweder auf dem Baum aufgetucht (= zusammengelegt) und mit einer Baumpersenning abgedeckt oder passend zum Segelsack gefaltet oder gerollt.
– Sicherlich werden manche von Ihnen sich nützliche Führungsleinen von den achteren Boxenpfählen bis zum Steg spannen, damit man das Boot leichter in die Box hineinziehen kann.

All diese Dinge sehen Sie tagtäglich im Hafen bei anderen und wissen von selbst, inwieweit das auch für Sie von Nutzen und angebracht ist.

Eines sieht man leider nicht so oft, wie es sein könnte: dass jemand zum Abschluss eines Segeltörns **Rein Schiff** macht, das heißt, sein Boot sauber und ordentlich herrichtet, damit es nicht wie die letzte Hafenjule aussieht:

– Eine Pütz Wasser beseitigt Brötchenkrümel und den Sand, der beim An-Bord-Gehen an den Bootsschuhen haftete.

– Alles Tauwerk wird ordentlich aufgeschossen (= zusammengelegt) und so beiseite gepackt, dass nichts über Bord baumelt.

– Die Fallen werden mit Gummistropps so vom Mast abgehalten, dass sie nicht tage- und nächtelang dagegenschlagen und mit nervigen Klanggeräuschen anderen auf den Wecker gehen, die sich vielleicht im Hafenbereich erholen bzw. an Bord oder in einem Zelt in der Nähe übernachten wollen. Außerdem wird durch ständiges Schlagen der Fallen bei Holzmasten die Lackierung beschädigt, bei Alu-Masten die Eloxierung (= Metall-Schutzschicht).

– Wenn Sie – aus Spaß oder Überzeugung – eine Nationalflagge am Heck fahren, so gehört es sich, dass diese eingeholt wird, wenn sie nach Hause gehen, oder – falls Sie an Bord bleiben – spätestens bei Sonnenuntergang. Das sollten Sie nicht zu ernst betrachten, ist aber Tradition.

So sauber kann freies Tauwerk an Deck eines geparkten Bootes klariert sein.

Je besser der Zustand Ihres Bootes ist, wenn Sie es verlassen, umso weniger Handgriffe sind zu machen, wenn Sie das nächste Mal ablegen wollen. Im Übrigen hat das Ganze für meine Begriffe auch etwas mit Ästhetik zu tun: Ein Boot muss nicht ständig aussehen wie ein ungemachtes Bett.

9   Wind und Wetter

Nicht nur wir Segler, sondern auch ganz normale Menschen haben die Angewohnheit, jeden Abend im Radio oder Fernsehen den Wetterbericht zu verfolgen, um Entscheidungen für den nächsten Tag oder das bevorstehende Wochenende zu treffen. Wird die Sonne scheinen oder muss die Grillparty im Regen stattfinden? Darf der wärmende Pullover ausgelassen und erstmals die neue Sommerjacke getragen werden? Können Gewitter die geplante Radtour gefährden? – Das wären so die Hauptprobleme.

Wir Segler sind über derartige Nichtigkeiten ziemlich erhaben, uns interessiert in erster Linie der Wind, nichts sonst.

Doch was versteht man eigentlich unter dem Begriff „Wetter", wie entsteht der Wind? Das wollen wir uns in einfachster Form erklären.

Die Erdkugel ist bekanntermaßen von einer Lufthülle (= Atmosphäre) umgeben, in deren unteren Regionen (bis zu einer Höhe von etwa 12 Kilometern) sich zahllose chemische und physikalische Aktionen und Reaktionen ereignen: Erwärmung der Erdoberfläche durch Sonneneinstrahlung, Abkühlung nachts oder im Winter, Aufstieg von Wasserdampf, Bildung von Wolken, Abregnen, Schneefall, Frost, Nebelbildung, Gewitter, Sturm – alle diese Dinge sind uns seit Kindertagen vertraut und werden als naturgegeben hingenommen.

Mit dem Begriff „Wetter" bezeichnet man den Zustand dieser unteren Atmosphäre zu einem bestimmten Zeitpunkt und für ein bestimmtes Gebiet, wobei die räumlichen und zeitlichen Abgrenzungen verschiedener Zonen sehr eng sein können: Das Wetter schlägt manchmal in sehr kurzer Zeit um (z. B. bei Gewittersturm), und es kann bei uns regnen, während es im Nachbarort sonnig und trocken bleibt – irgendwie ist eben auch eine sehr dicke Wolke in ihren Ausmaßen nicht unendlich groß.

Leider gibt es keine Wetterprognosen, die für jedes Fleckchen Erde eine zuverlässige Vorhersage darstellen. Was wir abends nach der Tagesschau im TV zur Kenntnis nehmen, ist eigentlich nur eine prognostizierte Großwetterlage, Sie werden oft genug örtliche Abweichungen festgestellt haben.

Wenn uns genauere Angaben interessieren, dann hören wir z. B. Seewetterberichte an, die für Otto Normalverbraucher unwichtig sind, oder wir informieren uns bei regionalen Wetterstationen, die für kleinere Gebiete immer die zutreffenderen Vorhersagen anbieten.

Und wie entsteht nun innerhalb des Wettergeschehens der Wind?

Die erwähnte Lufthülle der Erde ist nicht an allen Orten gleich groß dimensioniert, es gibt Gebiete mit höherem und dementsprechend solche mit niedrigerem Luftdruck, vergleichbar dem Ozeanspiegel mit Wellenbergen und Wellentälern. Denken Sie diesbezüglich bitte in räumlich großzügigen Maßstäben: Ein „Wellenberg" in der Atmosphäre kann in der Fläche so groß sein wie halb Europa, ein „Tal" in der Lufthülle entsprechend ebenso.

Physikalisch bedingt hat Luft das Bestreben, vom Gebiet eines höheren Luftdrucks („Berg") zum benachbarten Gebiet mit niedrigerem Luftdruck („Tal") abzufließen, um einen Niveauausgleich zu erreichen. Diesen horizontalen Bewegungsablauf (Luftströmung) empfinden wir als Wind, der in seiner Stärke umso intensiver ist, je größer die auszugleichenden Druckunterschiede sind.

Wir brauchen als Segler wohl nicht zu befürchten, dass eines Tages die Atmosphäre total glatt gebügelt ist und wir keinen Wind mehr haben. Das Ganze ist vermutlich eine von der Natur eingerichtete „Unendliche Geschichte", damit wir auf unseren Booten noch lange einem faszinierenden Vergnügen nachgehen können.

Wenn man ehrlich ist, so interessiert es natürlich auch uns Segler, ob die Sonne vom Himmel lacht oder ob Regenwolken unsere Kurse begleiten. Wer möchte nicht lieber bei freundlichem Wetter seinem Hobby nachgehen, mal im Badezeug auf der Kante sitzen und das genießen, was man bei der Kieler Woche „Kaiserwetter" nennt?! Sie werden aber irgendwann feststellen, dass auch ein Segeltörn bei bedecktem oder gar regnerischem Wetter einen besonderen Reiz auf uns ausüben kann, wenn dicke Regentropfen wie Perlen in den See eintauchen und die Wellen zu glätten scheinen, oder wenn eine versöhnliche Abendsonne zwischen üppigen Regenwolken unser Hausrevier golden erstrahlen lässt und einen besseren nächsten Tag verspricht.

Wie wir die Dinge aber auch betrachten oder gerne hätten: Ohne Wind läuft gar nichts für uns, er ist quasi der Treibstoff für unsere Segel, und diese sind der Motor für das Boot.

Wir sollten in diesem Zusammenhang wissen, dass für die Beschreibung einer Windbewegung zunächst einmal die Richtung angegeben wird, aus der der Wind zu uns herweht. Wir sprechen in diesem Sinne z. B. von einem frischen Nordost oder schwachen Südwest und erreichen damit eine recht grobe Richtungsangabe. Mancher könnte es für sinnvoll halten, Windrichtungen nach der Kompass-Skala (360 Grad) anzugeben, weil das doch viel genauer wäre: Nordost = Wind aus 45 Grad, Nordwest = Wind aus 315 Grad, Süd = Wind aus 180 Grad usw. mit allen peniblen Zwischenstufen. Diese sicherlich genauere Möglichkeit hat sich nicht durchgesetzt. Wir benötigen so präzise Angaben nicht, weil der Wind sowieso niemals auf ein paar Grad genau zu erfassen ist, gewisse Richtungsschwankungen sind da immer vorhanden.

Dagegen hat sich aus den Traditionszeiten der großen Rahsegler die so genannte Stricheinteilung der Windrose durchgesetzt, bei der die Kompass-Skala in 32 Teile zerlegt ist, jeder mit einer Winkelgröße von 11,25 Grad (Ergebnis aus 360 Grad geteilt durch 32). Dadurch erhalten wir in etwa eine Größenordnung, mit der man wechselnde Windrichtungen sinnvoll voneinander abgrenzen kann. Schon die alten Fahrensleute haben jedem Strich einen besonderen Namen gegeben, die uns zum Teil geläufig sind: Nord (= 0 Grad), Ost (= 90 Grad), Nordost (= 45 Grad), Nordnordost (= 22,5 Grad) oder auch (wird's schwierig?) Nordnordost zu Nord (= 11,25 Grad). Falls Sie mal Langeweile haben, zeichnen Sie sich eine Strichskala auf; in sinnvoller Ergänzung der vorstehenden Angaben können Sie die anderen Quadranten sicherlich selbst eintragen. Wenn nicht: Niemand leidet darunter, man muss es nicht wissen.

Die in der Atmosphäre befindlichen Regionen mit verschieden starkem Luftdruck (besser: mit abweichend hohen Luftdrucksäulen) sind so groß, dass sie selten innerhalb sehr kurzer Zeit ausgeglichen werden. Das bedeutet für uns, dass der jeweilige Wind als spürbare Auswirkung des Druckausgleichs manchmal tagelang beständig weht, ohne seine Richtung wesentlich zu ändern.

Auch bei schwachem Wind bringt Segeln Spaß und Erholung.

Allerdings sind für uns Sportsegler auf Binnenrevieren im Allgemeinen präzise Vorhersagen bezüglich der Windrichtung nicht unbedingt erforderlich, wir können unsere „Spazierkurse" jederzeit flexibel gestalten. Anders verhält es sich, wenn jemand einen längeren Törn auf der Nord- oder Ostsee plant, da ist es schon wichtig, dass man sich rechtzeitig mit seinen Vorbereitungen auf zu erwartende Windrichtungen einstellt: Muss ich gegenanknüppeln (kreuzen), um mein fernes Ziel zu erreichen, und brauche ich deshalb mehr Zeit als auf Raumschots-Kurs? Kann ich im Landschutz einer vorhandenen Steilküste segeln?

Für uns sind derartige Fragen noch nicht relevant, uns soll jetzt erst einmal interessieren, wie ich die genaue Windrichtung erkenne, bevor ich mit meinem kleinen Sportboot einen Törn mache. Ganz einfach: Ich blicke in den Hafen und richte die Augen ein wenig himmelwärts zu den vielen Mastspitzen. Auf (fast) jeder erkennen wir entweder ein kleines Drahtgestell mit einem bunten Windfähnchen (= Verklicker) oder einen Windanzeiger in Form eines so genannten Windexpfeiles. Beide sind genauer als ein befeuchteter und in die Luft gehaltener Finger, haben aber einen Unterschied: Die Windex-Anlage zeigt mit ihrem Pfeil in die Richtung, aus der der Wind kommt, also bei Westwind nach Westen; das Verklickerfähnchen zeigt bei Westwind nach … logisch: Osten, man muss also manchmal nur ein bisschen umdenken.

Um die wahre Windrichtung festzustellen, schauen Sie bitte nur auf Boote im Hafen, auf Ankerlieger oder Flaggen und Wimpel an Land, niemals auf ein Boot, das in Fahrt ist. Warum das so sein muss, wird uns das nächste Kapitel mitteilen. Zuvor wollen wir uns aber noch mit der zweiten Komponente befassen, die für die Beschreibung einer Luftströmung wichtig ist, mit der Windstärke.

Natürlich ist uns bekannt, dass der Wind nicht ständig gleichmäßig stark oder schwach ist. Wir wissen auch schon, dass die Heftigkeit einer Luftströmung abhängig ist von dem Druckgefälle, das zwischen zwei verschieden hohen Luftdrucksäulen in unserer Atmosphäre besteht. Je größer der Unterschied, umso heftiger der Luftaustausch, sprich: unser Wind.

Auch den Landratten sind Begriffe wie Flaute, Brise oder Sturm bekannt, wir Segler brauchen etwas Genaueres, um verschiedene Windstärken gegeneinander abzugrenzen. Es gibt da die Möglichkeit, mit Metern pro Sekunde (m/s) zu operieren, mit Kilometern pro Stunde (km/h) oder mit Seemeilen pro Stunde (Knoten). Durchgesetzt hat sich allerdings eine Windskala, die im vorigen Jahrhundert der britische Admiral Sir Francis Beaufort erstellt hat. Nach jahrelangen Wetterbeobachtungen entschloss er sich, die von ihm registrierten Windstärken auf einer Skala mit 13 Abstufungen festzulegen, nach der international verständlich gearbeitet werden kann. Ich halte es für angebracht, diese Skala hier wiederzugeben und zum Vergleich die Windgeschwindigkeiten in km/h zu ergänzen:

Beaufort	Bezeichnung	km/h		
0	Windstille	unter		1
1	Leiser Zug	1	–	5
2	Leichte Brise	6	–	11
3	Schwache Brise	12	–	19
4	Mäßige Brise	20	–	28
5	Frische Brise	29	–	38
6	Starker Wind	39	–	49
7	Steifer Wind	50	–	61
8	Stürmischer Wind	62	–	74
9	Sturm	75	–	88
10	Schwerer Sturm	89	–	102
11	Orkanartiger Sturm	103	–	117
12	Orkan	über		117

Für unsere tägliche Segelpraxis ist es nicht unbedingt erforderlich, dass wir diese Skala im Kopf haben. Sie werden aber mit der Zeit feststellen, dass Sie im Gespräch mit anderen oder bei eigenen Törnberichten zunehmend oft mit Zahlen dieser Skala arbeiten, weil sie halt so fabelhaft einfach eine Windsituation beschreiben, wie es mit vielen Worten nicht besser geht. Abgesehen von anderen windgemäßen Highlights: Schönstes Segelvergnügen werden die meisten im Bereich um 4 Beaufort erleben.

Im Übrigen: Auch in Seglerkreisen wird gelegentlich Anglerlatein gesprochen. Bleiben Sie deshalb skeptisch, wenn Ihnen jemand vermitteln möchte, er sei doch neulich mit Vollzeug bei Windstärke 8 wie der Teufel über den See geritten. Er mag die frische Brise in der genannten Stärke empfunden haben, in Wahrheit segelte er vielleicht bei 4 bis 5 Beaufort. Sie werden mit der Zeit wissen, bei wem Sie diesbezüglich immer gewisse Abstriche zu berücksichtigen haben, und auch, dass eigene Aufrundungen nicht zu übertreiben sein sollten.

Wir können unser umfangreiches Kapitel über Wind und Wetter nicht abschließen, bevor wir uns nicht mit drei windbezogenen Begriffen vertraut gemacht haben:

Zumindest aus Kreuzworträtseln ist jedem bekannt, was eine **Bö** ist, nämlich ein plötzlicher und kräftiger Windstoß. Diese Zunahme in der Windstärke muss schon sehr deutlich spürbar sein, um als Bö bezeichnet zu werden. Segeln wir also (nach Beaufort!) mit einem flotten Vierer, und die Windstärke nimmt auf viereinhalb zu, so ist das beileibe keine Bö, sondern nur eine kleine Windschwankung. Hackt es uns aber plötzlich mit 6 oder 7 Windstärken in die Segel, und der Spuk ist nach wenigen Sekunden oder einer Minute vorbei, dann hat uns eine Bö erwischt. Wir werden uns später damit befassen, wie wir in solchen Situationen am geschicktesten reagieren können.

Leben Sie bitte nicht in dauernder Angst, dass bei an sich friedlichen Windverhältnissen jederzeit eine freche Bö auf Sie niedergehen kann, das wird nur höchst selten der Fall sein. Im Allgemeinen verhält sich das Wetter (abgesehen von sprunghaften Gewitter- und Regenfronten) diesbezüglich konsequent, und so gibt es eben Tage, da bleibt der Wind relativ gleichmäßig, und andere, da wollen ständige Böen uns die Suppe versalzen. Wer das nicht mag, bleibt dann eben mal im Hafen und macht Bootspflege.

Was ich Ihnen jetzt noch zumute, sind die Begriffe **Raumen** und **Schralen**.

Auch wenn der letzte Wetterbericht einen Westwind angekündigt hat und wir diese Prognose bei unserem Blick zu den

Verklickern bestätigt finden, müssen wir jederzeit damit rechnen, dass der Wind nicht wie von der Schnur gezogen aus Kompass-richtung 270 Grad weht, sondern mehr oder weniger großen Richtungsschwankungen unterliegen kann. Dreht der Wind so, dass er für kurze oder auch bleibende Zeit mehr von achtern auf uns trifft, dann raumt er, kommt er dagegen weiter von vorn auf uns zu, dann sprechen wir von schralen.

Mehr wollen wir uns dazu im Moment nicht merken.

Entschuldigung, ich höre jemand fragen, wie man in der Praxis auf das Raumen oder Schralen reagiert, also auch das noch kurz gesagt.

Wie so oft im Leben, gibt es da verschiedene Möglichkeiten und Kombinationen: Wenn wir unseren gerade anliegenden Kurs nicht verändern möchten, so holen wir die Schoten (und damit die Segel) angemessen dichter, sobald der Wind schralt, also vorlicher einfällt. Raumt der Wind, so müssen wir die Schoten (und Segel) entsprechend fieren, damit der Anstellwinkel für den jetzt mehr achterlichen Wind wieder o. k. ist.

Geht es uns nicht darum, ein bestimmtes Ziel anzusteuern, so können wir auf das Raumen und Schralen sehr einfach durch ent-sprechendes Anluven bzw. Abfallen reagieren, bis der optimale Anstellwinkel für die Segel wieder gefunden ist.

Selbstverständlich gibt es auch die verschiedensten Zwi-schenstufen, indem wir jeweils nur ein wenig anluven und gleich-zeitig die Schoten etwas dichter holen bzw. leicht abfallen und parallel dazu die Schoten fieren. In der freien Entscheidung wer-den wir nur dann eingeschränkt, wenn wir unseren Kurs wegen eines anderen Bootes oder wegen des nahen Ufers nicht ändern können – dann bleibt eben nur die Korrektur der Segelstellung.

Zur Abrundung sei noch gesagt, dass wir auf Kursen hoch am Wind mit ziemlich dichtgeknallten Schoten diese natürlich nicht noch dichter holen können, wenn der Wind vorlicher kommt, also schralt. Dann bleibt uns nur abzufallen oder – wenn das einen besseren Kurs für uns gibt – eine Wende zu fahren.

Nach so viel Theorie sollten wir abschalten und ein paar wohl-verdiente Kreuzschläge auf unserem See fahren. Richtung und

Stärke des heutigen Windes können Sie ohne weiteres bestimmen und sich in Ihrem Segelverhalten darauf einstellen.

Ich halte Sie für so weit fortgeschritten, dass Sie vor und während des Segeltörns ständig das Wetter im Auge behalten und nicht zu jenen gehören, die „urplötzlich" erleben, dass ein Gewitter auf sie niederdonnert. So etwas darf uns nicht passieren! Auf hoher See geht es nicht anders, da muss man damit fertig werden, auf Binnenrevieren jedoch haben wir bei einem Gewitter nichts zu suchen.

Hafenstimmung

10 Tanken zum Nulltarif

Die Autowelt könnte frohlocken, wenn an den Benzin- oder Dieselzapfsäulen statt steigender Geldbeträge nur noch abgefüllte Mengen registriert würden – eine leider aberwitzige Vorstellung.

Umso dankbarer sollten wir Segler uns bewusst machen, dass der Treibstoff Wind seit je zum Nulltarif getankt werden kann. Man weiß das auch sehr wohl zu schätzen und nimmt deswegen in Kauf, dass der Wind mal zu stark, mal zu schwach oder gelegentlich eben gar nicht weht, meistens also anders, als man ihn im Moment gern hätte.

Einem geschenkten Gaul schaut man nicht in den Verklicker, und gerade diese unvorprogrammierten Unsicherheitsfaktoren machen zum nicht geringen Teil den immer wieder neuen Reiz des Segelns aus – kein Törn ist wie der andere.

So wie beim Automotor nicht einfach Treibstoff, sondern entweder Normal, Super oder Diesel getankt wird, so tankt unser Segel nicht nur einfachen Wind, sondern es fährt mit „Gemisch". Ernsthafter ausgedrückt: Ein Boot segelt nicht mit wahrem (= tatsächlich wehendem), sondern mit „scheinbarem Wind"! – ???–??–?

Ich spüre, dass Sie etwas ratlos ins Buch schauen. Halten Sie durch, denn man wird niemals das Verständnis für eine gute Segelpraxis gewinnen, wenn diese Fakten gedanklich nicht verarbeitet und verinnerlicht sind.

Damit alles nicht so kompliziert bleibt, soll uns ein Beispiel weiterhelfen.

Wir stehen mit dem Auto am Rande einer Landstraße. Ein Wimpel flattert an der Antenne und wird durch den kräftigen Wind von rechts nach links ausgeweht (beim Boot wäre das halber Wind von Steuerbord).

Bis jetzt müsste alles klar sein.

Nun starten wir den Motor und fahren – langsam schneller werdend – so weiter, dass der wahre Wind wie bisher immer von genau rechts auf unseren Wimpel trifft. Und was passiert mit diesem? Sie ahnen es: Zunächst unmerklich, aber dann immer deutlicher zeigt er nicht mehr nach links, sondern mit zunehmend höherem Tempo weiter nach hinten. Bei 50 oder gar 100 km/h kümmert sich das Fähnchen (fast) überhaupt nicht mehr um den nach wie vor seitwärts einfallenden Wind, sondern es lässt sich allein vom jetzt dominierenden Fahrtwind seine Richtung vorschreiben.

Langer Rede kurzer Sinn: Wahrer Wind wird durch Fahrtwind beeinflusst.

Den gleichen dargestellten Effekt erleben wir beim Segeln auf unserem Boot. Bis zum Ablegen zeigt der Verklicker die wahre Windrichtung, sobald wir aber Fahrt aufnehmen und segeln, kommt die Komponente Fahrtwind ins Spiel, und es entsteht als **Resultierende** (wie es korrekt heißt) aus **wahrem Wind** und **Fahrtwind** der so genannte **scheinbare Wind**. Mit diesem Wind arbeitet unser Segel, und dieser scheinbare Wind wird von unserem Verklicker angezeigt, solange wir in Fahrt sind. Je schneller mein Boot segelt, umso mehr nimmt natürlich der Fahrtwind zu, und der Verklicker zeigt mir – siehe Autowimpel! – einen scheinbaren Wind an, der direkter von vorne auf mich trifft, als es der wahre Wind allein tun würde.

Aus den Skizzen zu diesem Kapitel ist ersichtlich, wie durch Ergänzung der Linien für den wahren Wind und den Fahrtwind zu einem Kräfteparallelogramm sowohl die Richtung als auch die Stärke des scheinbaren Windes dargestellt werden kann.

In der Praxis werden Sie in diesem Zusammenhang gelegentlich folgende Feststellungen machen können:

Man segelt auf einem Kurs hoch am Wind und traut seinen Augen nicht: Der Verklicker zeigt an, dass man in den Wind hineinsegelt, fast einen Aufschießer fährt. Kurz nachgedacht – alles klar: Der wahre Wind kommt aus etwa 45 Grad auf unseren Verklicker, der aber wird durch den beträchtlichen Fahrtwind weiter nach hinten abgelenkt und zeigt einen scheinbaren Wind, der fast vorlich einfällt.

Auf einem Kurs vor dem Wind, glauben wir in einer Flaute zu stecken, obwohl das Boot relativ gute Fahrt macht. Wie das?

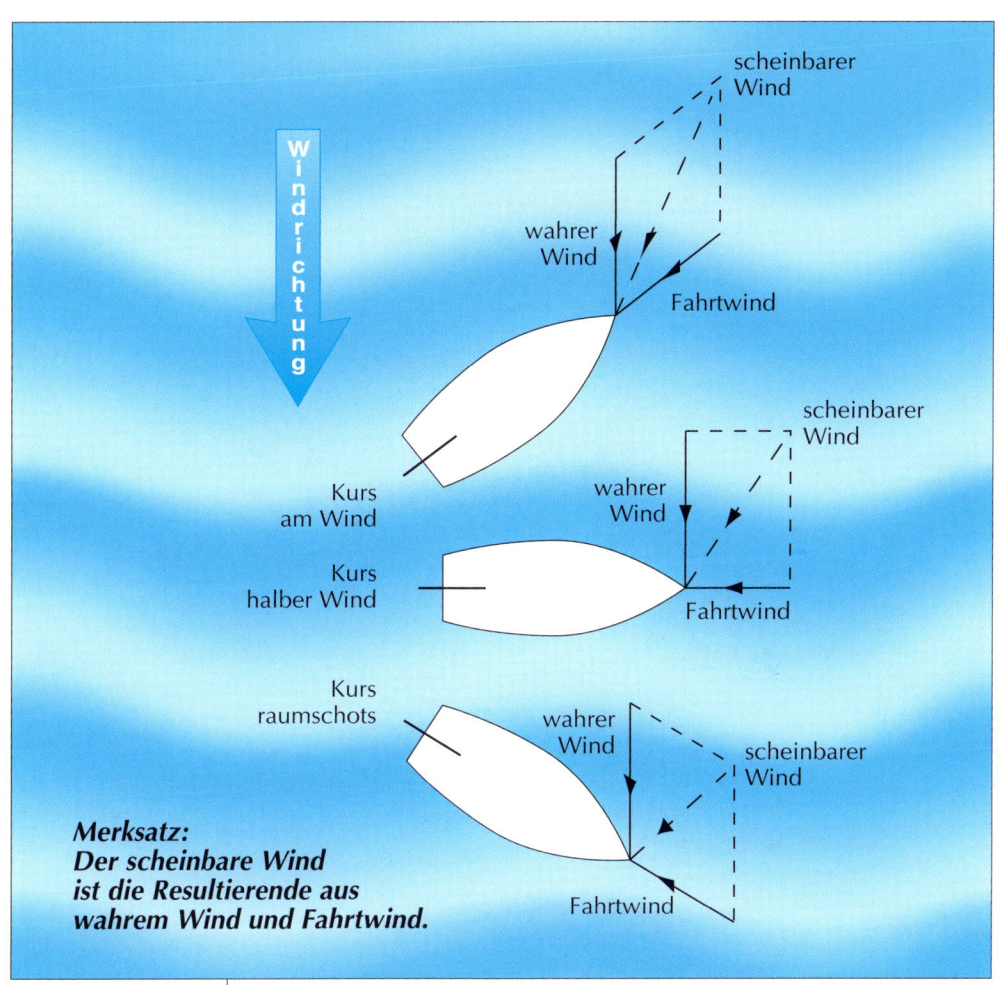

Schematische Darstellung des scheinbaren Windes

Der wahre Wind schiebt uns vor sich her, der tempoabhängige Fahrtwind drückt von vorn dagegen mit dem Ergebnis, dass unser scheinbarer Wind auf diesem Kurs nur so stark ist wie der wahre Wind minus Fahrtwind. Diese Verminderung wird deutlich wahrgenommen, wenn wir uns auf diesem Kurs befinden.

Im Hafen zeigen Verklicker und Windexpfeile die Richtung des wahren Windes.

Segeln wir auf Kursen am Wind oder mit halbem Wind, dann ist der scheinbare Wind stets stärker als der wahre Wind. Fallen wir auf unseren Kursen weiter ab auf raumschots oder vor dem Wind, so ist der scheinbare Wind die kleinere Komponente im Spiel der Kräfte. An den schon erwähnten Skizzen können wir die vorstehenden Behauptungen prüfen und sogar nachmessen: Die Diagonal-Linie des scheinbaren Windes in den Parallelogrammen ist bei den angesprochenen Kursen tatsächlich länger bzw. kürzer.

Letztlich sollte man in diesem Zusammenhang allerdings auch wissen, dass der stärkste scheinbare Wind nicht unbedingt die größte Geschwindigkeit bringt.

Auf den Kursen am Wind und halber Wind geht viel Windenergie durch Reibung verloren, weil unser Boot gegen eine starke Abdrift ankämpfen muss. Umgekehrt haben wir derartige Verluste nicht bei den Kursen raumschots und vor dem Wind, weil das Boot so ziemlich in Windrichtung vorangetrieben wird und kaum abdriftet.

Es reicht! Genug der Theorie! Vermutlich können Sie das Wort **Wind** – in welcher Kombination auch immer – jetzt nicht mehr hören. Gehen Sie auf Ihr Boot, segeln Sie los und genießen Sie ... den Wind!

11 Richtig gekleidet

Spaziergänger und Segler sollten sich mit ihrer Kleidung tunlichst auf das gegebene Wetter einstellen, andernfalls kann die Betätigung im Freien zu bösen Reinfällen führen. Im Stadtpark bei plötzlich einsetzendem Regen keinen Mantel oder Schirm dabei zu haben, ist fatal; an kalten Wintertagen mit Schneefall statt festen Schuhwerks nur Sandalen anzuziehen, wird sicherlich selten geschehen und die Ausnahme bleiben. Doch was interessiert uns das Gebaren von gewöhnlichen Menschen?! Die Frage ist: Welches Outfit ziert den Segler?

Der eine oder die andere von Ihnen hat sicherlich aus Zeitschriften oder anderen Quellen erfahren können, dass es da so wunderbar hübsche Sachen gibt, sowohl für die Dame als auch für den Herrn, pardon: Skipper! Das sind oft sehr schicke Plünnen in den maritimen Traditionsfarben Weiß und Blau, manchmal sogar mit einem gestickten Goldanker oder Seemannsknoten auf der Brust oder am Ärmel. Letztere können auch noch in Rot und Grün besonders herausgehoben werden. Dazu trägt der Segelsportler von heute elegante weiße Hosen mit Bügelfalte und verdammt pfiffig aufgesetzten Taschen, weil man an Bord doch so schrecklich viel bei sich tragen muss: Pfeife, Feuerzeug, Takelmesser, Schrauben, Kompass, eine Ausgabe der Binnenschifffahrtsstraßenordnung und sicher noch ein Handy.

Bevor wir das weiterspinnen: Vergessen Sie solche Klamotten beim Segeln. Das ist wunderschöne Kleidung, mit der Sie Ihrer Schwiegermutter bei einem Besuch am Sonntagnachmittag gefallen werden, auf einem kleinen Sportboot taugen diese Sachen nicht allzu viel. Es bedarf keiner ausführlichen Erwähnung, dass auch Röcke jeglicher Art, Kostüme und Blazer mit Klubkrawatte nicht ganz das Richtige sind.

Was also anziehen? Vor allem sollte Ihre Segelgarderobe praktisch und für Boot und Wetter angemessen sein. Auch gegen eine weiße Hose ist nichts einzuwenden, solange Sie nicht darunter leiden, dass da doch tatsächlich mal ein großer Fleck am Knie zu sehen ist, oder es sind zwei kleine links am Gesäß – auch das gepflegteste Boot kann eben nicht immer so sauber sein wie ein frisch polierter Barhocker.

Ich will hier weder Werbung machen, noch erhalte ich Zuwendungen von einer bestimmten Bekleidungsbranche, aber Jeansartikel oder vergleichbares Material in dunkleren Farben haben sich einfach als ideal an Bord bewährt. Dazu je nach Jahreszeit und Tagestemperatur Sporthemd, Sweatshirt, Pullover oder windundurchlässige Fleece-Ware; für die besonders kalten Tage der Vor- und Nachsaison wäre so genannte Thermal-Unterwäsche empfehlenswert – warmhaltend, atmungsaktiv und feuchtigkeitsausgleichend. Entscheidend ist lediglich, dass Sie sich am Praktischen orientieren, schick zu sein ist nur sekundär von Belang. Nehmen Sie vorsichtshalber immer ein paar wärmende Sachen mit auf Ihren Segeltörn, auf dem Wasser ist es sehr oft (wesentlich) kühler, als Sie vorher an Land noch vermutet hatten. (Das kann natürlich bei Temperaturen ab 30 Grad im Schatten vernachlässigt werden!)

Packen Sie beim Segeln lieber nicht all das in die Hosentaschen, was Sie zu brauchen glauben. Früher oder später rutscht Ihnen ausgerechnet das Portemonnaie in einem unbedachten Moment heraus und landet natürlich nicht im Cockpit, sondern – Sie lehnten sich gerade zurück – im tiefen Wasser. Gleiches könnte auch mal mit den Autoschlüsseln passieren – zu dumm. All die notwendigen Kleinigkeiten, die man so dabei hat, gehören in einen besonderen Beutel oder in eine kleine handliche Box, die an einer sicheren Stelle im Boot verstaut, eventuell sogar angebunden werden.

Niemals bitte barfuß segeln, auch wenn Sie es noch so oft bei anderen gesehen haben. Auf einem schwankenden Boot müssen Sie nicht selten einen unbedachten und schnellen Seit- oder Ausfallschritt machen, um z. B. das Gleichgewicht zu halten. Dabei könnte man sich leicht verletzen, indem man gegen harte Bootsbeschläge oder Kanten tritt. Spezielle Bootsschuhe mit heller und rutschfester Sohle sind angebracht, bei absolutem Schlechtwetter

*Mit der richtigen Kleidung
ist man fit für jedes Wetter.*

auch Stiefel, allerdings nicht die mit dem Gartendreck im stark profilierten Absatz, sondern solche, die – wie die Schuhe – ausschließlich an Bord getragen werden.

Bei Regenwetter empfiehlt es sich, so genanntes Ölzeug an- bzw. überzuziehen. In früheren Zeiten handelte es sich dabei um Leinenzeug, das zur Wasserabweisung mit Öl getränkt war, das ist für Sportboote natürlich nicht so angebracht. Heutzutage gibt es in den einschlägigen maritimen Spezialgeschäften für jeden Geschmack und Geldbeutel passende Overalls in modernen Kunstfaserstoffen; Sie sollten sich da einmal orientieren. Für das Allwettersegeln auf kleinen Sportbooten gibt es höher geschnittene Jollenhosen, die den manchmal empfindlichen Rücken und den Nierenbereich vor Wind und Spritzwasser schützen. Für hinzukommenden Regen brauchen wir dann nur noch eine passende „Öljacke" (alias: Ostfriesennerz) überzuziehen. Welche Kopfbedeckung Sie für passend halten und benötigen, überlasse ich Ihnen. Sie werden selbst wissen, ob und wie Sie ihren wertvollsten Körperteil schützen müssen. Auf einer norddeutschen Regatta traf ich mal einen Vorschoter mit Tirolerhut – ganz schön witzig; der Fantasie und Selbstdarstellung sind keine Grenzen gesetzt.

Gesegelt wird mit Kopf und Hand. Letztere muss oft gewaltig zupacken und wird dementsprechend ramponiert. Wer empfindliche Hände hat (das müssen nicht nur Pianisten und Chirurgen sein), der sollte Seglerhandschuhe kaufen, die sehr gute Dienste leisten und bei heißem Sommerwetter nie zu warm werden, weil die Fingerkuppen (der Handschuhe!) meistens abgeschnitten sind, und weil man sie bei Bedarf jederzeit ins kühlende Wasser tunken kann.

Falls Sie eine Brille tragen (das gilt natürlich auch für Sonnenbrillen), sollten Sie diese an Bord unbedingt mit einem Sicherheitsbändsel versehen, damit sie niemals außenbords geht.

Segeln in Badezeug ist beliebt. Ungefährlich ist es nur, wenn Sie sich ausreichend gegen die Sonnenstrahlung schützen, die durch die Reflexionen des Wassers noch wesentlich intensiviert werden kann. Meistens wird der böse Sonnenbrand erst bemerkt, wenn man wieder im Hafen ist und den bisher kühlenden Windzug nicht mehr spürt. Die Wissenden bauen vor.

Für ungesund halte ich es, wenn man stundenlang im Badezeug segelt und der vom Spritzwasser genässte Rücken ständig dem Wind ausgesetzt ist – die Spätschäden sind vielleicht erst in ein paar Jahren zu spüren. Da sollte jeder sorgsam überlegen, was er sich zumuten darf und will.

In erster Linie nicht zur Kleidung, sondern zur Sicherheitsausrüstung gehört eine Schwimmweste. Davon müssen so viele an Bord Ihres Bootes sein, wie sich Personen darauf befinden! Nichtschwimmer haben diese Weste immer zu tragen, andere nach Bedarf und persönlicher Einstellung. Es gibt Segler, die üben ihren

Sport grundsätzlich nur mit Schwimmweste aus – eigentlich empfehlenswert. Andere machen es von der Windstärke, dem Revier oder dem Wellengang abhängig, ob sie oder ob sie nicht: Es besteht schon ein Unterschied, ob ich auf einem dicht befahrenen Binnenmeer oder auf hoher See, ob ich bei Windstärke 1,5 oder 6 meinem Hobby fröne. Sie müssen sich da selbst einschätzen können, und solange nichts passiert, haben Sie alles richtig gemacht.

Es ist eine Frage des Preises und der Bequemlichkeit, ob Sie selbstaufblasbare Schwimmwesten oder solche aus Feststoffen tragen. Wichtig ist nur, dass die Westen ohnmachtsicher sind und den Kopf des Über-Bord-Gefallenen auch dann über Wasser halten, wenn ihn aufgrund einer Schlageinwirkung oder aus anderen Gründen das Bewusstsein verlassen hat.

Wer innerlich jederzeit darauf eingestellt ist, dass Segeln (insbesondere auf Jollen) mit Nässe verbunden ist und man jederzeit einmal ins Wasser fallen kann, der wird es irgendwie beruhigend finden, immer einen Satz Reservekleidung dabei zu haben – Unterwäsche, Hose, Pullover. Ich selbst bin mehrfach ins Wasser gefallen, allein zweimal im Hafen vom Boot gerutscht, und hatte leider nie diesbezüglich vorgesorgt. Man hat es überlebt und sich irgendwie geholfen; ich werde auch künftig beim Daysailing keine Wechsel-Klamotten an Land deponieren (im PKW oder in den Umkleideräumen des Klubhauses). Trotzdem: Zu empfehlen wäre es schon, oder?

Falls Sie zu jenen Seglern gehören, die auch vor ganz sportlich-kleinen Booten nicht zurückschrecken, oder die gar mal gelegentlich auf ein Surfbrett steigen, dann sollten Sie die Anschaffung eines so genannten Neoprenanzuges in Erwägung ziehen, der den ganzen Körper zwar nicht vor Nässe, aber vor der gefährlichen Unterkühlung schützt. Sobald man mit diesem Anzug außenbords geht, füllt sich der enge Hohlraum zwischen Körper und Anzug mit Wasser. Weil dieses mit der Zeit die Körpertemperatur des Benutzers annimmt und nicht ständig ausgetauscht wird, bleibt insbesondere ein Surfer, der notgedrungen des Öfteren wassert, bestens geschützt.

PS

Bevor Sie mich irgendwo auf dem Wasser treffen und in flagranti erwischen, gebe ich es lieber zu:

So gelegentlich, wenn's meiner Frau und mir gefällt, segeln auch wir in Sweatshirts mit maritimem Besatz und – nun ja – in weißen Hosen. Man darf halt nicht alles so penibel sehen und muss ab und zu andeuten, dass man über den Dingen steht und flexibel geblieben ist.

12 „Dry Air"

Wenn es uns schon angebracht scheint, bezüglich der passenden Gewandung des Bootspersonals einige Überlegungen anzustellen, umso wichtiger ist es zu wissen, wie die richtige „Garderobe" für unser Boot aussehen sollte. Selbstverständlich gilt auch hier die Regel: Man hat sich in erster Linie dem Wetter (und das heißt hier: dem Wind) anzupassen. Des Weiteren sollte ein Skipper aber auch wissen, was er sich und seiner Mannschaft zumuten darf.

Nicht selten hat die Crew eines Segelbootes eine gewisse Auswahl an „Tuch" zur Verfügung, das je nach vorherrschender Windstärke und persönlichem Geschick gefahren werden kann. Im durchschnittlichen Normalfall geht eine Segeljolle (= kleines offenes Sportboot mit aufholbarem Schwert und Ruderblatt) mit einem Groß- und einem Vorsegel (der Normal- oder **Arbeitsfock**) auf die Reise.

Bei schwächeren Winden, oder wenn die Mannschaft schon etwas erfahren ist, kann statt der Normalfock ein größeres Vorsegel, nämlich die **Genua**, gesetzt werden, die einige Quadratmeter mehr an Fläche und entsprechend größeres Tempo bringt. Während das Schothorn der Fock (Sie wissen: die Ecke unten/achtern) bei dichtgeholten Schoten etwa bis zur Höhe des Mastfußes reicht, geht dieses bei einer Genua wesentlich weiter zurück; oft ist bei Kursen am Wind das halbe Cockpit an der Leeseite verdeckt. Damit unsere Sicht nicht zu sehr eingeschränkt wird, arbeitet der Segelmacher meistens ein gut positioniertes und dimensioniertes Plastikfenster in die Genua ein. So wird die Gefahr gebannt, dass wir mit zu viel Gottvertrauen unsere Bahnen ziehen und das Wegerecht auf der Strecke bleibt.

Kann unser Boot noch mehr Segelfläche tragen, so empfiehlt sich als Nächstes ein so genannter **Spinnaker**. Jeder hat diese meist bunten „Ballonsegel" zumindest auf Fotos gesehen – sie geben nicht nur optisch eine Menge her. Man benutzt sie besonders auf Kursen **vor dem Wind** und **raumschots**, weil sie da extrem viel Wind einfangen und dem Boot entsprechend Vortrieb (= Speed) geben. Die Fock kann nach Belieben zusätzlich stehen bleiben oder weggenommen werden, sie arbeitet dann eh im Windschatten des Spi (so die Abkürzung der Insider) und bringt nicht mehr viel.

Statt eines Spinnakers kann auf jedem Boot ein **Booster** oder **Blister** gefahren werden. Das sind ziemlich bauchig geschnittene, meist farblich abgesetzte Vorsegel, die mindestens Genua-Größe haben und ohne das manchmal etwas kompliziert zu handhabende Spi-Geschirr gefahren werden können. Die genannten Segel eignen sich vorwiegend für Halbwind- und Raumschots-Kurse und erfreuen insbesondere Skipper von Kajütbooten, die keine Regatta-Ambitionen haben. Auf Jollen sind sie seltener zu sehen.

Das wären so die Möglichkeiten, mit denen ich die Segelgarderobe eines kleinen Sportbootes variieren kann. Beherzigen Sie bitte: Es geht niemals Gefahr von der Situation aus, dass ich den Hafen unter Großsegel und Normalfock verlasse und draußen auf dem See feststelle, dass durchaus die Genua hätte gesetzt werden können. Dann fährt mein Boot eben etwas langsamer als ein baugleiches mit mehr Tuch, oder ich tausche – möglichst bei einem Kurzstopp am Steg – die Fock gegen eine Genua aus – alles kein Problem.

Umgekehrt kann die Sache dann schon mal brisanter werden: Ich verlasse den Hafen unter „Vollzeug" und stelle draußen mit Schrecken fest: Donnerwetter, das ist zu viel für mich!

Der Fehler lag darin begründet, dass ich vor dem Auslaufen nicht sorgfältig auf den Wind geachtet habe, der sich im Hafen doch so zahm zeigte, und dass ich zusätzlich nicht die bereits segelnden Boote anvisierte, um an deren Garderobe und/oder Segelverhalten die Windstärke richtig einzuschätzen.

Allerdings kann es uns auch jederzeit passieren, dass wir zunächst mit angemessener Segelfläche ablegen, und erst der stetig zunehmende Wind zwingt uns nach geraumer Zeit die Erkenntnis auf, dass wir nicht mehr ganz Herr der Lage sind. Was ist in solchen Situationen zu machen!?

Ganz klar: Die gesetzte Segelfläche muss verkleinert werden – wir **reffen**. Erster Grundsatz: Wir machen das lieber in Ruhe vor dem Ablegen, als draußen in Hektik und oft unter schwierigen Bedingungen. Im Übrigen sollten wir im Zweifel lieber mit zu kleiner als mit zu großer Segelfläche losmachen. Also: statt Genua die Normalfock, ist das noch zu viel, greifen wir – falls vorhanden – zu einer so genannten *Sturmfock*.

Als grobe Faustregel für das Tourensegeln kann gelten, dass wir bis 2 Beaufort die Genua, bis 4 die Normalfock und darüber die Sturmfock setzen. Aber bitte: Von Boot zu Boot und noch mehr von Mannschaft zu Mannschaft kann das sehr verschieden sein. Dabei ist mit der Zeit auch festzustellen, dass wir auf einem Raumschots-Kurs oder vor dem Wind das größere Segel länger halten können, weil unser Boot erst bei Kursen am Wind wesentlich stärker zu krängen beginnt. Vorsichtshalber sollten wir also beim Verlassen des Hafens gedanklich auf den schwierigeren Kurs eingestellt sein.

Wenn die Wetterlage uns so erscheint, dass auch Groß und Sturmfock noch zu viel Angriffsfläche bieten, so gibt es zwei Möglichkeiten für die passende Segelgarderobe:

Wir lassen auch die Sturmfock in der Backskiste liegen und segeln allein mit dem Groß, was bei vielen kleineren Booten recht ordentlich geht. Die bessere Methode wäre allerdings, die Sturmfock zu setzen und das Großsegel zu reffen, d. h., um einige Quadratmeter zu verkleinern. Je nach Bootstyp oder Herrichtung durch den Eigner geschieht das durch ein Patent- oder ein Bindereff.

Beim Patentreff kann der Baum durch ein bewegliches Verbindungsstück am Mast (= Lümmellager, so komisch heißt das nun mal) um sich selbst gedreht werden. Je nach Anzahl der Umdrehungen rollt man dadurch entsprechend viel Segeltuch weg, z. B. einen Meter parallel zum Unterliek des Großsegels. Das würde in der Handhabung des Bootes schon eine Menge ausmachen. Sie werden bei jedem Boot ausprobieren und mit der Zeit wissen, wieviel Drehungen jeweils angebracht sind.

Gebräuchlicher ist heutzutage das Bindereff, bei dem das überschüssige Tuch des Großsegels geordnet auf dem Baum festgebändselt werden kann. Ich erspare uns seitenlange Ausführungen zur praktischen Handhabung, die kann man sich besser zeigen lassen und einmal selbst probieren.

Inzwischen gibt es auch einige hervorragend durchdachte Reffsysteme, bei denen man nur noch eine speziell zwischen Baum und Segel eingefädelte Reffleine dichtholen muss, um das Groß im gewünschten Umfang zu verkleinern.

Ein Surfer auf Backbordbug

Allen Reffpraktiken ist die Notwendigkeit gemeinsam, dass das Großfall jeweils so weit gefiert werden muss, wie das Segel weiter nach unten gezogen wird. Nach dem Einlegen des Reffs ist das Großfall wieder total dichtzuholen – Sie hätten es gewusst, oder?

Wenn wir das Segelverhalten von zwei übereinstimmend gebauten Booten vergleichen, von denen eines mit Sturmfock und gerefftem Groß, das andere ohne Sturmfock, aber dafür mit vollem Groß segelt, so stellen wir fest, dass das erstgenannte Boot wesentlich besser läuft. Zum einen, weil durch die wichtige Düsenwirkung zwischen den beiden Segeln eine Aerodynamik entsteht, die ein Mehr an Vortrieb bringt, als es mit einem solo gesetzten Großsegel möglich ist. Zum anderen, weil das nur mit dem Groß segelnde Boot luvgieriger wird und mit bremsenden Ruderkorrekturen auf Kurs gehalten werden muss (siehe auch Kapitel 20). Das jetzt weiter darzustellen, führt uns in Bereiche, die Sie bei vorhandenem Interesse in speziellen Fachbüchern nachlesen sollten. Im Moment reicht es, wenn Sie mir glauben.

Bei sehr hackigem Wind bleibt uns als Letztes das Vergnügen, nur mit dem gerefften Großsegel auszulaufen. Dann wird es aber schon mit etwa 7 bis 8 Windstärken auf unserem Revier toben, und wir sollten eventuell denen Platz lassen, die auch jetzt noch wissen, was Sache ist.

Manche Boote sind mit einer **Rollfock** oder gar mit einer reffbaren Rollfock ausgerüstet.

Die erstgenannte Anlage ermöglicht es dem Skipper, die jeweils gesetzte Fock oder Genua durch Zug an einer Sorgleine quasi um das Vorstag (= Draht zur Halterung des Mastes nach vorn) herumzuwickeln. Im Notfall eine feine Sache: Ruck, zuck, das Vorsegel ist weg, die Segelfläche verkleinert – wir haben gerefft.

Der Nachteil liegt auf der Hand: Wenn ich z. B. eine Genua gesetzt hatte, dann wäre bei zunehmendem Wind als nächst kleineres Segel vermutlich die Normalfock, wenigstens jedoch eine Sturmfock angebracht, aber diese Feinheiten lassen sich mit der Rollfock nicht regulieren – das Vorsegel steht entweder mit seiner totalen Fläche oder gar nicht zur Verfügung.

Von Vorteil, das sei hier eingefügt, ist eine Rollfock vor allem beim An- und Ablegen, weil dann das sonst killende Vorsegel während des Einholens der Festmacherleine sowie beim Aufschießer den Vorschoter auf dem Vordeck nicht stört. Auch unter Spi ist eine Rollfock nützlich, weil wir sie nicht benötigen und problemlos wegnehmen und bei Bedarf wieder ausrollen können.

Die dargestellten Nachteile der Rollfock werden durch eine reffbare Rollfock bzw. Genua aufgefangen. Das ist eine Vorrichtung, die das Vorsegel zwar auch einrollt, aber in jeder gewünschten Position arretiert (u. a. mithilfe einer schmalen Vorstagschiene statt lediglich eines Drahtes). Wir können also während des Segelns mit wenigen Handgriffen jederzeit flexibel zwischen Supergenua und Ministurmfock wählen – eigentlich eine tolle Sache. Nur feinsinnige Segler werden sich daran stören, dass eine teilgereffte Genua nicht so gut steht wie ein fest getrimmtes Segel. Das sind aber Dinge, die ein Tourenskipper ohne Sorge in Kauf nehmen darf.

Darüber hinaus kann man für sein Boot auch eine normale Arbeitsfock zu einer Sturmfock reffen, indem das Unterliek angemessen aufgerollt und festgebändselt wird. Zu diesem Zweck sind die zusätzlich notwendigen Kauschen (metallringverstärkte Öffnungen) für die neuen Ecken Hals und Schothorn vom Segelmacher natürlich in die Mehrzweckfock eingearbeitet worden.
Ich selbst habe keine Erfahrungen mit derartigen „Wurstrollen", sehe aber als deren Vorteil die einfache und kostengünstige Handhabung bzw. Beschaffung.

Wenn Sie nicht nur Schönwettersegler sind, sondern sich mit der Zeit auch bei fetzigem Wind hinaustrauen, werden Sie mehr oder weniger oft den Vorgang des Reffens ausführen müssen. Bei einiger Umsicht ist das absolut kein Problem, und mit ein bisschen Übung wird Ihr gerefftes Groß genau so zackig und faltenfrei aussehen wie im ungerefften Zustand.
Ist man aus Sicherheitsgründen wegen des heftigen Windes zunächst mit verkleinerter Segelfläche gefahren und stellt dann fest, dass man untertakelt ist (= zu wenig Tuch gesetzt hat), dann

kann ausgerefft werden, das heißt, die normale oder eine ange-messen üppigere Segelfläche wird hergestellt. Genau so verfahren Sie auch, wenn im Laufe eines Törns der frische oder stürmische Wind nachlässt und zu mehr Risiko ermuntert.

Von dem Teilnehmer eines A-Schein-Kurses wurde ich einmal gefragt, was denn Reffen eigentlich mit trockener Luft zu tun habe, man spräche doch im Zusammenhang damit immer von „dry air". Der junge Mann hatte richtig hingehört, die Sache aber nur pho-netisch verstanden. Gemeint war das Reffen mit „drei R": **rrr**echt-zeitig – **rrr**eichlich – **rrr**ichtig!

13 Der Skipper und sein Team

Auf jedem Boot, das dampft und segelt,
gibt's einen, der die Sache regelt!

Mit diesem Spruch stellen Segler gelegentlich lapidar fest, dass bei jedem Törn ein verantwortlicher Schiffsführer eingeteilt sein muss. In der Großschifffahrt ist das der Kapitän, der letztlich sagt, wo es langgeht. Dieser hat insbesondere auf hoher See viele Befugnisse bis hin zur Festnahme von Meuterern. Manche behaupten sogar, er dürfe in besonderen Fällen – quasi als maritimer Standesbeam-ter – Trauungen auf seinem Schiff vornehmen, wenn unter den Passagieren ein dringendes Bedürfnis besteht.
   Wie dem auch sei:
   So umfassende Kompetenzen haben wir auf unseren Sport-booten leider nicht. Immerhin sind wir aber als Schiffsführer (alias: Skipper) für das Wohlergehen der gesamten Mannschaft im weitesten Sinne verantwortlich, wie es so schön heißt: für deren Leib und Leben.
   Das setzt voraus, dass wir unser Boot jederzeit im Rahmen der geltenden Bestimmungen (z. B. der Binnenschifffahrtsstraßenord-nung) und unter Beachtung aller seemännischen Anforderungen sicher und zuverlässig führen können.

Im Gegensatz zum Auto, wo selbstverständlich derjenige die Verantwortung hat, der am Steuer sitzt, ist das beim Segelsport anders geregelt.

Der Skipper muss nicht unbedingt am Ruder sitzen und das Boot steuern, das kann er anderen überlassen, auch z. B. einem Jugendlichen, den er zur Erfüllung der Aufgabe für geeignet hält. Alles, aber auch alles, was auf oder mit dem Boot geschieht, liegt jedoch in der Verantwortlichkeit des Skippers.

Dieser braucht nicht mit dem Eigner des Bootes identisch zu sein. Auf größeren Rennyachten und anderswo ist es durchaus üblich, dass der Mitsegler mit den besten Kenntnissen und der längsten Erfahrung zum Schiffsführer bestimmt wird, dem sich auch der Eigner selbstverständlich unterordnet.

Natürlich kann auf diesen Booten jeder Vorschläge und Anregungen zum Kurs und zu anstehenden Manövern machen, die letzte Entscheidungsbefugnis aber bleibt beim Skipper.

Solange beim Segeln nichts passiert, ist es für manche unwichtig, wer nun die Verantwortung hatte. Aber wehe, ein Notfall tritt ein, oder durch Unachtsamkeit wird ein kostspieliger Schaden verursacht – dann werden Anwälte und Gerichte unangenehme Fragen stellen.

Lassen Sie sich nun nicht verängstigen. Für den Normalfall wird es so sein, dass der Bootseigner, der zum Mitsegeln einlädt, gleichzeitig der Skipper ist. Soll eine andere Regelung getroffen werden, so ist das ausdrücklich abzusprechen – Punktum!

Empfehlen würde ich, dass jeder Schiffsführer, der doch manchmal nicht geringe Verantwortung für andere übernimmt, im Besitz eines dem Revier entsprechenden Segelscheins des DSV (= Deutscher Segler-Verband) sein sollte. Mit diesem Ausweis hat er seine Eignung zur verantwortlichen Führung eines Segelbootes nachgewiesen und steht im Falle eines Falles besser da als ein „Scheinloser".

Dummerweise gibt es Führerscheininhaber, die schlechter segeln als andere, die nur zu bequem waren, die entsprechende Prüfung abzulegen, die aber so krankhaft begabt sind, dass man sich ihnen jederzeit anvertrauen kann. In solchen Fällen müssen sich die Beteiligten nach der GMV-Methode entscheiden, wer verantwortlich sein soll (GMV = **G**esunder **M**enschen**v**erstand).

Segeln, lieber Leser, ist ein Mannschaftssport, da müssen alle aktiv beteiligten Mitsegler (und manchmal auch die passiven Mitfahrer) sinnvoll zusammenarbeiten, damit die Sache optimal läuft – zumindest nicht danebengeht.

Egal, ob nun zwei oder wesentlich mehr Personen diese Mannschaft bilden, jeder an Bord muss rechtzeitig wissen, wann welches Manöver gefahren werden soll, um sich darauf einzustellen oder daran mitwirken zu können.

Ich möchte Sie kurz mit einem Autofahrer bekannt machen, der plötzlich seiner Reisegefährtin neben sich zuruft: „Klar zur Rechtskurve!" Wir können uns vorstellen, dass da anschließend befremdliche Blicke hin- und herschießen mit der nonverbal artikulierten Frage: „Geht's dir nicht gut?" Verständlich: Im Auto finden wir statt einer Mannschaft eben nur den Fahrer und einen oder mehrere Mitreisende. Letztere sehen auch ohne Vorankündigung, wann eine Kurve kommt, oder ob die Ampel Rot zeigt und der Wagen angehalten werden muss.

Nicht so beim Segeln:

Wenn wegen einer Winddrehung oder aus anderen Gründen eine Wende gefahren werden soll oder muss, so hat der Rudergänger (quasi im Auftrag des Skippers) die anderen Mitsegler durch ein Segelkommando darauf vorzubereiten. Diese Verpflichtung gilt für jedes Bootsmanöver, sonst könnte es leicht geschehen, dass ein Mitsegler sein Gleichgewicht verliert und über Bord fällt, dass ihm der Baum an den Kopf schlägt, oder als Minimum, dass er die Schoten nicht angemessen bedient.

In den Lehrbüchern für den Segelschein A (Binnenreviere) ist seitenlang abgehandelt, wie die vorgeschriebenen Kommandos bei den diversen Segelmanövern lauten, und ein Prüfling sollte diese auf Befragen nur so herunterrasseln.

Wenn wir uns das ersparen wollen, so gilt aber zumindest, dass jedes Manöver in irgendeiner Form angekündigt wird, und zwar deutlich und unmissverständlich. Erst wenn die Rückantwort des Mitseglers erfolgt ist („Ist klar!" oder „Ja, o. k!"), soll das angekündigte Manöver eingeleitet werden. Je größer eine Crew zahlenmäßig ist, umso wichtiger ist die penible Anweisung durch Segelkommandos und deren Befolgung.

Einer Verständigung zwischen Steuermann und Vorschoter bedarf es insbesondere beim Ablegen, bei der Wende, beim Halsen und beim Anlegen (Aufschießer). Mit der Zeit werden Sie sich feste Sprachregelungen angewöhnen, die entweder mit den vom DSV erarbeiteten Kommandos übereinstimmen, oder die Ihnen besser gefallen. Egal wie: Fahren Sie kein Manöver ohne vorherige klare Ansage!!
Dabei brauchen Sie nicht so weit zu gehen, wie es mir vor Jahren passierte. Ich segelte allein auf meinem Boot und ertappte mich plötzlich dabei, wie ich zum wiederholten Male zu mir selbst sagte: „Klar zur Wende!" Gott sei Dank hatte es wohl niemand gehört, behalten Sie es also bitte für sich.

Wenn wir unzweifelhaft feststellen, dass Segeln ein Mannschaftssport ist, so möchte ich das gerne über den eigenen Bootsrand hinaus betrachtet sehen.
Ein gewisses Zusammengehörigkeitsgefühl sollten wir Segler untereinander schon entwickeln. In diesem Sinne ist es durchaus angebracht, dass man einem Einhandsegler, der gerade zum Aufschießer am Steg ansetzt, helfend die Vorleine abnimmt oder abstützend ans Vorstag fasst, wenn man gerade in der Nähe ist. Irgendwann werden andere uns helfen – ein erstrebenswerter Kreislauf.

Merke:
Das Gute, das wir tun, kehrt zu uns selbst zurück
                                    (= alte Hindu-Weisheit).
Das Schlechte übrigens manchmal auch
                                    (= eigene Erfahrung).

Mit der Story über einen besonderen Aspekt des Verhältnisses zwischen Steuermann und Vorschoter wollen wir dieses Kapitel abschließen:

Der Segelbootfahrer

Amadeus Windig verabredete sich am Sonntag mit seiner Nachbarin zum Segeln. Nicht, dass die beiden etwas miteinander hätten, es ergab sich halt so auf dem letzten Straßenfest. Da hatte Frau Marlene Müller-Sturm geäußert, sie habe im Urlaub und auch sonst schon ein paar Mal den Vorschoter auf Jollen gespielt, und das sei einfach toll gewesen.

Amadeus segelte schon seit langem, unbekümmert zwar, aber er traute sich auch dann noch aufs Wasser, wenn andere lieber ihre Beschläge putzten.

Nun hantierten beide, Marlene und Amadeus, erwartungsfroh im Boot, setzten die Segel, holten die Fender ein (das hatten sie so gelernt!) und warfen die Leinen los. Glücklich und zufrieden segelten sie ihre Bahnen, bewegten sich bei leichter Brise raumschots, mit halbem Wind, hoch am Wind – es war schön!

Amadeus wollte keine Hektik ins betuliche Dahinsegeln bringen und bediente die Schoten und Trimmvorrichtungen lediglich nach der Art eines über die Dinge erhabenen Sonntagsseglers – so, wie er es eigentlich immer machte. Stolz saß er an der Pinne.

Marlene schien es zu genießen, sie sagte wenig und schaute umher. Flugs verging die Zeit.

Und dann kam es knüppeldick:

„Sollte der Traveller nicht weiter in Luv gefahren werden?"

Amadeus ließ vor Staunen fast die Pinne los.

„Ich würde auch den Cunningham-Stropp fieren und ein bisschen mehr Bauch ins Groß bringen!"

Amadeus war baff. Wen hatte er sich da ins Boot geholt?!

Er wusste kaum, wie er das mit dem Bauch verstehen sollte, aber Marlene schien das zu ahnen:

„Man muss nur dem Unterliekstrecker mehr Lose geben und das Achterstag fieren, damit die Peitsche aus dem Spargel kommt!"

Amadeus versuchte, diese Anregungen umzusetzen. Es fiel ihm schwer, denn so tierisch genau hatte er eigentlich nie gesegelt. Im Grunde genommen wusste er gar nicht, warum es so viele Strippen auf seinem Boot gab, die machten sich optisch nur so gut.

In der Hektik der letzten Minuten hatte es sich ergeben, dass nun Marlene an der Pinne saß und mit präziser Freundlichkeit Kommandos gab. Amadeus kannte sein eigenes Boot nicht wieder und

lerne viel, vor allem, dass man Mitsegler nicht unbedingt unter-
schätzen soll.

Als es zurückging in den Hafen und er das Boot festmachen
wollte, konnte er kaum die Klampe belegen. Den Kopfschlag
machte Marlene.

14 Bootskunde

Noch einmal soll das Automobil vergleichend herhalten:

Kennen Sie das Rohr, das hinten unter dem Kofferraum hervor-
lugt und aus dem manchmal die Abgase des Motors stinkend an
die Umwelt weitergereicht werden? – Klar, wir sprechen vom Aus-
puff, schon kindergartenhörige Kids wüssten das. Kennen Sie auch
das runde Anzeigegerät am Armaturenbrett, von dem wir – in
Fahrt befindlich – unsere Geschwindigkeit in Stundenkilometern
ablesen können, dazu noch die bisher zurückgelegte Gesamt-
strecke und bei Bedarf den Tagestrip? – Aber sicher, das ist der
Tacho. Wenn wir unsere diesbezüglichen Detailkenntnisse da einmal ausloten wollten, so mancher käme ohne Probleme von der
Radkappe über das Kupplungspedal und die oben liegende
Nockenwelle auf eine ganz schön umfangreiche Liste. Das Auto
ist uns eben von Kindesbeinen an vertraut, da kennt man sich aus
und redet immer munter mit.

Inzwischen sind wir Segler geworden, und da ziemt es sich, dass
wir auch im maritimen Metier ein gewisses Fachvokabular beherrschen, um uns unter Gleichgesinnten verständigen zu können,
und um uns natürlich von den ahnungslosen Laien abzugrenzen.

Stellen Sie sich vor, Sie würden aus Unkenntnis statt von einem
Mast von der Stange reden, die mitten im Boot befestigt ist, damit
man die Segel daran aufhängen kann! Ziemlich dürftig, oder?

Ob es einen Tenniscrack gibt, der einen Slice nicht von einem
Topspin oder Volley-Cross unterscheiden kann, der weder ein Ass
kennt noch weiß, was „love-fifteen" oder Einstand bedeuten?

Jede Sportart hat da so ihre prägnanten Begriffe, mal mehr mal weniger, und nicht einmal beim Boxen ist es mit der Buchstabenfolge „k. o." getan.

Es ist also ernsthaft an der Zeit, dass wir da ein bisschen büffeln und uns die Begriffe einprägen, die unverzichtbar sind. In der nachfolgenden Aufstellung beschränke ich mich auf eine Auswahl, die als Grundwissen ausreicht, und die Sie mit Sicherheit durch praktische Beschäftigung mit der Materie ständig erweitern werden.

Teile der Takelage und der Segel:
Mast ☺ *Mast-Topp* (Mastspitze) ☺ *Wanten* (Drähte, die den Mast nach Backbord und Steuerbord halten) ☺ *Stage* (Drähte, die den Mast nach vorn und achtern halten) ☺ *Stagreiter* (Verbindungselemente zwischen Vorstag und Vorliek einer Fock) ☺ *Dirk* (Leine von der Baumnock zum Mast-Topp, um zu verhindern, dass beim Segelbergen der Baum auf das Deck oder ins Cockpit fällt) ☺ *Verklicker* (Windfähnchen im Mast-Topp) ☺ *Keep* (eine Nut im Mast, in die das Vorliek des Großsegels eingeführt wird, dito im Baum für das Unterliek) ☺ *Saling* (Querspreize am Mast für die Oberwanten, um diesen eine günstige Zugrichtung zu geben und um einen flexiblen Mast besser trimmen zu können) ☺ *Pütting* (kräftig gebaute Verbindung zwischen Wanten und Bootskörper) ☺ *Baum* ☺ *Baumnock* (das hintere, pardon: achtere Ende des Baumes) ☺ *Lümmellager* (Verbindungsgelenk zwischen Mast und Baum) ☺ *Baumniederhalter* (Vorrichtung, um den Baum auf allen Kursen waagerecht zu halten, damit das Segel nicht vertrimmen kann) ☺ *Groß* ☺ *Fock* ☺ *Genua* ☺ *Sturmfock* ☺ *Spinnaker* ☺ *Großfall* (um das Segel zu setzen und zu bergen) ☺ *Fockfall* ☺ *Großschot* (um das Segel zu bedienen, einzustellen) ☺ *Fockschot* ☺ *Kopf* (Segelecke oben) ☺ *Hals* (Segelecke vorn unten) ☺ *Schothorn* (Segelecke achtern, wo die Schot angreift) ☺ *Lieken* (die Kanten eines Segels) ☺ *Segellatten* (werden in Lattentaschen eingeschoben, um das meist etwas rund geschnittene Achterliek des Großsegels auszusteifen).

Teile des Bootsrumpfes:
Bug (vorderer Teil des Bootskörpers) ☺ *Vorsteven* (vorderste Kante, mittig am Bug) ☺ *Heck* (achterer Teil des Bootskörpers) ☺ *Spiegel*

(Abschlussplatte am Heck, an der die Ruderanlage befestigt ist) ☺ *Ruderanlage* (mit der das Boot gesteuert wird) ☺ *Ruderkopf* (oberer Teil der Ruderanlage, in dem die Pinne steckt) ☺ *Ruderschaft* (Mit Metallbeschlägen an Spiegel und Schaft ist die Ruderanlage mit dem Bootskörper verbunden) ☺*Ruderblatt*(aus Metall, Holz oder Kunststoff: ist drehbar im Schaft eingehängt, damit es bei Bedarf aufgeholt werden kann) ☺ *Ruderpinne* (quasi ein Steuerknüppel, mit dem letztlich das Ruderblatt bewegt wird) ☺ *Pinnenausleger* (ein allseits drehbarer Stab, mit dem man die Pinne auch gut bedienen kann, wenn man ausreitet, das heißt, sich zum Gewichtstrimm weit außenbords lehnt) ☺ *Kiel* (bei Holzbooten der mittige Längsverband vom Heck bis in den Vorsteven; außerdem ein strömungsgünstig profilierter, meist tiefer gelegter Ballast am Unterwasserschiff, damit ein Boot nicht kentert) ☺ *Spanten* (die Querverbände des „Bootsgerippes" bei Holzbooten) ☺ *CWL* (auch KWL: Konstruktionswasserlinie, bis zu der ein Schiff nach den Berechnungen seines Konstrukteurs in das Wasser eintaucht) ☺ *Cockpit* oder *Plicht* (der Teil des Bootes, in dem die Mannschaft agiert und Mitsegler sich aufhalten) ☺ *Lenzer* (Ventile, durch die Regen- und Spritzwasser aus dem Cockpit ablaufen können) ☺ *Scheuerleiste* (die „Stoßstangen" des Bootes an Back- und Steuerbord) ☺ *Ausreitgurte* (Sicherungsgurte am Cockpitboden, unter die man die Füße stellt, um beim Ausreiten nicht außenbords zu gehen) ☺ *Bilge* (auszusprechen: Bilsch; tiefste Stelle im Bootsrumpf, oft als Doppelboden unter dem Cockpit) ☺ *Schwert* (Platte aus Holz, Kunststoff oder Metall, die schiffsmittig aus einem Schwertkasten ins Wasser reicht und die seitliche Abdrift bei Kursen am Wind bis raumschots vermindert) ☺ *Lateralplan* (die seitliche Ansicht des Unterwasserschiffes, das heißt die Seitenprojektion vom Bootskörper unterhalb der CWL).

Beschläge:
Klemme (z. B. Kammklemmen und Curryklemmen, in denen Schoten belegt werden, damit man sie nicht ständig mit der Hand straff halten muss) ☺ *Block* (eine Rolle, mit der Tauwerk umgelenkt wird, um die Zugrichtung zu ändern) ☺ *Talje* (ein Flaschenzug aus Tauwerk und mehreren Blöcken, um mehr Zugkraft zu entwickeln, z. B. am Baumniederhalter oder an der Großschot) ☺ *Schäkel* (ein

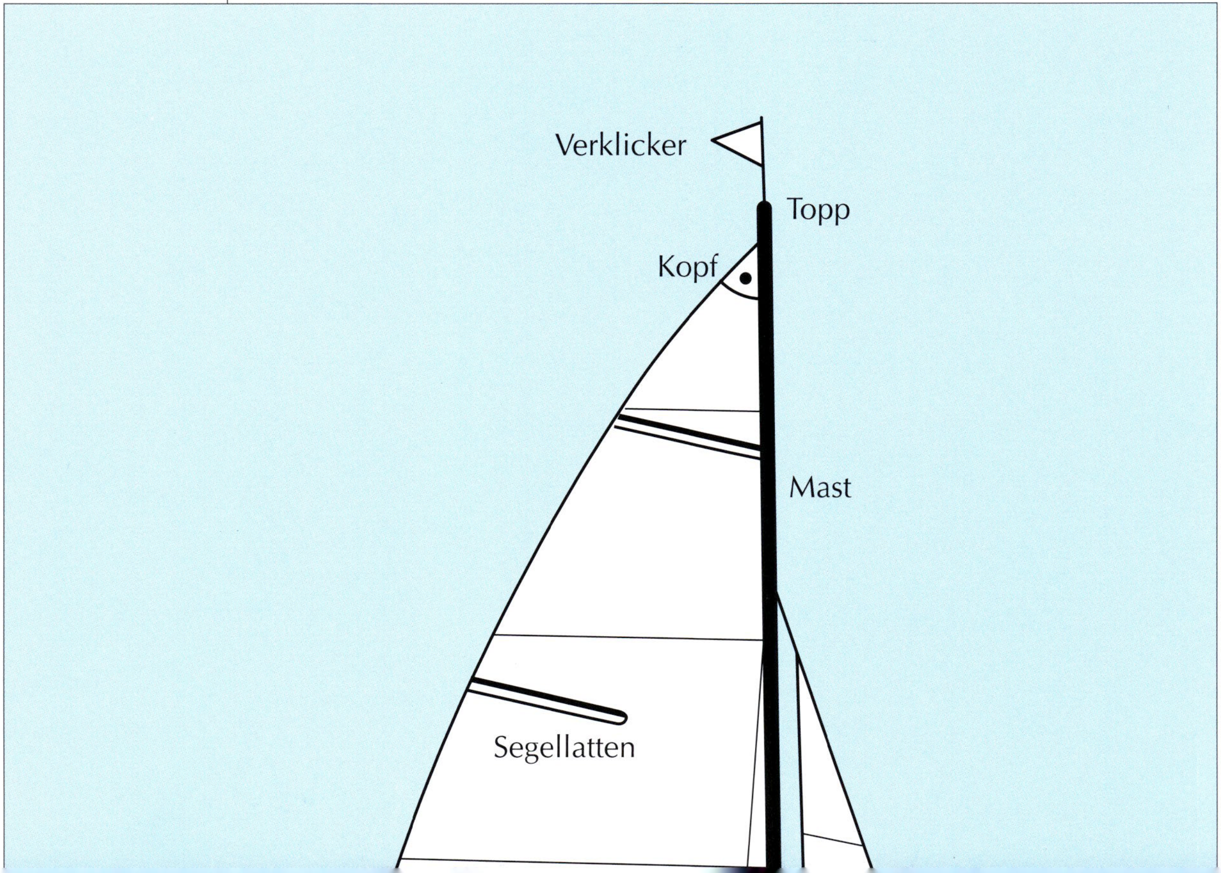

Verklicker

Topp

Kopf

Mast

Segellatten

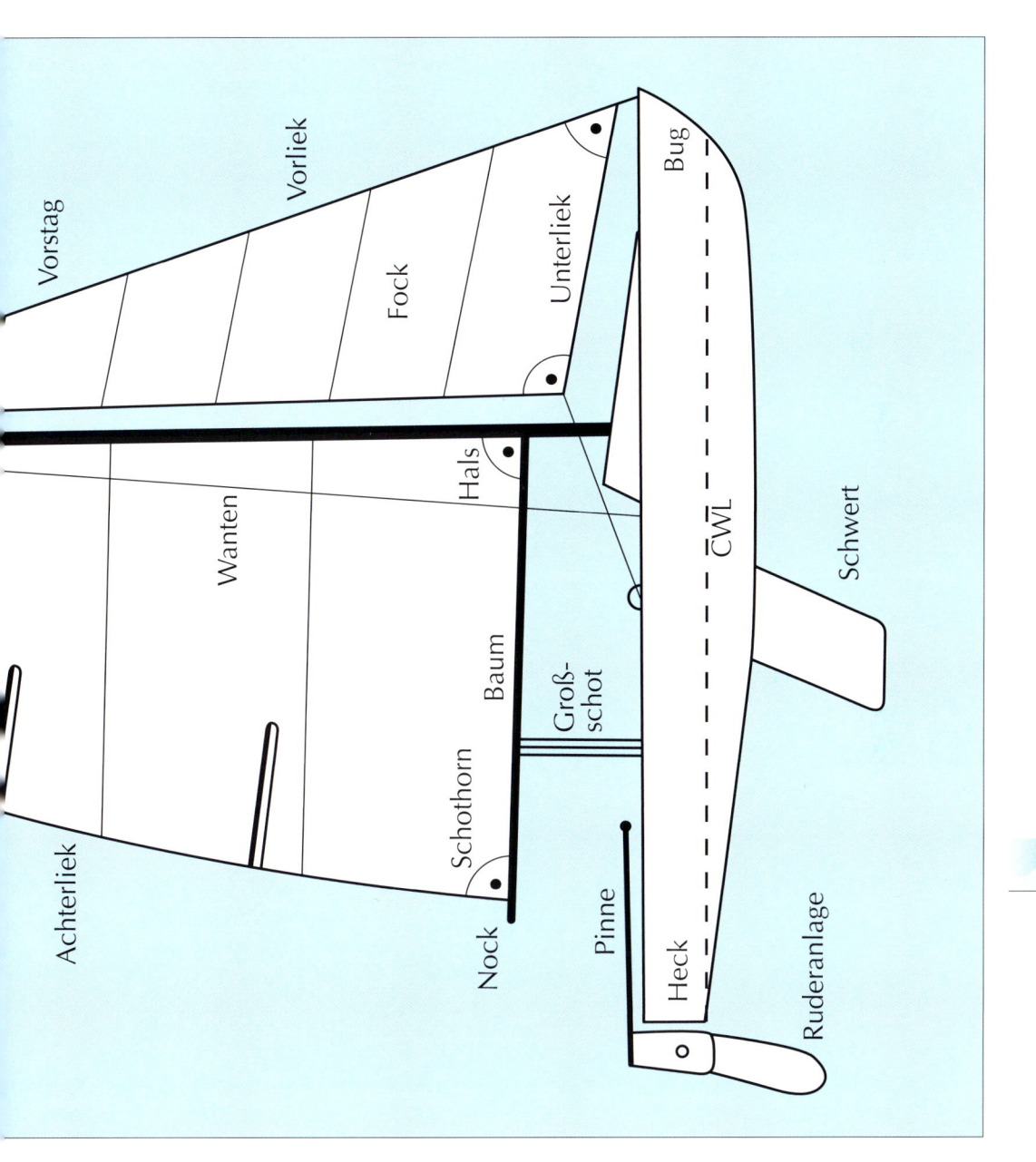

Vorstag

Vorliek

Fock

Unterliek

Bug

Achterliek

Wanten

Hals

Schwert

CWL

Nock

Schothorn

Baum

Groß-schot

Pinne

Heck

Ruderanlage

95

Stahlbügel mit einem Schraub- oder Steckbolzen, um z. B. das Großfall mit dem Segelkopf zu verbinden) ☺ **Wantenspanner** (Verbindungsteile zwischen Wanten und Püttings, mit denen die Wanten im erforderlichen Maße angezogen werden können) ☺ **Augbolzen** (z. B. am Spiegel eingearbeitete Metallringe, in die achtere Festmacherleinen mit Karabinerhaken eingeklickt werden können) ☺ **Winsch** (eine Trommelwinde, über die insbesondere Schoten dichtgeholt werden) ☺ **Leitösen** (zur Führung der Fock- oder Spi-Schoten).

Sie haben bis hierher durchgehalten? Raucht der Kopf, oder war Ihnen das meiste sowieso bekannt? Man sollte nicht zu verbissen an die Sache herangehen und meinen, alles auf einmal behalten zu müssen – die Praxis bringt es von allein, Sie werden sehen! Im Übrigen kann man auch ein ausgezeichneter Segler sein, ohne all diese Begriffe intus zu haben. Aber, ob Sie wollen oder nicht: Spätestens in ein paar Jahren (es eilt ja nicht!) werden Sie über die vorstehende kleine Auswahl lächeln, weil Sie dann schon automatisch wesentlich mehr draufhaben – es sei denn, Sie sind abtrünnig geworden und frönen jetzt dem Reiten, Golfen oder Angeln. Dann leben Sie eben in anderen Sprachregionen.

Falls Sie noch nicht genug haben, nenne ich Ihnen vier weitere Begriffe, von denen man meinen könnte, sie seien einer Tierfabel entsprungen: **Kielschwein + Bullenstander + Hundsfott + Hahnepot**. Wenn Sie das – inklusive Bedeutung natürlich – irgendwann einmal draufhaben, gelten Sie vermutlich in jedem Insiderzirkel als absoluter Bootsfachmann mit fachvokabularischer Spitzenstellung. Finden Sie heraus, was das jeweils ist, notfalls lesen Sie weiter hinten in der **Grabbelkiste** nach.

15 Drunter und drüber

Eine Konstruktionswasserlinie (die allgemein gebräuchliche Abkürzung CWL stammt von der englischen Bezeichnung construction water line) ist eine gedachte Linie, die nur auf der Zeichnung eines Konstrukteurs existiert, an bzw. auf unserem Bootsrumpf ist sie nicht zu sehen. Sie verläuft ungefähr in der Höhe, bis zu der ein Schiff bei normaler Besatzung und Ausrüstung ins Wasser eintaucht.

Man sollte die CWL nicht mit dem so genannten Wasserpass verwechseln: Dies ist ein meist farblich elegant abgesetzter sichtbarer Zierstreifen etwas oberhalb der CWL, der einem Bootsrumpf oft wegen der gefälligen Optik beigegeben wird. Außerdem erleichtert dieser Streifen dem Eigner die Entscheidung, dass er bis dahin und nicht weiter den Unterboden seines Schiffes mit Antifoulingfarbe (zur Verminderung von Algen- und Muschelbewuchs) streichen kann.

Welche Bedeutung hat nun die viel zitierte CWL?
Eigentlich nur eine theoretische, denn sie „teilt" unser Boot in ein Unterwasser- und Überwasserschiff. Na und? – werden Sie fragen. Dazu muss man wissen, dass die Form des Unterwasserschiffes für jedes Boot von herausragender Bedeutung ist und wesentlich darüber entscheidet, ob wir eine lahme Ente oder einen wilden Sturmvogel segeln, ob unser Boot in Manövern gutmütig oder hektisch reagiert, ob es ein stabiles oder labiles Gesamtverhalten zeigt. Jede Bootskonstruktion ist notgedrungen ein Kompromiss zwischen vielen Möglichkeiten und Extremen. So wie es auf dem Autosektor keinen Sportwagen mit sechs Sitzplätzen, Allradantrieb und einem Verbrauch von 6,2 Litern Diesel auf 100 Kilometer geben kann, so werden Sie vergeblich nach einem Boot suchen, das nur Positives in sich birgt.

Zurück zum Unterwasserschiff, zu dem außer dem „abgetauchten" Teil des Bootskörpers auch das Schwert bzw. der Kiel sowie das Ruderblatt gehören.

Während man die Bestandteile des Überwasserschiffes ständig im Auge hat und Fehler bei der Bedienung optisch erfassen und daraufhin korrigieren kann (z. B. hinsichtlich des richtigen Anstellwinkels bei den Segeln), tappen wir bezüglich unseres Unterwasserschiffes so ziemlich im Dunkeln. Deshalb ein paar Bemerkungen zur sinnvollen Handhabung.

Das Schwert ist eine Platte aus Metall, Holz oder Kunststoff in der Größe von etwa einem halben bis eineinhalb Quadratmetern (jeweils nach Jollentyp). Es wird so in einem Schwertkasten mittig im Cockpit gefahren, dass man es nach Bedarf mehr oder weniger tief ins Wasser hinabsenken kann, etwa bis zu einer Tiefe von 1,40 Metern.

Die Aufgabe, die ein Schwert erfüllen soll, ist uns bekannt: Die windbedingte Abdrift eines Bootes soll verringert werden. Auf einem Törn mit halbem Wind von Backbord z. B. würde unser Boot ohne Schwertunterstützung mehr zur Seite nach Lee (hier: Steuerbord) wegdriften als Vorwärtsfahrt machen. Erst die abgesenkte Schwertplatte bringt einen notwendigen seitlichen Widerstand, den wir in Kombination mit einer dynamisch geführten Segelstellung überwinden und damit erreichen können, dass unser Boot auch „rechtwinklig zum Wind" segelt.

Die Quintessenz aus vielen theoretischen Erörterungen bleibt die praxisbezogene Frage: Welche Schwertstellung ist auf welchem Kurs empfehlenswert, damit mein Boot optimal segelt?

Die geringste Abdrift ist auf dem Kurs **vor dem Wind** vorhanden, denn wir steuern eh dorthin, wohin der Wind uns auch ohne unser Zutun treiben würde. Empfehlung: Nur ein wenig Schwertfläche ins Wasser lassen (richtig: das Schwertfall nur ein wenig fieren), damit unser Boot im vielleicht unruhigen Wasser schön kursstabil läuft.

Schon merklich größer wird die Abdrift, wenn wir auf **raumschots** anluven und der Wind uns nicht mehr total von achtern trifft.

Empfehlung: Etwa ein Viertel bis ein Drittel der Schwertfläche einsetzen.

Auf Kursen mit **halbem Wind** können Sie sich nun schon denken, wie die Sache weitergeht: Das Schwert wird bis zur Hälfte oder etwas mehr abgesenkt.

Je weiter wir nun anluven, umso größer muss unsere Schwertfläche werden, bis sie spätestens auf den Kursen **am Wind** und **hoch am Wind** voll ausgefahren ist.

Selbstverständlich kann man auch auf allen Kursen mit vollem Schwert fahren, man ist dann aber langsamer als ein gleiches Boot, dessen Mannschaft die notwendigen Regulierungshandgriffe nicht scheut und somit im Wasser weniger Reibungswiderstand erzeugt.

Segeln wir auf einem Boot mit festem Kiel, so gibt es die vorstehenden Trimmvarianten nicht: Der Kiel ist quasi ein profiliertes Schwert mit großem Ballastanteil, das fest unter einem Boot angeflanscht oder verbolzt ist. Dieser Nachteil eines Kielbootes wird dadurch aufgewogen, dass es kentersicherer ist als ein Schwertboot. Dieses wiederum hat den Vorteil, dass man bei Grundberührung in flachen Gewässern das Schwert nur ein wenig anheben muss, um wieder freizukommen.

Neben den erwähnten Kiel- und Schwertbooten gibt es etliche weitere Arten von Unterwasserschiffen, wie z. B. den so genannten **Kiel-Schwerter**, eine Kombination aus den jeweiligen Grundformen. Derartige Boote sind mit einem festen Flachkiel (für Binnenreviere etwa 50 Zentimeter) gebaut, aus dem bei Bedarf noch ein integriertes Schwert ausgefahren werden kann.

In Tidengewässern haben sich die **Kimmkieler** bewährt, die mit zwei Kielen ausgestattet sind, die jeweils unterhalb der CWL an Backbord bzw. Steuerbord angebracht sind. Zum einen haben diese Kimmkiele meistens nicht so viel Tiefgang wie ein Mittelkiel, zum anderen können derart gebaute Boote auf diesen Kimmkielen stehen, wenn sie z. B. im Wattenmeer trockenfallen.

Die Vorteile von Kiel und Schwert werden auch in einem **Hubkieler** kombiniert. Statt eines Schwertes wird ein aufholbarer bzw.

absenkbarer Kiel in einem Kasten gefahren. Die Bedienung erfolgt entweder über eine Vorrichtung aus Gewinde und Kurbel oder über eine Talje (Flaschenzug). Nachteile dieser Konstruktion können gelegentlich darin liegen, dass die Mechanik mit der Zeit anfällig wird und ständig einer gewissen Wartung bedarf.

Radsteuerung – nichts für kleine Segelboote

Wenden wir uns nun dem zweiten wichtigen Bestandteil des Unterwasserschiffes zu, dem **Ruderblatt**. Dieses kann ebenfalls aus Holz, Metall oder Kunststoff angefertigt sein und wird (bei Jollen) dreh- und aufholbar an einem Bolzen im Ruderschaft aufgehängt. Wie schon weiter vorstehend erwähnt, soll das Ruderblatt bei einem abgeparkten Boot aufgeholt werden (wie auch das Schwert), damit das Boot bei unruhigem Wind und Wellengang frei schwojen kann.

Während der Fahrt bleibt das Ruderblatt so gut wie senkrecht im Wasser und wird auch möglichst mit dem **Ruderfall** in dieser Position arretiert, damit es sich bei schneller Fahrt nicht anhebt und das Boot vertrimmt.

Wir setzen uns jetzt gedanklich in ein Boot und segeln mit halbem Wind von Backbord. Pinne und damit auch das Ruderblatt befinden sich in Mittschiffslinie. Wenn wir jetzt anluven, drücken wir die Pinne nach ?? – richtig: Steuerbord. Und nun bitte kurz mitdenken: Auf welcher Seite liegt dann das Ruderblatt? Korrekt: auf Backbord! Das an und unter dem Bootsrumpf vorbeiströmende Wasser erzeugt auf dieser Seite einen Bremseffekt, die Steuerbordseite erleidet keine Verzögerung, sodass unser Boot nach Backbord ausschert. Es dreht dabei nicht so wie ein PKW, der mit eingeschlagenen Vorderrädern um die Kurve gezogen wird, sondern das Boot dreht bei Rudermanövern um seinen Massemittelpunkt (etwa im Bereich des Mastfußes) mit der Folge, dass unser Heck bei einer Backborddrehung nach Steuerbord auswandert und umgekehrt.

Wem das alles zu kompliziert ist, der sollte sich nur Folgendes merken:
– Das Boot dreht immer zu der Seite, auf der das Ruderblatt liegt.
– Falls Sie mal rückwärts segeln (das kann man!), gilt das Gleiche.
– Backbordruder geben heißt, die Pinne nach Steuerbord drücken, weil dadurch das Ruderblatt nach Backbord gelegt wird.
– Steuerbordruder geben heißt, ... (Sie wissen es nun so gut wie ich.)
– Ruderausschläge über 45 Grad sollten in der Praxis nicht vorgenommen werden, weil dann das zunehmend querstehende Ruderblatt mehr das ganze Boot abbremst, als dass es eine Kursänderung bewirkt.

Falls Sie in dem sinnvollen Zusammenspiel von Pinne, Ruderblatt und Drehtendenz eines Bootes gewisse Verständnisdefizite haben, befinden Sie sich in ehrbarer Gesellschaft. Es gibt viele Segelfreunde, die mit der Pinnensteuerung nicht so ganz glücklich sind. Nicht zuletzt für diese hat die Bootsindustrie zunehmend Fahrtenyachten gebaut, die mit einer Radsteuerung versehen sind. Damit ist die Welt wieder in Ordnung: drehen nach links – Boot nach Backbord, und andersrum geht's auch. Leider, leider: Eine Radsteuerung auf einer Sechs-Meter-Jolle, die wird's nicht geben.

Was mich betrifft: Ich würde auf jedem Sportboot die Pinnensteuerung bevorzugen. Sie ist weniger störanfällig als das Kurbelrad, direkter in der Wirkungsweise und übersichtlicher in der Handhabung. Letztlich ist sie nach meinem Geschmack einfach sportlicher und schiffiger.

16 Wasserfall

Lange genug habe ich gezögert, doch nun ist es allmählich an der Zeit, Sie auch mit unangenehmen Wahrheiten vertraut zu machen. Einige werden es vielleicht schon gewusst, zumindest geahnt haben: Im Gegensatz zu den meisten anderen Sportarten kann man beim Segeln eventuell auch mal unfreiwillig außenbords gehen. Wer es auch sei - ob Mann, Frau, Kind oder Bordhund im Wasser zappeln, vielleicht auch alle vier zusammen - , der Terminus technicus für diese Situation heißt *„Mann über Bord!"*

Damit wir uns richtig verstehen: Wir sprechen jetzt nicht vom gewollten Kopfsprung ins kühlende Nass an heißen Sommertagen, sondern schon in gewisser Weise von einem Notfall. Und dieser tritt meistens ein, wenn man gerade am wenigsten damit rechnet, wenn die Wetterverhältnisse möglicherweise über unseren bisherigen Erfahrungswerten liegen oder wenn an Bord irgendetwas zu Bruch gegangen ist.

Was tun???
Auf einem kleinen Sportboot mit zwei Seglern sollten entweder beide erfahren und in der Lage sein, die richtigen Entscheidungen zu treffen, oder zumindest einer von ihnen. Die Möglichkeit, dass zwei Ahnungslose bei widrigen Wetterverhältnissen hinaussegeln, halte ich für absoluten Leichtsinn und lasse sie deshalb hier außerhalb der Betrachtung.

Ist der Könner über Bord gegangen, und der Unbedarfte sitzt noch im Boot, so zahlt es sich jetzt aus, wenn vorher (!) als Minimalreaktion für diesen Fall vom Schiffsführer angeordnet wurde: **_Schoten los und Pinne zum Baum!!!_**

Wir wollen gedanklich nachvollziehen, was dann mit dem Boot geschieht. Die Segel fangen keinen Wind ein, sobald die Schoten nicht mehr dichtgeholt sind (sie müssen entweder losgelassen oder aus den Klemmen herausgenommen werden!), und durch das Wegdrücken der Pinne zum Baum leitet man den Aufschießer ein, durch den das Boot zum Stehen kommt.

Bei heftigem Wind werden die Segel flattern und knallen, dass einem angst und bange wird, das darf in dieser Situation aber niemanden stören – Hauptsache, das Boot steht. Dem Überbordgefallenen muten wir zu, dass er nunmehr das abgestoppte Boot schwimmend erreicht und mithilfe des Mitseglers wieder ins Cockpit gelangt.

Uns ist klar: Sehr elegant sieht dieses Manöver nicht aus, und es darf wirklich nur dann in der beschriebenen Form durchgeführt werden, wenn tatsächlich ein Laie im Boot zurückgeblieben ist, der mit weiteren Anweisungen überfordert gewesen wäre.

Ein gekonntes Mann-über-Bord-Manöver sieht natürlich anders aus und sollte von jedem aktiven Segelsportler beherrscht werden; dabei kommt der im Wasser Treibende selbstverständlich nicht zum Boot, sondern dieses zu ihm (siehe Skizze)!

Sobald ein Mitsegler über Bord gefallen ist,
– geht der Steuermann auf Kurs halber Wind, das heißt, er fällt ab, wenn er vorher am Wind segelte, er luvt an, wenn der Kurs vorher raumschots war.
– Nach etwa 50 Metern Distanz von dem Pechvogel wird eine Q-Wende gefahren und so weit abgefallen, dass
– als abschließende Maßnahme in Lee des Schwimmers ein Aufschießer eingeleitet werden kann.

Im Idealfall sollte das Boot genau auf der Höhe des Mitseglers zum Stehen kommen. Dieser kann sich an der Bordkante oder an einem zugeworfenen Tau festhalten und steigt mit Unterstützung

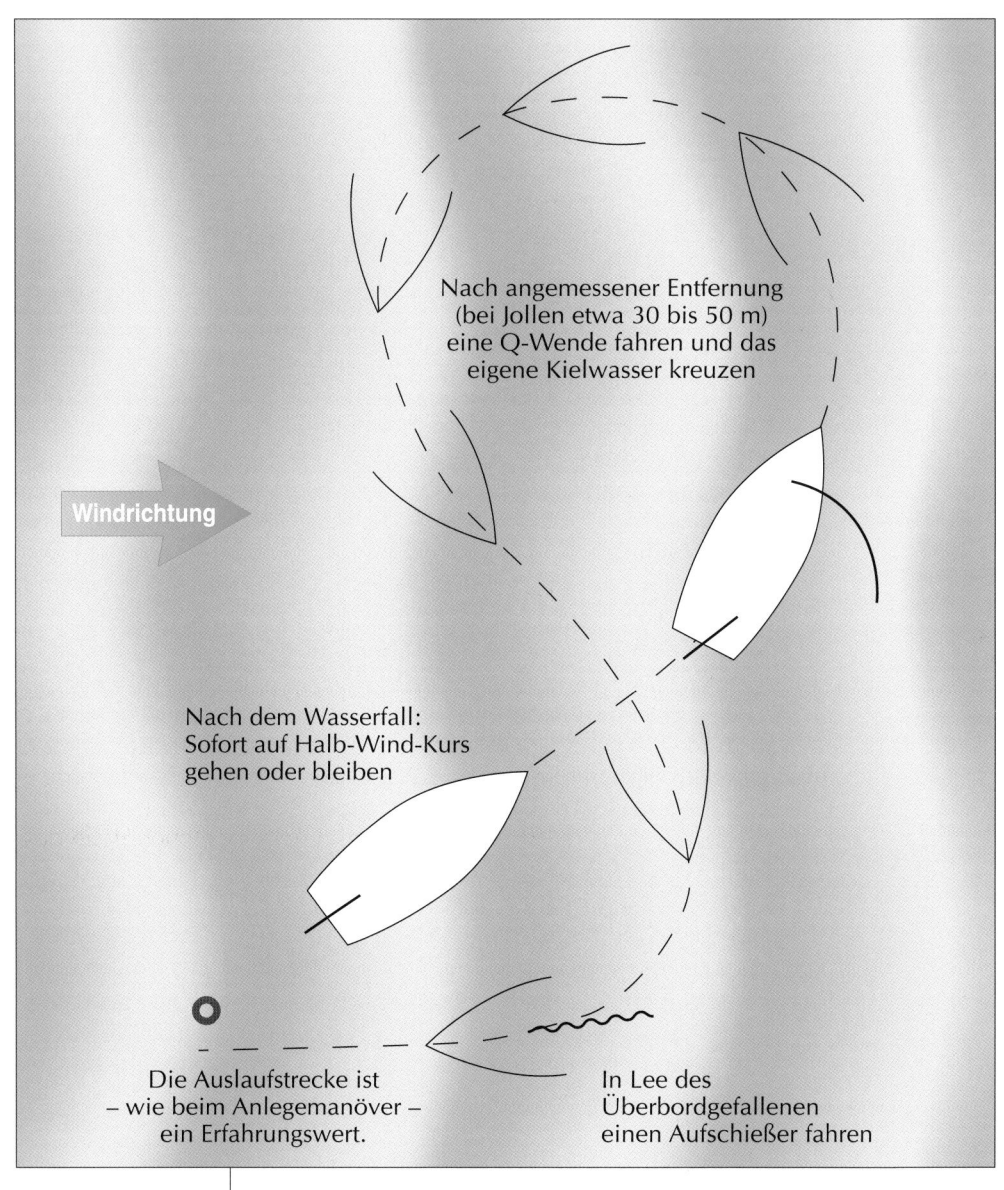

Windrichtung

Nach angemessener Entfernung
(bei Jollen etwa 30 bis 50 m)
eine Q-Wende fahren und das
eigene Kielwasser kreuzen

Nach dem Wasserfall:
Sofort auf Halb-Wind-Kurs
gehen oder bleiben

Die Auslaufstrecke ist
– wie beim Anlegemanöver –
ein Erfahrungswert.

In Lee des
Überbordgefallenen
einen Aufschießer fahren

des Steuermanns wieder ins Cockpit. Klingt einfach – ist einfach – muss aber immer wieder geübt werden!

Es gibt etliche andere Möglichkeiten, eine Person wieder an Bord zu bekommen, und viele Fachleute haben ausführliche Berichte und gar Bücher dazu geschrieben. Eines haben alle Vorschläge und Überlegungen gemeinsam: Das Boot muss bei dem zu Bergenden stehen, um diesen aufnehmen zu können.

Verliere ich bei hartem Segelwind meine Mütze, so kann ich diese im Vorbeifahren auffischen, wenn ich gewendet habe und mit halbem Wind zurückrausche, da muss ich nicht extra einen Aufschießer fahren. Einen Mitsegler von 80 Kilo wird man nicht so leicht mal eben bergen können, da gehört schon ein wenig Geschicklichkeit dazu, dass dieser ohne Badeleiter wieder an Bord der Jolle gelangt. Deshalb: Unser Boot muss stehen!

Das hier beschriebene Manöver ist für den Fall der Fälle nicht das intelligenteste, hat aber den Vorteil, dass es auf allen Kursen angewendet werden kann und am einfachsten zu erlernen ist. Sobald Sie es beherrschen, werden Sie vermutlich auch anderes ausprobieren. Man sollte aber immer daran denken, dass wir in echten Notsituationen durch Aufregung oder Hektik nur zu leicht die Übersicht verlieren können, und deshalb ist es immer besser, nach dem Schema „einfach, aber sicher" zu arbeiten.

Es gibt verschiedene Meinungen darüber, an welcher Stelle des Bootes ein Überbordgefallener wieder aufgenommen werden kann. Bei Jollen geht es am Heck (Achterschiff) wohl am besten, sonst seitlich in Höhe des Cockpits. Falls das Schiff nach dem Aufschießer ein wenig abgedreht hat und die Segel nach Lee wegstehen, empfiehlt sich eine Anbordnahme auf der Luvseite.

Ich erspare mir Ausführungen zu dem Vorteil, den eine verstaubare Badeleiter im Ernstfall hat, und auch dazu, dass Schwimmwesten in derartigen Situationen lebensrettend sein können!

Auf größeren Yachten mit mehreren Mitseglern wäre ergänzend zu beachten:

- Sobald jemand bemerkt, dass eine Person außenbords gefallen ist, muss laut und für **alle** anderen verständlich (auch für die, die gerade in der Koje liegen und pennen) gerufen werden: **„Mann über Bord!"** Selbst wenn Sie zufällig genau beobachtet haben, dass Herr Ministerialrat Dr. Graf von Windberg-Amselstein über die Reeling der Charteryacht gestolpert ist – nichts anderes wird gerufen.
- Möglichst ohne Zeitverzögerung ist ein Rettungsring zu werfen, nicht unbedingt auf den Kopf des Wassernden, aber möglichst dicht an ihn heran. Ist der Ring mit einer ausreichend langen Bergeleine versehen, kann gelegentlich – wenn die Distanz bei schwachem Wind inzwischen nicht zu groß geworden ist – der zu Rettende wieder an das Schiff herangezogen werden, und alles hat schnell ein gutes Ende gefunden. Andernfalls:
- Der erfahrenste Mannschaftsangehörige übernimmt das Ruder, um das erforderliche Manöver auszuführen.
- Wenn möglich und/oder nötig, wird die Maschine eingesetzt. Diese arbeitet zumindest im Leerlauf auf „stand by".
- Ein Mitglied der Crew hat die ausschließliche Aufgabe, den Überbordgefallenen im Auge zu behalten, um jederzeit die Richtung zu ihm angeben zu können.

Ich wünsche Ihnen von ganzem Herzen, dass Sie niemals einen dramatischen (!) Ernstfall miterleben müssen. Wenn es passiert, behalten Sie einen klaren Kopf, und denken Sie an dieses Kapitel – Sie können mehr, als Sie ahnen!

Wären Sie von selbst darauf gekommen? Zum Üben wirft man nicht den Vorschoter ins Wasser („MüB"), sondern es geht sogar besser mit einer Boje oder einem Fender („BüB"). Diese sind nicht so empfindlich, wenn ihnen beim Aufschießer mal der Bug des Bootes gleichsam auf den Kopf geknallt wird, oder wenn man sie im Eifer des Gefechts total übermangelt. Nach vielen, vielen Übungsmanövern mit der Boje werden Sie vielleicht noch ganz heiß auf einen echten Einsatz. Geduld, der wird irgendwann kommen!

17 Kentern – (k)ein Problem?!

Ein Boot segelt nicht auf vier Rädern, es kann kentern! Die Gründe dafür sind mannigfaltig, letztlich aber (fast) immer auf einen Fehler der Mannschaft zurückzuführen:
– Man hat nicht rechtzeitig oder ausreichend gerefft;
– man segelt vor dem Wind, der plötzlich raumt und den Baum mit dem Groß auf die neue Leeseite wirft (Patenthalse) – das Boot luvt unkontrolliert an und „schmiert ab";
– man hat die Schoten belegt und kann beim Einfallen der Bö nicht rechtzeitig fieren;
– man reitet weit aus, um der Windkraft entgegenzuwirken, und ein Fußgurt, der eigentlich schon letzte Woche erneuert werden musste, reißt; der betroffene Mitsegler hält sich mit Mühe an Bord, rettet sich instinktiv ins Cockpit – sein Gewicht fehlt auf der Luvkante;
– man hat eine herannahende Bö nicht beachtet und reagiert zu langsam;
– man hat die Selbstlenzer nicht geöffnet, überkommendes Wasser sammelt sich auf der Leeseite des Cockpits und macht das Boot mit der Zeit instabil;
– man segelt hoch am Wind und fällt nicht schnell genug ab oder verlagert nicht reaktionsschnell das Gewicht, als der Wind plötzlich schralt – Ergebnis: Luv-Kenterung!
– Man war irgendwie zu leichtsinnig und hat sich halt über- oder verschätzt.

Mancher wird sich vielleicht gelegentlich gewundert haben, aus welcher scheinbar unmöglichen Schräglage sich ein Boot doch noch wieder aufrichtet, aber irgendwann ist eben Schluss – man geht zu Bach.

Wenn Neptun es so will, und eine Kenterung nicht zu verhindern ist, muss eine Regel eisern eingehalten werden: ***Immer beim Boot bleiben!!!***
Die meisten offenen Sportboote sind so konzipiert, dass sie durch eingebauten Auftrieb in Form von Luftkammern oder aus-

geschäumten Hohlräumen letztlich nicht untergehen können und somit für die Gekenterten eine sichere Rettungsinsel bilden. Man kann sich daran festhalten oder sich darauf setzen und warten, bis Hilfe kommt. Auf vielen Binnenrevieren gibt es DLRG-Stationen, oder es sind zumindest andere (Motor-)Boote in der Nähe, die uns beim Wiederaufrichten helfen können.

Der Schiffsführer hat im Falle einer Kenterung besondere Sorgfaltspflichten, vor allem ist die Vollzähligkeit der Mannschaft zu überprüfen. Es hat schon seinen Grund, dass sich bei Hackwetter kein Mitglied der Crew auf der Leeseite des Bootes aufhalten sollte. Bei einer Kenterung könnte oder würde diese Person im Wasser von den Segeln zugedeckt werden. Das ist zwar meistens auch nicht so schlimm, weil man sich schnell freitauchen oder die Segel hochdrücken kann, im bedauerlichen Einzelfall kann der Mitsegler aber in Panik geraten oder sich in den Schoten oder anderen Leinen verfangen. Um jedes Risiko zu vermeiden: Ab gewissen Windstärken gehören die Mannschaft und Mitsegler auf die Luvseite!

Haben Sie es schon mal beobachtet? Es gibt Segler, die können ihr Boot fast noch schneller wieder aufrichten, als es kentert: Sie rutschen in dem Maße, wie sich der Mast dem Wasser nähert, immer weiter die Luvkante hoch, schwingen erst das eine Bein und im richtigen Moment auch das andere über die Scheuerleiste, springen auf das Schwert und – hast du nicht gesehen? – wippen sie das Boot wieder in eine stabile Schwimmlage. Das geht allerdings nur mit bestimmten leichten Jollen und erfordert ein wenig Übung und auch Geschick.

Was aber machen die anderen, die so leicht nicht davonkommen?

Zunächst einmal sollte man ganz froh sein, wenn das Boot dank seiner Bauweise nur bis zu 90 Grad kentert, also mit den Segeln auf dem Wasser liegen bleibt. Dadurch wird ein Wiederaufrichten wesentlich erleichtert. Mit ein bisschen Praxis können sich manche da schon allein helfen, indem ein Mitsegler oder auch beide auf das Schwert klettern und – mit den Händen an der Scheuer-

Das ist wohl ein Tick zu viel …

leiste – durch das nach rückwärts gerichtete Hebelgewicht ihrer Körper das Boot wieder hochziehen.

Dieses Bemühen ist allerdings sehr oft nicht von Erfolg gekrönt, weil viele Boote eben doch zu schwer sind. Manchmal hilft es, das auf der Seite liegende Boot so zu drehen, dass die Mastspitze genau in Windrichtung zeigt. Wenn jetzt so, wie vorstehend dargestellt, der Mast nur ein wenig aus dem Wasser auftaucht, fasst der Wind unter die Segel und unterstützt unsere Arbeit. Das Ergebnis kann allerdings auch sein, dass unser Boot bei starkem Wind aufgerichtet und gleich anschließend zur anderen Seite hin umgeworfen wird – also noch mal von vorn, bis wir die Faxen dicke haben und uns auf das Boot setzen, um auf Hilfe zu warten.

Auch wenn es lange dauert, bis diese kommt, und unsere Mitsegler bereits ungeduldig werden: Das Boot wird nicht verlassen! Zum einen können Helfer, die zu uns unterwegs sind, ein gekentertes Boot auf einer großen Wasserfläche leichter ausmachen als den kleinen Kopf eines einsamen Schwimmers, zum anderen ist es eine Tatsache, dass man Entfernungen auf dem Wasser leicht unterschätzt. Sie glauben, bis zum rettenden Ufer sind es nur knapp 200 Meter – „die schaffe ich spielend!". In Wahrheit ist die Strecke wesentlich länger, und die Kräfte würden dafür nicht ausreichen. Hinzu kommt, dass Sie vermutlich noch etliche Kleidungsstücke am Körper tragen, durch die Sie zwar nicht in die Tiefe gezogen werden, die Ihre Schwimmbemühungen allerdings auch nicht erleichtern.

Also noch einmal: Auf Hilfe warten, dann geht alles ganz leicht. Ein Motorboot fährt zum Mast-Topp, drückt diesen immer höher, indem es langsam in die Richtung zum gekenterten Bootsrumpf fährt, und endlich steht der Umgekippte wieder senkrecht. Die Helfer warten vermutlich noch so lange, bis wir wieder an Bord sind und das meiste Wasser ausgeschöpft haben. Sobald das Boot wieder eine stabile Schwimmlage hat, können wir weitersegeln. Wurde etwas vergessen? Nein, wir haben uns freundlichst bedankt, und ein Obolus wird später fällig – das ist von Revier zu Revier verschieden.

Kann ein gekentertes Boot nicht so einfach wieder aufgerichtet werden, so wird zunächst nur die Mannschaft abgeborgen und an Land gebracht, damit sie sich dort trockene Kleidung anziehen kann und erst einmal zur Ruhe kommt. Eventuell müssen anschließend zwei oder mehr Motorboote die Bergung des gekenterten Bootes vornehmen, wir wollen uns hier nicht in jeden Einzelfall vertiefen. Im Übrigen vertrauen Sie ruhig den Helfern der DLRG oder anderer Rettungsdienste, das sind Profis mit Erfahrung, die in einer solchen Lage wissen, was zu tun ist.

Es gibt Boote, die lassen es nicht dabei, sich bei Überforderung einfach auf die Seite zu legen, die haben Schlimmeres mit uns vor: Sie „kentern durch"! Nicht um 90 Grad, sondern um 180 Grad hat

... schnell auf das Schwert steigen und das Boot wieder aufrichten.

Wasser im Cockpit macht eine Jolle instabil.

sich dann die Lage verändert, der Mast zeigt nach unten, der Unterboden himmelwärts. Manchmal – und jeder Eigner wird im Ernstfall schnell merken, ob sein Boot in diese Kategorie gehört – hat man noch die geringe Chance, sich auf die Scheuerleiste zu stellen, am Schwert anzupacken und durch Gewichtsverlagerung nach hinten das Boot zunächst in eine schon bessere 90-Grad-Lage zu bringen, von da geht's dann weiter, wie vorstehend beschrieben.

Das Pech ist nur, dass häufig das Schwert durch sein Eigengewicht in den Schwertkasten geplumpst ist und wir keine günstige Hebelwirkung ansetzen können. Noch fataler ist die Lage, wenn die Mastlänge des Bootes größer ist als die Tiefe des Gewässers. Dann staucht der Mast-Topp in den Grund, Wind und Welle drücken ihn mehr oder weniger fest hinein, indem sie gegen den aufschwimmenden Bootsrumpf wirken. Ist ein Boot also durchgekentert, so wird man in den meisten Fällen ohne Fremdhilfe nicht auskommen, um alles wieder ins Lot zu bringen.

Soweit ein Boot mit baubedingten Auftriebskörpern versehen ist, sollte eine Kenterung nicht allzu viele Probleme bringen. Manche Segelfreunde bauen klugerweise vor, indem sie einen großen Ball im Mast-Topp fahren, der zumindest dafür sorgen soll, dass es bei einer Kenterung nicht über 90 Grad hinausgeht. Vernünftig ist das sicherlich, signalisiert allerdings, dass man jederzeit mit dem Schlimmsten rechnet und sich nicht in der Lage fühlt, durch taktisch angebrachte Risikominimierung jederzeit gefahrlos zu segeln.

Die Kunst besteht mal wieder darin, dass man seinen Fähigkeiten entsprechend agiert, sich dabei nicht unter-, vor allem aber nicht überschätzt. Als Anfänger muss ich nicht bei Windstärke 4 mit Vollzeug fahren, ich verliere keinen Zacken aus der Krone, wenn ich da schon reffe. Irgendwann später kann ich es auch anders, aber bis dahin bleibe ich hübsch bescheiden, halte immer die Augen offen, sehe alles und merke mir viel. Nach diesem Rezept kann jeder Interessierte ein klasse Segler werden – auch ohne je gekentert zu sein!

Wann immer es aber jemanden erwischt: Wie beruhigend ist es doch in solcher Situation, wenn man alles Wertvolle an Bord schon vor dem Ablegen ordentlich festgezurrt oder in verschließbaren Schapps verstaut hat, damit nichts auf Nimmerwiedersehen in der Tiefe des Wassers verschwindet.

18 Boot in Not

Wir gehen spazieren und stolpern über einen spitzen Stein. – Wir machen eine Radtour und haben unversehens hinten einen „Plattfuß". – Wir fahren mit dem Auto über die Autobahn und stehen plötzlich im Stau, oder wir haben einen Auffahrunfall oder – oder – oder. Sie kennen das? Und dann glauben einige, ausgerechnet beim Segeln, da könnte nichts passieren!? Mit welchen Widrigkeiten hätten wir da vielleicht zu rechnen?

Gedanklich darauf vorbereitet zu sein, hilft uns im Falle eines Falles, trägt aber insbesondere dazu bei, jene Situationen vorausschauend zu vermeiden, die sich zu einem Negativ-Erlebnis aufschaukeln können.

Beginnen wir mit der **Grundberührung**, die im Allgemeinen harmlos verläuft, bei grob fahrlässigem Verhalten aber schon mal ernste Probleme schaffen kann.

Wenn wir z. B. ein Ablegemanöver verpatzen und in eine Schilfzone mit seichtem Wasser driften, dann ist das allenfalls ein noch zu verzeihender Naturschutzfrevel, ansonsten jedoch nicht mit Schwierigkeiten behaftet: Segel runter, Schwert etwas hochziehen und per Paddel in tieferes Wasser – fertig. Kleine Sportboote mit einem Festkiel werden bei solchen Gelegenheiten etwas gekrängt, bevor man sich freipaddelt – auch das kein Problem.

Anders sieht die Sache aus, wenn wir bei halbem Wind und full speed mit dem Schwert oder Kiel auf einen steinigen Boden krachen. Man kann dabei böse im Cockpit zu Fall kommen, das Unterwasserschiff wird diesen Fehler auch nicht schadlos überstehen, und wir selbst bekommen hoffentlich einen roten Kopf, weil wir die Revierbesonderheiten nicht erfragt oder beachtet haben.

Ein anderes Malheur, das uns treffen kann, ist der **Bruch der Pinne**: Jemand hatte sich aus Versehen draufgesetzt, oder sie war durch einige besonders wilde Manöver zu sehr strapaziert worden – nun ist sie hin.

Man hilft sich in diesem Falle mit dem Bootshaken oder Paddel, die als provisorische Pinne am Ruderkopf befestigt werden. Haben wir dafür kein loses Tauwerk zur Hand, dann können wir z. B. das Vorsegel bergen und einen Teil der Fockschot zur Befestigung benutzen.

Eine Kategorie schlimmer ist der **Bruch des Ruderblattes**. Jetzt können sich nur noch die erfahrenen Segler selbst helfen, indem sie ein Paddel geschickt als Notruder benutzen oder das Boot sogar allein mit angepasstem Segeltrimm in Richtung Hafen bugsieren (auch Surfbretter haben keine Ruderanlage). Die anderen sollten die Segel bergen und heimwärts paddeln oder sich von einem anderen Sportbootfahrer helfen lassen, beides wäre akzeptabel.

Eine häufig gestellte Prüfungsfrage zur Erlangung des Segelscheins A (Binnenfahrt) lautet:

Sie segeln am Wind, plötzlich **bricht das Luv-Want**.
1. Was tun Sie sofort?
2. Womit kann man das gebrochene Want provisorisch ersetzen?
Die empfohlene richtige Antwort lautet:
1. Wenden, um die unverstagte Seite des Mastes zu entlasten.
2. Durch ein Fall oder die Dirk.

Der DSV möge mir verzeihen: Ich habe bei allen abgenommenen Prüfungen neben der vorstehenden Antwort auch akzeptiert, wenn jemand in seinen Fragebogen eintrug:
1. Ich ziehe den Kopf ein und warte ab.
2. …

Wenn Sie auf Ihrem Boot einmal Probleme mit der Verstagung des Mastes haben sollten, so achten Sie bitte in erster Linie darauf, dass niemand verletzt werden kann, alles andere wäre nur von untergeordneter Bedeutung. Können Sie noch rechtzeitig eingreifen, dann wird natürlich versucht, im Sinne der „offiziellen Antwort" zu agieren – andernfalls: Kopf runter!

Beim Segeln ist die Sache eigentlich so gedacht, dass unser Boot im Wasser schwimmt, während wir im Boot sitzen und trocken bleiben. Manchmal kann der eine oder die andere erleben, dass

*Eine Grundberührung muss bei Sportbooten
nicht immer dramatisch sein.*

sich das Wasser an diese Abmachung nicht hält und durch den Boden des Bootes an irgendeiner Schwachstelle Zugang zu unseren Füßen findet und allmählich das ganze Cockpit füllt. Wir haben eventuell ein **Leck**.

Als Erstes müsste uns jetzt die Frage durch den Kopf schießen: Sind die Selbstlenzer geöffnet?

a) Sie sind es nicht – dann wird das umgehend nachgeholt, und möglicherweise schaffen es die Ablaufventile, das Fußbad außenbords zu spülen; andernfalls hilft eine **Pütz** (= Kunststoffeimer), ein **Ösfass** (= Schöpfgefäß für kleine Boote), eine **Lenzpumpe** oder für das Restwasser ein Schwamm.

b) Sie sind es – dann sollten wir uns auf die Suche machen, woher das unerbetene Wasser kommt, und das Leck abdichten, soweit das mit Bordmitteln möglich ist. Haben wir eine Lenzpumpe zur Hand, dann wird diese natürlich eingesetzt, und es hängt dann von den Einzelumständen ab, ob wir weitersegeln können oder den Hafen aufsuchen müssen. Bei einem Leck knapp unterhalb der CWL vermeiden wir weiteren Wassereinbruch, indem wir das Boot zur anderen Seite krängen und damit die undichte Stelle aus dem Wasser hebeln.

Was auf der Straße nur zu leicht passiert, kann sich jederzeit auch auf dem Wasser ergeben: ein **Ramming** (= Zusammenstoß) mit einem anderen Verkehrsteilnehmer. Falls es sich nicht um einen Bagatellschaden handelt, der später an der Klubtheke geregelt wird, heißt es nun, besonders umsichtig zu sein und insbesondere folgende Punkte zu beachten:
– erste Hilfe leisten;
– zunächst Personen, dann Sachen versorgen oder bergen;
– Schadensumfang feststellen;
– Schuldfrage klären, falls das nicht eindeutig möglich ist, sich genau die Ausgangssituation und die Ursache des Unfalls einprägen;
– nach Möglichkeit schriftliche Notizen und/oder Skizzen fertigen über Windverhältnisse, Kurse, Segelstellungen, „Raum" verlangt oder gegeben, Manöver des letzten Augenblicks versucht, Zeugen usw.

Zur endgültigen Regulierung oder Besprechung des Vorfalls sollten die Beteiligten auf kleineren Revieren den Hafen aufsuchen und dort das Notwendige regeln.

Weil das alles so erbärmlich umständlich, peinlich (wenn wir die Deppen waren) und auch manchmal teuer ist, sei hier noch einmal gesagt: Bitte nie im Vertrauen darauf, dass schon alles klar gehen wird, den Schneidigen markieren und die Zügel der Aufmerksamkeit schleifen lassen – zumindest sollte man bei solcher Veranlagung extrem gut versichert sein. Ansonsten reicht Haftpflicht.

In dramatischen Berichten aus dem Seglermilieu gibt es kaum eine Sturmfahrt, bei der nicht ein **Mastbruch** Erwähnung findet. Schon beim Lesen solcher Notsituationen laufen uns gelegentlich Schauer über den Rücken, da können wir auf eigene Erfahrungen auf diesem Gebiet verzichten. Für uns sollte daher immer das Motto gelten: Vorbeugen ist besser als heilen! Was der Medizin recht ist, kann uns nur billig sein. Sobald wir einen Schaden, und sei er noch so geringfügig, am Boot feststellen, wird dieser umgehend behandelt. Ein kleiner Riss im Segel darf uns nicht zu der irrigen Annahme verleiten, bis zum Saisonende wird das wohl noch halten – nein, tut es meistens nicht, deshalb wird umgehend repariert!! Wenn wir geschickt sind, können wir die wenigen notwendigen Stiche selber vornehmen, andernfalls wenden wir uns an einen Segelmacher. Vergleichbares gilt für sichtbar angescheuertes Tauwerk, angeknackste Wanten, verrottete Bolzen, verbogene Schäkel, eine leicht angebrochene Pinne und dergleichen. Letztlich wird es billiger (finanziell und nervlich), vorbeugend zu ersetzen oder zu reparieren.

Bei aller Vor- und Umsicht: Irgendwann erwischt es uns auf einem Segeltörn, und wir sind nicht in der Lage, den Schaden selbst zu beheben. Wie ist zu reagieren? Für diesen Fall merken wir uns die folgenden Zeichen, die für **Notsituationen** auf Sportbooten vorgeschrieben sind:
– Langsames Heben und Senken der seitlich ausgestreckten Arme;
– rote Flagge (nachts: rotes Licht) schwenken (bei Manövrierunfähigkeit);
– rote Flagge (nachts: rotes Licht) im Kreis schwenken (in Notsituationen).

Statt einer roten Flagge reicht natürlich auch jedes rote Tuch, in manchen Büchern kann man lesen, dass ein rotes Dinnerjacket ebenfalls geeignet ist. Ich gehe mal davon aus, dass Letzteres auf Sportbooten ziemlich selten mitgeführt wird. Sollten Sie aber mal an der „MS HANSEATIC" vorbeisegeln, und an der Reeling werkelt tatsächlich jemand mit einem solchen Kleidungsstück herum, so würde ich eher annehmen, dass dort die Kaviarreste der letzten Candlelight-Bordparty ausgeschüttet werden und ansonsten keine Notsituation gegeben ist. Aber man kann ja nie wissen.

Bezüglich der vorstehenden Notsignale wäre bitte daran zu denken, dass wir diese nicht nur selbst absenden, sondern natürlich auch zur Kenntnis nehmen, wenn andere sie geben. Es wäre in höchstem Maße verantwortungslos, einen Notfall auf dem Wasser zu sehen und nicht in geeigneter Weise zu reagieren. Entweder leisten wir den Umständen entsprechend selbst Hilfe, oder wir benachrichtigen andere, die das Notwendige veranlassen können. Auch in diesem weitesten Sinne sollte Segeln als Mannschaftssport angesehen werden, bei dem keiner allein gelassen wird und einer für den anderen einsteht – heute helfen wir, morgen wird uns geholfen. Im Übrigen: Nicht nur im Straßenverkehr ist die unterlassene Hilfeleistung ein Straftatbestand.

Wird ein Boot abgeborgen und von der DLRG oder einem anderen Motorboot in den Hafen gebracht, so ist die Schleppleine an einem baufesten Beschlag am Bug des Havaristen zu befestigen, eventuell zusätzlich noch am Mastfuß. Die Segel werden abgenommen, das Schwert aufgeholt, die Mannschaft setzt sich nach achtern – nichts kann eigentlich mehr schief gehen. Doch, es kann: Wir haben darauf zu achten, dass die Schleppleine nicht in die Schraube des Motorbootes gerät, sonst wären plötzlich zwei Havaristen abzubergen.

Auf manchen Revieren hat der Wind die dumme Angewohnheit, dass er gegen Abend gelegentlich einschläft. Wir stehen mit unserem Boot natürlich weit vom Hafen entfernt in der Flaute und möchten doch so gerne rechtzeitig zur „Tagesschau" zu Hause sein. Auch wenn es noch so ärgerlich für uns ist: Dies ist kein Notfall, und es wäre ein Missbrauch der Regeln, so zu tun als ob. Da bleibt uns nur, einem zufällig vorbeikommenden Motorboot fragend mit der Schleppleine zu winken und darauf zu hoffen, dass uns eventuell aus verständnisvoller Freundlichkeit geholfen wird.

Sind wir zu stolz, uns schleppen zu lassen, dann bleiben Paddel und Muskelkraft. Auf diese Weise erfahren manche zum ersten Mal, wie groß doch eigentlich der sonst so kleine See ist.

Für angehende Könner:

Auch wenn allgemein schon von Windstille gesprochen wird, der leiseste Zug geht immer noch, kaum zu spüren, mehr zu erahnen. Mit dem richtigen Boots- und Segeltrimm kann diese Restthermik genutzt werden: Mannschaft auf die Leeseite, Segel bauchig, Schoten so lose wie möglich, Boot ruhig halten. Es sind dies die Momente, in denen routinierte Mannschaften allenfalls noch flüsternd kommunizieren, Rasmus könnte sonst total verschreckt werden und auch den letzten Hauch noch von uns nehmen.

19 Rote Sonne – schwarzer Ball

Es gibt Menschen, die behaupten, das Schönste am Segeln wäre das Ankern. Ob das nun so stimmt? Es darf bezweifelt werden. Fest steht aber, dass auch das Ankern in verträumten Buchten zu den vielseitigen Aspekten des Segelsports gehört und gelegentlich einen sonnigen, vielleicht windstilleren Nachmittag als rundherum gelungen bezeichnen lässt.

Vorab:

Wollen wir nur einen Kurz-Stopp auf dem Wasser einlegen und uns nicht längerem Pausieren hingeben, dann lohnt es nicht, ein Ankermanöver zu fahren. In dem Fall wäre das **Beidrehen** (als Manöver) oder **Beiliegen** (als Ergebnis dieses Manövers) die angebrachtere Variante.

Dazu fahren wir (natürlich an geeigneter Stelle!) eine Wende, **ohne** die Fockschot loszuwerfen!!! Nachdem das Boot über Stag (= durch den Wind) gegangen ist, steht das Vorsegel „back", das heißt zur Luvseite hin, während das Groß zur Leeseite ausweht. Dieses wird nur so weit dichtgeholt, dass es nicht mehr störend killt. Wenn wir jetzt noch die Pinne in Richtung Baum drücken und in dieser Position festlaschen oder belegen, haben wir „beigedreht". Das Ergebnis dieses Manövers wird sein, dass unser Boot auch bei viel Wind und Wellen relativ ruhig liegt, es driftet nur geringfügig querseitig ab: Die backstehende Fock will den Bug nach Lee wegdrücken, das Luvruder wirkt dem aber entgegen, sodass unser Boot in einer Position zwischen **am Wind** und **halbem Wind** beigedreht liegen bleibt. Wir können nun ohne weiteres kleine Reparaturen ausführen, uns ein wenig ausruhen und eine Erfrischung zu uns nehmen, Ölzeug überziehen oder auch – aus fairer Distanz – ein Regattafeld unter Spinnakern fotografieren. Durch Lösen der arretierten Pinne und der Schot sowie Überholen der Fock auf die Leeseite ist es jederzeit möglich, wieder Fahrt aufzunehmen und die kleine Unterbrechung zu beenden.

Planen wir nun aber eine längere Pause, so lassen wir uns natürlich nicht beigedreht über den halben See treiben, sondern dann wird geankert. Wie es mal wieder so ist: Einige Gedanken zur rechten Zeit können uns auch diesbezüglich manchen Ärger ersparen. Warum also nicht jetzt sofort mit den Überlegungen anfangen?

Auch wenn es den meisten von Ihnen selbstverständlich ist, für die anderen sei gesagt, dass ich niemals
– vor Hafeneinfahrten,
– in einem Kanal,
– vor Schleusen,
– in der Fahrwasserrinne,
– in einem Regattafeld,
– auf Legerwall,
kurz: überall dort meinen Anker ausbringe, wo ich andere behindern oder mich selbst gefährden könnte und wo es durch Verbotszeichen oder Vorschriften untersagt ist.

Zu der vorstehenden Aufzählung sei ergänzt, dass in einem Kanal deshalb nicht geankert werden darf, weil das (künstlich angelegte) Kanalbett beschädigt werden kann. Legerwall ist die Bezeichnung für eine Position, in der ein Boot bei auflandigem Wind dicht vor einer Küste oder dem Ufer liegt. Nimmt der Wind stark zu, so besteht die Gefahr des Strandens, wenn der Anker nicht halten sollte und/oder man sich nicht freikreuzen kann.

Haben wir einen passenden Ankerplatz gefunden, so beginnen wir das erforderliche Manöver mit einem Aufschießer in den freien

*Dieser Stock- oder Admiralitätsanker
wäre für uns wohl doch ein wenig zu groß.*

Raum und bergen anschließend die Fock. Das Boot wird noch eine gewisse Auslaufstrecke haben – wir kennen das von jedem Anlegemanöver. In dem Moment, in dem Stillstand erreicht ist, lassen wir den Anker am Bug des Schiffes über Bord gehen und geben mindestens das Fünffache der Wassertiefe an Leine mit. Wie viel also im Einzelfall? Da hat man sich natürlich vorher zu erkundigen, falls das Revier nicht bekannt ist. Im Zweifel sollte stets mehr Leine geknüpft werden, das kann fast niemals schaden.

Unser Boot wird nun vom Wind allmählich zurückgedrückt, es driftet achteraus. Ich hoffe, dass Sie nicht zu jenen Pechvögeln gehören, die in diesen Momenten entsetzt feststellen, dass die Ankerleine nicht am Boot befestigt war und das teure Grundgeschirr nun für alle Zeiten auf Tauchstation gegangen ist. Dann wäre das Ankermanöver für heute beendet.

Der Klappdraggen ist für Jollen ein geeigneter Anker.

Andernfalls warten wir noch, bis das Boot abgestoppt wird, bergen dann auch das Großsegel und räumen das Cockpit auf. Bevor wir uns dem Badespaß, einer spannenden Lektüre oder dem süßen Nichtstun hingeben, sollten wir noch sorgfältig prüfen, ob unser Anker solide im Grund gefasst hat. Wir legen unsere Hand locker auf die gespannte Leine und merken am eventuellen Vibrieren und Ruckeln, dass noch nicht alles in Ordnung ist. Hand über Hand holen wir dann die Ankerleine ein und starten einen zweiten Versuch, wobei wir tunlichst darauf achten, dass der Anker nicht auf dem Grund steht, sondern dort zu liegen kommt. Erst dann kann er sich durch den Zug, den unser im Wind liegendes Boot auf die Leine ausübt, so mit den Flunken eingraben, dass er sicheren Halt bietet.

Auf größeren Sportbooten als Jollen wird grundsätzlich statt einer Leine zumindest teilweise eine Kette gesteckt, die direkt am Anker angeschäkelt ist, diesen durch ihr Gewicht auf die Seite legt und dadurch das Eingraben begünstigt. Außerdem wirkt das Gewicht der Kette gewissermaßen als Ruckdämpfer, wenn das Boot in Wind und Wellengang an der Verankerung zerrt.

Für jeden Ankergrund, ob steinig, hartsandig, Schlick, Kies oder Fels, gibt es speziell konstruierte Ankersysteme; jeder Skipper entscheidet sich im Allgemeinen nach dem Revier, das überwiegend von ihm befahren wird. Als Segler auf kleinen Sportbooten wären wir mit einem so genannten Klappdraggen im Gewicht von etwa 6 bis 8 Kilogramm gut bedient, dessen Flunken bei Nichtgebrauch regenschirmartig an den Ankerschaft angelegt werden können, damit man ihn leichter verstauen kann. Auf jeden Fall wird ein

Anker so weggepackt, dass er nicht bei jeder Krängung durch das ganze Boot rumpeln und Schäden anrichten kann.

Wie gerne würde ich Ihnen nun sagen, dass damit alles erledigt ist, aber noch ein paar weitere Dinge verdienen sorgfältige Beachtung:

– Bevor Sie einen Anker ins Wasser werfen, achten Sie bitte darauf, dass Sie nicht innerhalb der noch an Deck ausliegenden Kette und/oder Leine stehen. Wenn diese, dem gewichtigen Anker folgend, ausrauschen, können sie sich in Ihren Füßen verfangen und – besonders auf größeren Yachten – schwerste Verletzungen verursachen.

– Auf Booten mit Bugkorb und Reeling wird der Anker natürlich nicht über diese hinweg ausgeworfen, sondern tunlichst darunter durchgeführt. Sie meinen, das ist doch selbstverständlich? Wenn Sie wüssten …!

– Auch in der schönsten Bucht hat es der Wind so an sich, dass er gelegentlich die Richtung wechselt und damit unser Boot im Radius der Ankerleine um den Anker dreht. Nachbarboote, die leichter oder schwerer sind als das unsrige, drehen nicht im gleichen Rhythmus wie wir, sondern schneller oder langsamer. Deshalb braucht jedes Boot mindestens so viel Platz um sich herum zum Schwojen, wie die Ankerleine lang ist, damit es keine Karambolagen gibt.

– In regelmäßigen Zeitabständen sollten Landpeilungen vorgenommen werden, um zu kontrollieren, ob der Anker weiterhin sicher hält. Zu diesem Zweck kann man Bäume, Türme oder Häuser am Ufer beobachten: So lange sie in Deckung stehen oder in einem gleichbleibenden Winkel zueinander, ist alles in Ordnung.

– Damit für jeden anderen Verkehrsteilnehmer auf dem Wasser schon von weitem deutlich erkennbar ist, dass wir vor Anker liegen und nicht in Fahrt befindlich sind, setzen wir am Vorstag einen schwarzen Ankerball. Dieser besteht meistens aus zwei runden Scheiben, die patentvoll rechtwinklig zusammengesteckt werden können und aus der Distanz wie ein Ball aussehen. Nun weiß jeder Vorbeifahrende, dass wir uns im Moment nicht um Ausweichregeln und dergleichen kümmern können und stattdessen den vielversprechenden Sonnenuntergang genießen, oder was immer uns zu tun beliebt.

Irgendwann heißt es: Anker auf! – Wir wollen weiter unsere Bahnen segeln oder vielleicht auch zurück in den Hafen. Nachdem der Ankerball verstaut und das Großsegel gesetzt ist, ziehen wir uns an der Ankerleine nach vorne, bis der Anker „auf und nieder" steht, d. h. mit dem nächsten Zug an der jetzt fast senkrechten Leine aus dem Grund gehoben wird. Der Steuermann fällt ab nach Backbord oder Steuerbord, holt die Schoten dicht, wir machen wieder Fahrt. Nachdem das Ankergeschirr gesäubert und verstaut ist, können wir nun auch die Fock setzen und im Weiteren darüber nachdenken, ob das Ankern nicht tatsächlich reizvolle Momente in ein Seglerleben bringen kann.

Anstecken der (Vorlauf-)Kette als Vorbereitung für das Ankermanöver auf einem Dickschiff

20 Bootstrimm – gar nicht schlimm!

Haben Sie schon mal davon gehört, dass jemand sein Fahrrad für den nächsten Ausflug trimmen will? Obwohl so etwas ständig gemacht wird, spricht man in solchen Fällen eher davon, dass das Rad hergerichtet wird: Reifen stramm aufpumpen, Sattelhöhe passend einstellen, Lenker richten, Kette ölen usw., man macht eben die notwendigen Handgriffe, damit das Rad bestens fährt.

Ein Segelboot wird getrimmt, damit es unter den verschiedensten Windbedingungen optimal läuft.

Wir wollen uns wettermäßig nur mit den Extremen befassen, damit alles umso deutlicher wird:
– Segeln bei schwachem Wind und
– Segeln bei starkem Wind.

Alle Zwischenstufen wird sich jeder selbst erarbeiten können und ausprobieren, sobald das grundsätzliche Prinzip erst einmal klar ist.

Es gilt zu beachten:
– Bei schwachen Winden sollen die Segel bauchig gefahren werden,
– bei Schwerwetter sind sie flach zu trimmen.

Wie erreicht man das?
Vor- und Unterliek eines Großsegels können verschieden straff gespannt werden. Zieht man das Schothorn so weit wie möglich nach achtern zur Baumnock (eventuell mithilfe eines vorhandenen Streckers), setzt man außerdem das Großfall so steif wie möglich durch, dann wird unser Segel durch die stramm gezogenen Lieken flach getrimmt – gut für viel Wind.
Beim Vorsegel können wir in der Hauptsache nur auf das Vorliek einwirken, das wir allerdings mithilfe des Fockfalls immer (!!!) sehr hart dichtholen sollten, damit das Boot gut am Wind laufen kann.

Man braucht keine Bedenken zu haben, die Segel durch eine so raue Behandlung zu beschädigen, die sind ausreichend stark für solche Notwendigkeiten gearbeitet.

An einem schwachwindigen Tag lassen wir die Lieken des Großsegels lockerer, sodass sie schon fast Falten werfen, und fangen dadurch mehr Luftströmung ein. Bezüglich des richtigen Anstellwinkels für die Segel hatten wir uns gemerkt, diese immer so offen wie möglich zu fahren. Bei sehr wenig Wind sollte man den Schoten noch einen Tick mehr Lose geben, um die höchstmögliche Geschwindigkeit aus unserem Boot herauszuholen.

Wem dieses Prinzip klar geworden ist, der wird mit der Zeit alle wetterabhängigen Zwischenstufen einstellen können, das ist dann letztlich eine Sache des Gefühls und der Erfahrung. Für bedauerlich halte ich es nur, wenn jemand so gar nicht weiß, welche Möglichkeiten es gibt, dem Wind das Letzte abzuverlangen.
Und auch das gehört zum richtigen Trimm eines Bootes:

– **Bei wenig Wind** das Heck entlasten, damit sich das Achterschiff nicht festsaugt. Mannschaft also im Cockpit mehr nach vorne rücken; Anker und ähnlich Gewichtiges nicht unbedingt im Achterschapp aufbewahren.
Das Boot sollte leicht nach Lee krängen, so kann die Luftströmung besser unser Segel umfließen. Der Vorschoter setzt sich deshalb entweder auf den Schwertkasten oder ganz auf die Leeseite; reicht das nicht aus, verlässt auch der Steuermann die Luvseite, bis das Boot so zwischen 5 bis 10 Grad krängt. Der Baumniederholer bleibt relativ lose, damit das Großsegel auf keinen Fall flachgezogen wird.
Auch das Achterstag wird nur „handwarm" durchgesetzt, es soll den Mast nicht biegen.
Falls an Bord des Bootes ein Reitbalken vorhanden ist: Der Traveller (= Schlitten) wird in Luv gefahren, damit die Großschot das Segel nicht senkrecht nach unten und damit flachziehen kann.
Letztlich nicht zu vergessen: Bei Leichtwind sollten hektische und unkontrollierte Bewegungen der Mannschaft im Boot vermieden werden. Jede Lageveränderung des Unterwasserschiffes

Trimmleinen sind nur dann sinnvoll,
wenn man sie zu nutzen weiß.

und der Segelfläche bedeuten unnötige Reibungswiderstände und Unterbrechungen der jetzt so empfindlichen Windströmung, die sich mit der Zeit zu einem Distanzverlust summieren.
Und noch einmal: Die Segel bauchig trimmen.

– **Bei starkem Wind** gehört das Gewicht der Mannschaft nach achtern, das Vorschiff sollte mehr entlastet werden.
Das Boot krängt jetzt natürlich von allein nach Lee, manchmal mehr, als uns lieb ist. Wir versuchen, durch maximales Ausreiten auch jetzt den optimalen Krängungswinkel von 5 bis 10 Grad einzuhalten, es sei denn, wir wollen gerne schräg segeln, weil es einfach mal Spaß bringt. Ansonsten gehören Vorschoter und Steuermann jetzt auf die „hohe Kante", der Fockaffe geht – falls ein solches vorhanden ist – ins Trapez: Mithilfe eines Haltedrahtes und einer Trapezhose kann er sich auf die Luvkante des Bootes stellen und durch sein zurückgelehntes Körpergewicht dem Wind noch mehr lebenden und somit trimmbaren Ballast entgegenhalten.
Der Baumniederholer wird jetzt total durchgesetzt, der Baum soll auch bei stärkstem Winddruck nicht steigen können und dadurch das Groß bauchiger machen.
Das Achterstag wird bei Starkwind so sehr angezogen, dass der Mast eine so genannte Peitsche bildet: Je mehr der Topp nach achtern wandert, umso mehr krümmt sich der Mast im mittleren Bereich nach vorn und holt damit auch den letzten Bauchansatz aus dem Großsegel.
Den Traveller auf dem Reitbalken fahren wir jetzt in Lee, damit die Großschot den Baum möglichst senkrecht und damit besonders effektiv nach unten zieht und das Segel allmählich flach wird wie ein Bettlaken.
Falls wir auf unserem Boot eine Cunningham fahren, wird auch diese stramm durchgesetzt. Es handelt sich dabei um eine Trimmleine, die durch eine metallverstärkte Ringöffnung (= Kausch) etwa 30 Zentimeter über dem Hals des Großsegels geführt wird. Durch kräftigen, nach unten gerichteten Zug wird das Vorliek noch stärker gestrafft, als es durch Regulierung mit dem Großfall gelegentlich möglich ist.
Und auch hier noch einmal: Die Segel total flach trimmen.

Unabhängig von Wind und Wetter sind zwei weitere Trimmaspekte beachtenswert:
– Die verschiedenen Stellungen des Schwertes, über die wir schon in dem Kapitel über das Unterwasserschiff gesprochen haben, und
– der richtige Holepunkt für die Fockschot.

Wenn die Leitösen, durch die Ihre Fockschot nach achtern ins Cockpit geführt wird, von der Werft fest montiert sind, so vertrauen wir darauf, dass die richtige Position gefunden wurde.

Sind die Leitösen verstellbar, z. B. auf Schienen angebracht, gilt es, den richtigen Holepunkt selbst zu finden, und das ist recht einfach. Das Vorsegel wird erst auf der einen, dann auf der anderen Seite des Bootes dichtgeholt und der variable Holepunkt jeweils an der Stelle arretiert, an der die angreifende Fockschot den Winkel zwischen Unter- und Achterliek der Fock halbiert. In dieser Position ist sichergestellt, dass beim späteren Bedienen der Fockschot beide Lieken gleichmäßig gereckt werden und das Segel optimal steht. Liegt ein Holepunkt zu weit vorn, so wird das Achterliek übermäßig gereckt, das Unterliek killt; liegt er zu weit hinten, ist es umgekehrt – beides wäre schlechter Trimm.

Aus dem vorstehend Gesagten ergibt sich zwangsläufig, dass der ideale Holepunkt für Sturm- und Normalfock sowie Genua nicht an ein- und derselben Stelle liegen kann, deshalb sollten Sie fest montierte Leitösen nur akzeptieren, wenn Sie ausschließlich ein einziges (dazu passendes) Vorsegel benutzen.

Mancher wird glauben oder befürchten, auch diese Dinge niemals so richtig zu beherrschen, das sei doch viel zu kompliziert. Ist es nicht! Man sollte nur etwas Geduld haben und nicht alles auf einmal wollen. So nach und nach werden Sie aber merken, dass die Freude am Segeln immer größer wird, je mehr wir von der Materie verstehen. Außerdem ist in der Praxis alles wesentlich leichter zu begreifen, als es mit Worten darzustellen ist. Wenn ich Ihnen hier theoretisch vermitteln sollte, wie man Rad fährt (Schwung holen – aufsteigen – in die Pedale treten – Gleichgewicht halten durch Lenkkorrekturen und Gewichtsverlagerungen – Kurvenschräglage richtig berechnen usw.), mancher würde verzweifeln. Wir alle können aber Rad fahren, weil wir es halt in der Praxis probiert und schnell gelernt haben.

Niemand zwingt uns, alle Feinheiten des Segelns sofort zu beherrschen, von denen es natürlich noch wesentlich mehr, als bisher beschrieben, gibt. Jeder muss für sich entscheiden, auf welchem Level er sein Hobby betreiben kann und will. Wichtig erscheint mir aber, dass man sich im Rahmen seiner wachsenden Möglichkeiten ständig fordert, um Fortschritte zu machen und tiefer in die Materie einzudringen, oder um zumindest einen bereits erreichten akzeptablen Standard zu bewahren – nur dann wird und bleibt die Sache interessant.

Inhaber eines Autoführerscheins, die das oft so gefürchtete Rückwärts-Einparken aus Bequemlichkeit immer wieder vermeiden, beherrschen dieses Fahrmanöver eines Tages überhaupt nicht mehr, weil sie es halt verlernt haben – das ist der Anfang einer zunehmenden Unbeholfenheit. Auf unser Hobby bezogen: Es gibt Segler, die auch bei niedrigsten Windstärken ständig ohne Fock oder sonst absolut untertakelt unterwegs sind, die auch jedes harmlose und absolut kalkulierbare Risiko scheuen und eigentlich erst wieder so richtig froh sind, wenn das Boot in der Box liegt. Sicher, sie kommen irgendwie voran, haben manchmal auch ihren Spaß, aber: Betreiben sie eigentlich Segelsport?

Zurück zum Thema: Für diejenigen, die noch aufnahmefähig sind, muss dieses Kapitel fortgesetzt werden mit Erläuterungen zu den Begriffen **luv-** und **leegierig**, denn manche würden mir zu Recht Vorwürfe machen, wenn ich dazu nichts sagte.

Stellen Sie sich vor, mit halbem Wind von Backbord zu segeln, Ruder mittschiffs. Wir lassen die Pinne los, und das Boot
– fährt geradeaus weiter – das wäre schön, ist aber Theorie!
– dreht in den Wind (luvt an) – das ist raue Wirklichkeit!
– dreht vom Wind weg (fällt ab) – auch das ist Praxis, kommt aber seltener vor.

Die meisten Boote zeigen in ihrem Steuerverhalten die Tendenz, mehr oder weniger stark anzuluven. Wir wollen aber geradeaus segeln. Wie ist zu reagieren? Um den gewünschten Kurs zu halten, ziehen wir die Pinne entsprechend vom Segel weg und gleichen die Kraft, mit der das Boot in den Wind drehen will, durch Gegenruder aus. Das wäre weiter nicht so schlimm und würde von jedem Steuermann ganz automatisch gemacht, wenn dieses Gegenruder nicht einen unerwünschten Bremseffekt mit sich brächte: Je luvgieriger das Boot, umso mehr muss gebremst werden – wer will das schon?!

Wir können dem Übel abhelfen, es zumindest mildern, indem
– das Vorsegel etwas dichter gefahren wird als bei günstigstem Anstellwinkel,
– das Großsegel etwas offener gefahren wird als bei günstigstem Anstellwinkel, oder indem wir es flacher trimmen,
– das Schwert etwas aufgeholt wird,
– die Mannschaft ihr Gewicht nach achtern verlagert,
– der Mast ein wenig weiter nach vorn in der Mastspur aufgestellt wird,
– ein aufholbares Ruderblatt mit dem Niederhalter so dicht geknallt wird wie möglich, sodass es zumindest senkrecht, eventuell mit der unteren Spitze ein paar Grad nach vorne steht.

In den meisten Fällen wird es ausreichen, eine einzelne Maßnahme oder eine geschickte Kombination vorzunehmen, um das Gegensteuern zu beheben.

Im Übrigen ist eine geringe (!) Luvgierigkeit manchmal erwünscht, weil dadurch ein besseres, handigeres Steuergefühl vermittelt wird, und letztlich auch aus Gründen der Sicherheit: Geht – aus welchen Gründen auch immer – eine Crew (Einhandsegler!) über Bord, bricht die Pinne oder verlieren wir total die Übersicht, dann dreht das Boot von allein in den Wind (fährt also praktisch einen Zwangs-Aufschießer), schüttelt die Segel wie ein wildes Pferd die Mähne – und steht!
Muss die Pinne ständig mehr als 5 bis maximal 10 Grad aus der Mittig-Stellung herangezogen werden, ist die Luvgierigkeit eindeutig zu groß.

Gelegentlich trifft man auf ein leegieriges Boot: Um Kurs halten zu können, müssen wir die Pinne ständig zum Segel hindrücken, weil das Boot abfallen will und wir zum Ausgleich so steuern, als würden wir anluven – die Dauerbremse ist wieder eingestellt.

Wir helfen dem Übel diesmal mit den umgekehrten Maßnahmen wie bei der Luvgierigkeit ab, indem

– das Vorsegel etwas offener gefahren wird als bei günstigstem Anstellwinkel,
– das Großsegel etwas dichter gefahren wird als bei günstigstem Anstellwinkel, oder indem wir es bauchiger trimmen,
– die Mannschaft ihr Gewicht weiter nach vorn verlagert,
– der Mast ein wenig weiter nach achtern in der Mastspur aufgestellt wird,
– ein aufholbares Ruderblatt um ein paar Grad aus der Senkrechtstellung nach achtern angehoben wird.

Zur Abrundung dieses Themas sollte uns noch interessieren, warum Boote luv- oder leegierig sind. Könnten die Konstrukteure da nicht etwas sorgfältiger arbeiten, damit wir hinterher nicht den Ärger mit umständlichen Trimmkorrekturen haben?

Das wäre nur theoretisch möglich, wenn wir unser Boot immer gleich belastet und ausgerichtet hätten, was natürlich nicht praktiziert werden kann: Mal krängt es mehr zur einen oder anderen Seite, mal sitzt die Mannschaft weiter vorne oder achtern im Cockpit, man hat gerefft oder das Schwert teilweise aufgeholt – immer liegt das Boot anders im Wasser! Der Konstrukteur kann nur den durchschnittlichen Normalfall berücksichtigen, nicht jede Zwischenstufe oder gar Extremsituationen. Was sollten wir also selbst wissen, um angemessen zu korrigieren und unserem Boot die richtigen Trimmhilfen zu geben?

Wir beginnen unsere Überlegungen mit einem kleinen Versuch, zu dem wir eine runde Scheibe aus Pappe oder Sperrholz in die Hand nehmen. Jedem von uns wird es gelingen, diesen Gegenstand auf seinem Zeigefinger zu balancieren, indem er den Finger unterhalb des Mittelpunktes (= Druckpunkt) der Scheibe ansetzt.

Einen gleichartigen Balanceakt können wir auch mit einem dreieckigen oder beliebig bizarren Körper bewerkstelligen, wenn wir

A
Segeldruckpunkt **hinter**
dem Lateraldruckpunkt:
Das Boot ist luvgierig.

B
Segeldruckpunkt
senkrecht **über**
dem Lateraldruckpunkt:
Das Boot läuft neutral.

C
Segeldruckpunkt **vor**
dem Lateraldruckpunkt:
Das Boot ist leegierig.

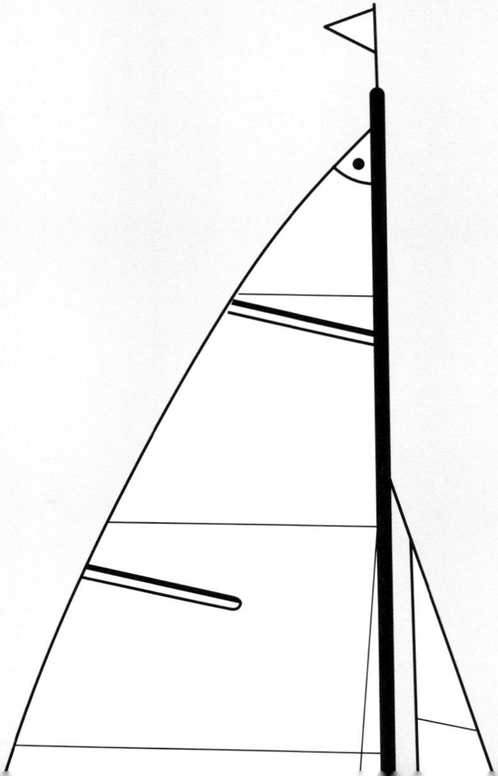

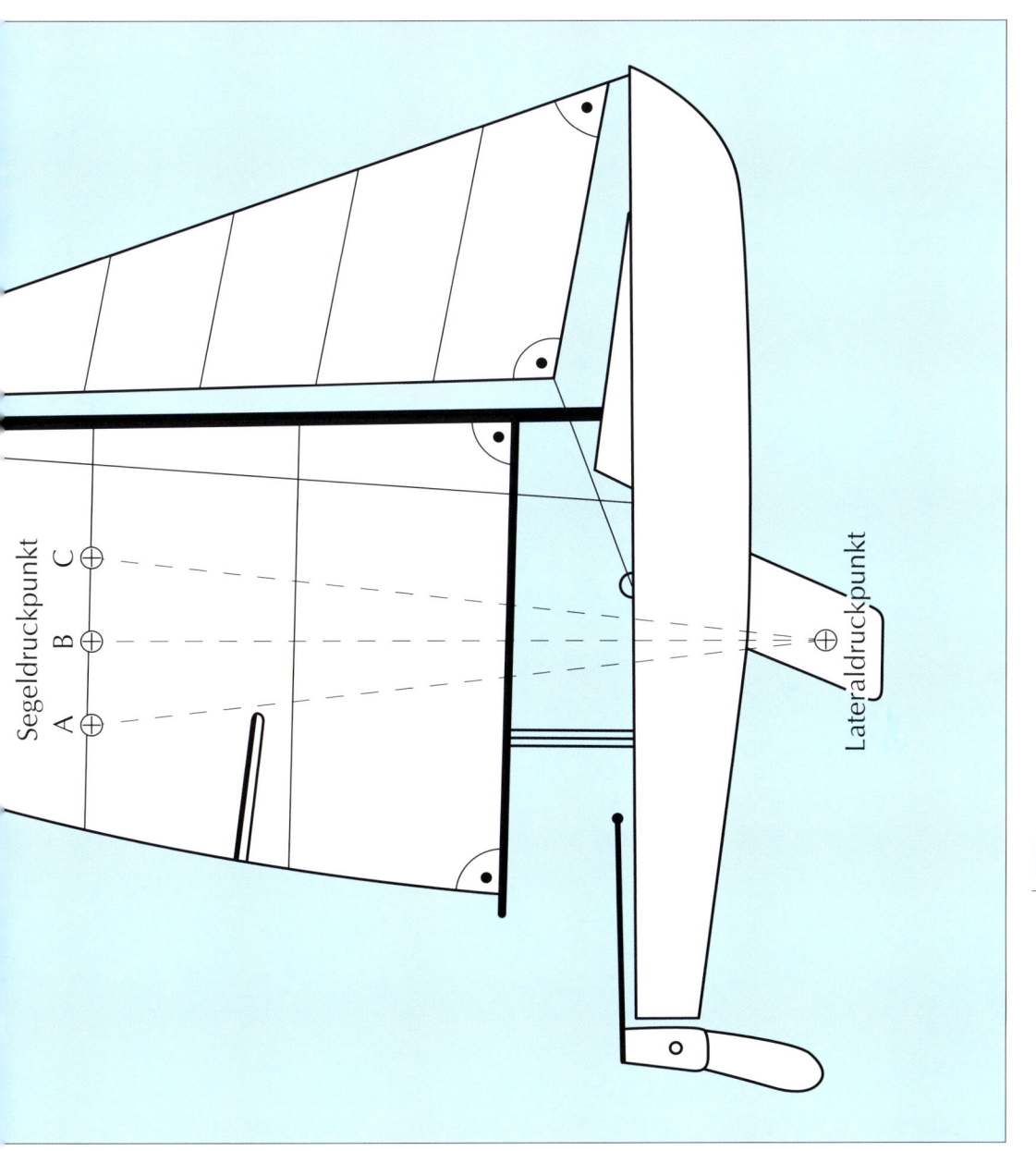

Segeldruckpunkt

A B C

Lateraldruckpunkt

nur immer unterhalb des Druckpunktes unterstützen. In diesem Punkt müssen wir uns die Masse und Kraft des jeweiligen Körpers als Konzentrat vorstellen, und wenn wir sehr genau arbeiten, wird jedes Gebilde auf einer Nadelspitze tanzen.

Wir brauchen nicht mehr viel Fantasie, um zu verstehen, dass sowohl unser Über- als auch das Unterwasserschiff jeweils einen Druckpunkt haben, Fachleute sprechen vom **Segeldruckpunkt** und vom **Lateraldruckpunkt**. Die geschätzte Lage dürfte einerseits im vorderen Drittel des Großsegels und andererseits etwa mittig in der Schwertfläche zu finden sein. Das ist von Bootstyp zu Bootstyp natürlich sehr verschieden, es geht uns jetzt nur um die angedeutete ungefähre Lage.

Als Merksatz gilt nun:
Ein Boot segelt nur dann ausgeglichen und läuft wie auf Schienen, wenn beide genannten Druckpunkte senkrecht übereinander gelegen sind. Befindet sich der Segeldruckpunkt hinter dem Lateraldruckpunkt, ist das Boot luvgierig, andernfalls ist es leegierig. Das bedeutet: Im ersten Fall will es beständig in den Wind hineindrehen, also anluven, im zweiten Fall beständig vom Wind wegdrehen, also abfallen. Um Kurs zu halten, müssen wir mehr oder weniger stark Gegenruder geben und dadurch den ungeliebten Bremseffekt herbeiführen. (Schauen Sie bitte spätestens jetzt auf die zugehörige Skizze).
Unser vorstehender Maßnahmenkatalog zur Beseitigung derartiger Trimmfehler beinhaltet nichts weiter, als dass Möglichkeiten angeboten werden, die jeweiligen Druckpunkte zu verschieben, bis sie einigermaßen senkrecht übereinander stehen.

Ich darf in diesem Zusammenhang daran erinnern, dass Surfer ihr Sportgerät im Wesentlichen nur mithilfe dieser Trimm-Möglichkeit über einen See steuern können: Segel im Mastfußgelenk nach achtern stellen – das Brett luvt entsprechend an, Segel nach vorn – das Brett fällt ab.

Noch durch ein anderes ganz simples Beispiel möchte ich verdeutlichen, dass so kompliziert scheinende Balanceakte verschiedener Kräfte auch den Alltag eines Nichtseglers tangieren. Dort wird das Problem aber so selbstverständlich aufgenommen und verarbeitet, dass man hinterher erstaunt fragt: „Na und? Ist doch klar!"

Also: Wenn Sie einen Einkaufswagen durch ein Shop-Center schieben, dann werden Sie die „Lenkstange" immer schön mittig anfassen, damit der Wagen geradeaus fährt. Sie setzen – wie sollte es anders gehen? – Ihre Kraft genau hinter dem Massepunkt ein. Drücken Sie jedoch an der äußerst rechten oder linken Seite des Griffes nach vorn, steuert der Wagen in die jeweils entgegengesetzte Richtung.

Natürlich weiß ich, dass der Vergleich hinkt, aber der Kern des Problems ist getroffen. Fragen Sie mich nun aber bitte nicht, wo die Luvseite bei einem Einkaufswagen ist!

Zurück zu unserem Boot:

Wie schon gesagt, können die Konstrukteure nicht jeden Eventualfall, der uns beim Segeln in den Sinn kommt, vorhersehen: Wie viel Personen sind an Bord? Nehmen wir die Arbeitsfock oder die Genua als Vorsegel? Reffen wir das Groß? Stellen wir den Mast senkrecht auf oder leicht nach achtern geneigt? Trimmen wir die Segel flach oder bauchig? – Durch jede dieser Maßnahmen und viele andere werden die Druckpunkte der Segelfläche und des Lateralplans – mal mehr, mal weniger – gegeneinander verändert, und für uns bleibt nur das Bemühen, alles so abzustimmen, dass ein guter Kompromiss aller Komponenten gefunden wird.

Der nachstehenden Trimmsituation sind wir ziemlich hilflos ausgesetzt, denn sie ist im Wesentlichen konstruktionsbedingt.

Beginnt ein Boot wegen des herrschenden Windes zu krängen, so wandert der Segeldruckpunkt aus der Senkrechten nach außen, liegt also nicht mehr über dem Lateraldruckpunkt. Folge: Das Boot luvt an, und zwar umso heftiger, je mehr es sich zur Seite neigt. Gegenruder können wir ab einem bestimmten Krängungswinkel kaum noch geben, weil das Ruderblatt (insbesondere bei breiten Hecks) durch die Schräglage aus dem Wasser gehebelt wird. Mit diesem Phänomen muss man leben, zumal es auch sein Positives hat: Im Extremfall ist es mir lieber, das Boot schießt in den Wind, als dass es sich auf die Backe legt.

21 Stabilität muss her!

Ein Pferd läuft auf vier Beinen, eine Kutsche fährt auf vier Rädern – Natur und Technik sind da keine unnötigen Risiken und Kompromisse eingegangen.

Der Mensch hat zwei Beine, ein Fahrrad zwei Räder – da ist man gelegentlich schon etwas wackeliger unterwegs.

Doch wie steht es mit einem Boot bezüglich der Standfestigkeit? Weder Beine noch Räder, nicht einmal ein fester Untergrund, nur eine schalenartige Form liegt im Wasser und muss Wind und Wellen standhalten. Wie soll das gehen?

Die Erfahrung zeigt: Ein Boot hat unter normalen Umständen und bei richtiger Handhabung eine ziemlich hohe Stabilität, nur in Extremfällen kann es damit kritisch werden. Die gleichen Maßstäbe gelten aber auch für ein Auto auf seinen vier Rädern, das bei widrigen Bedingungen wie Eis und Schnee oder plötzlich starkem Seitenwind schon mal im Straßengraben landen kann. Das Außergewöhnliche lassen wir deshalb außer Betracht und wenden uns lieber dem zu, was unter Normalität verstanden wird.

Vier Komponenten sind es, die einem Boot Stabilität verleihen:
1. die Form und
2. das Gewicht – (beide konstruktionsabhängig),
3. die Geschwindigkeit und
4. der Trimm – (beide abhängig vom Wind und dem Segelverhalten).

Bezüglich dieser Fakten ist es selbstverständlich so, dass nicht jeder isoliert für sich wirkt, sondern alle mehr oder weniger ineinander übergreifen.

Zu 1.

Es wird jedem einleuchten, dass ein Boot von 6 Metern Länge niemals umkippen würde, wenn es auch 6 Meter breit wäre. Nur – wer will ein solches Boot haben, das wie eine Badeplattform aussieht und wie das berüchtigte Bündel Stroh segelt?!

Ein Konstrukteur kann sich aber sehr wohl überlegen, ob er ein Boot von dieser Länge 1,70 oder 2,50 Meter breit macht – beides hätte Auswirkungen auf die Stabilität, denn das schmalere Boot wäre in seiner Schwimmlage nicht so sicher wie das breite.

Solange beide Boote keinen zusätzlichen Ballastkiel haben, sind sie lediglich **formstabil**, das eine mehr, das andere weniger.

Formstabile Boote sind gekennzeichnet durch eine hohe Anfangsstabilität und eine geringe Endstabilität, das heißt, bis zu einem kritischen Winkel von etwa 45 Grad nimmt das so genannte aufrichtende Kraftmoment stetig zu, danach immer schneller ab, bis das Boot schließlich kentert. Dabei wird ein schmal gebautes Boot die maximale Schräglage natürlich schon bei geringeren Windstärken erreichen als ein breites.

Zu 2.

Kielyachten sind darüber hinaus **gewichtsstabil**. Sie sind gegenüber den Schwertjollen gekennzeichnet durch eine geringe Anfangs- und eine hohe Endstabilität, das heißt, bis zu einem Winkel von 90 Grad nimmt das aufrichtende Kraftmoment zu; auch wenn Mast und Segel bereits auf dem Wasser liegen, kann sich die Yacht wieder aufrichten.

Eine tolle Sache – so denkt nun mancher, aber alles hat eben seine zwei Seiten: Wegen des hohen Ballastanteils (zwischen 30 und 50 Prozent des Gesamtgewichts) sind (unter vergleichbaren Bootsgrößen) Kielyachten niemals so schnell wie eine formstabile Jolle, und sie können auch nicht so leicht getrailert werden. Es gibt weitere Unterschiede, auf die wir später zu sprechen kommen.

Für einige ist es schwer nachvollziehbar, dass ein kräftiger Wind relativ leicht ein gewichtsstabiles Boot in Schräglage bringen kann, dann aber zunehmend immer mehr Kraft aufbringen muss, um die Krängung zu vergrößern. Ein Vergleich soll uns diesen physikalischen Vorgang verdeutlichen:

Wir stellen uns vor, dass von einem starken Deckenbalken ein Pendel in Form einer Stange herabhängt, an der unten eine große Bleikugel von über einer Tonne Gewicht befestigt ist. Jeder von uns wäre nun wohl in der Lage, diese beweglich aufgehängte

Kugel zur Seite zu drücken, der eine vielleicht 10 Grad aus der Senkrechten, ein ganz Starker schafft eventuell 45 Grad. Niemand aber würde es schaffen, dieses Gewicht an die Decke zu stemmen, was einem Winkel von 90 Grad entsprechen würde. Woran liegt es?

Je weiter die Bleikugel aus ihrer senkrechten Ruhelage fortbewegt wird, umso mehr strebt sie (nach physikalischen Gesetzmäßigkeiten) mit ihrem Gewicht in diese zurück.

In gleicher Art und Weise wirkt der Kiel bei einem gewichtsstabilen Boot: Der Wind drückt in die Segel, das Boot beginnt zu krängen, der Kiel wird aus seiner senkrechten Ruhelage gehebelt. Das geht zunächst recht einfach, aber mit zunehmender Schräglage kommt das Kielgewicht immer mehr zur Wirkung, und – je nach Ballast – ab einem bestimmten Winkel hat der Wind kaum noch eine Chance.

Ich erinnere in diesem Zusammenhang an den letzten Absatz des vorigen Kapitels. Mit zunehmender Krängung wird ein Boot immer luvgieriger. Wir kennen die Auswirkung dieses Faktums: Eine Kielyacht dreht fast immer von allein in den Wind, bevor sie sich flach aufs Wasser legt.

Auf das Verhältnis zwischen Form- und Gewichtsstabilität haben wir als Segler keinen Einfluss mehr, sobald wir uns für ein bestimmtes Boot entschieden haben. Als Grundsatz kann gelten, dass formstabile Schwertboote eher für Binnenreviere geeignet sind, gewichtsstabile Yachten eher für die hohe See. Für diese Feststellung ist maßgebend, dass eine formstabile Jolle (meistens) unsinkbar ist, letztlich aber kentern kann; ein gewichtsstabiles Kielschiff ist unkenterbar (zumindest kentersicher), kann aber sinken, wenn es mit Wasser voll schlägt.

Dem Konstrukteur bleibt es jeweils überlassen, einen ausgewogenen Kompromiss zu finden, damit wir einerseits relativ sicher segeln können und andererseits auch bei schwachen Winden noch gut vorankommen. Ist ihm das gelungen, dann danken wir seinem Sachverstand und konzentrieren uns auf die Stabilitätsfaktoren, die wir selbst bestimmen müssen.

Zu 3.

In Bezug auf die Geschwindigkeit eines Bootes spricht man von **dynamischer Stabilität.** Das klingt schon fast wissenschaftlich und ist doch so einfach, denn auch diesbezüglich gibt es die gleichen Zusammenhänge wie in vielen anderen Bereichen, dort erscheinen sie uns aber wiederum so selbstverständlich, dass wir gar nicht nach Erklärungen suchen:

Rad fahren funktioniert nur unter Ausnutzung von dynamischer Stabilität. Wenn wir uns auf den Sattel setzen und die Füße von der Erde nehmen, ohne vorher mit einem gewissen Schwung angefahren zu sein, kippen wir um. Erst wenn eine angemessene Geschwindigkeit erreicht ist, können wir aufrecht und sicher fahren.

Sogar Kinder beschäftigen sich spielend mit dynamischer Stabilität, wenn sie einen (Brumm-)Kreisel tanzen lassen: Einfach auf den Tisch gestellt, kippt dieser sofort um, geschickt mit einem Fingerschnipp oder Aufzugmechanismus in schnelle Umdrehung versetzt, balanciert er sicher und so lange, bis die Bewegungsenergie nicht mehr ausreicht, ihn kreiselnd aufrecht zu halten.

Der gleiche Effekt wirkt sich beim Segeln aus: Wer bei strammeren Windverhältnissen vor lauter Unvermögen und Zaghaftigkeit nur von einem Fastaufschießer zum nächsten torkelt und dauernd die Schoten fiert, um den ihm zu heftigen Wind auszuschütten, der segelt letztlich kippeliger und gefahrvoller als ein anderer, der sein Herz in die Hand nimmt, dem Boot die Sporen gibt und mit Full Speed über den See rauscht. Diese Dinge sind halt unbedingt zu erarbeiten, wenn man ein guter Segler werden möchte. Wem die Theorie erst einmal bewusst geworden ist, der wird im Laufe der Zeit keine Probleme haben, diese in die Praxis umzusetzen.

Zu 4.

Auch die **Trimmstabilität** ist davon abhängig, wie ich mit meinem Boot umgehen kann. Es ist halt ein Unterschied, ob die Mannschaft bei viel Wind im Cockpit sitzen bleibt und das Boot sich ständig bis zum kritischen Krängungswinkel auf die Seite legt, oder ob man sich durch geschicktes Ausreiten auf der Luvkante dem Wind und der Krängung entgegenstemmt, um das Boot möglichst aufrecht zu halten und damit sicherer und auch schneller zu machen.

Steigt der Vorschoter ins **Trapez**, wird noch mehr Trimmballast eingesetzt, das Boot kann auch bei stärkerem Wind im Bereich eines stabilen Gleichgewichts segeln. Eine Trapezvorrichtung besteht aus einem Draht, der vom oberen Mastdrittel bis ins Cockpit reicht; mit einer speziellen Trapezhose kann sich der Vorschoter in diesen Draht einpicken und – auf der Luvkante stehend – sein Körpergewicht nach außen stemmen, wobei er gleichzeitig natürlich auch die Fockschot bedient. Ein wenig Geschicklichkeit gehört schon dazu, auf diese Weise auszureiten, denn sobald der Wind einmal plötzlich nachlässt, muss der Vorschoter wieselflink von der Kante ins Cockpit steigen, nimmt der Wind wieder zu, muss er in „Null Komma Nix" wieder draußen stehen. Bei einer sportlich gefahrenen Wende besteht seine Arbeit darin, schnell genug ins Boot zu kommen, den Luvdraht zu lösen, unter dem Baum durchzutauchen, die Fock nicht zu vergessen, auf der neuen Luvseite sich wieder einzupicken und gleich wieder voll auszureiten – für Könner ein tolles Vergnügen, bei dem man natürlich auch leicht mal baden gehen kann.

Wenn wir jetzt unsere Kenntnisse bezüglich Stabilität zusammenfassen, so bleibt als Fazit, dass wir durch die Entscheidung für ein bestimmtes Boot schon die grundsätzlichen Möglichkeiten festlegen, wie wir uns später auf dem Wasser bewegen werden. Auch wenn wir uns nicht gerade für eine Extremkonstruktion interessieren, so bleiben doch so unendlich viele Zwischenstufen, dass eine auf Dauer zufrieden stellende Wahl schwer ist. Die Palette reicht vom sehr schlanken und leichten Boot mit großer Segelfläche (= übertakelte Rennjolle) bis zum breiten „Dickschiff" mit viel Ballast und kleiner Besegelung. Während das eine sehr feinfühlig bedient sein will, sich gelegentlich als kippfreudig zeigt, dafür aber wie ein geölter Blitz über den See rauscht, macht das andere immer schön langsam voran, reagiert nicht so sensibel auf etwas mehr Wind und hat eigentlich niemals das Verlangen, sich umwerfen zu lassen.

Jeder sollte wissen, welche Variante ihm mehr zusagt, der gesunde (?) Kompromiss verhilft uns meistens zu einem Boot mit akzeptablen Allround-Eigenschaften. Das Weitere ist dann recht einfach: Zunächst segeln wir nur bei leichteren Windstärken (bis 3 Beaufort) und mit normaler Besegelung (Groß und Arbeitsfock), und zwar so oft und so lange, bis wir eindeutig der Meinung sind, die Sache insoweit zu beherrschen – inklusive aller Trimmtricks.

Nach und nach arbeiten wir uns dann weiter vor, schrecken auch vor 4 oder 5 Windstärken nicht zurück, nehmen statt der Fock gelegentlich die Genua, reiten immer besser aus, trimmen die Segel immer feinfühliger, bemühen uns um den optimalen Anstellwinkel usw., usw.

Ob Sie es glauben oder nicht: Die Zeit wird uns bei echtem Bemühen zu Könnern machen.

22 Was es nicht alles gibt!

Wer schon mal mit neugierigen Blicken über die Steganlagen eines größeren Sportboothafens geschlendert ist – es muss nicht unbedingt der Olympiahafen in Kiel-Schilksee gewesen sein –, der war mit Sicherheit erstaunt über die Vielzahl der Bootstypen, die es da zu bewundern gibt. Wir lassen alles Motorgetriebene außer Betracht und wollen versuchen, die allgemein bekannten Segelbootarten nach bestimmten Kriterien zu ordnen, um einen Überblick zu gewinnen, was da so kreucht und fleucht. So nebenbei können wir einiges Interessante über die Boote, ihre Herstellung und besondere Konstruktionsmerkmale erfahren.

Nach **Baumaterial** geordnet unterscheiden wir Boote aus
– Holz,
– Kunststoff (PVC),
– Stahl,
– Aluminium und
– Stahlbeton
sowie gewisse Kombinationen vorstehender Materialien.

Holz gilt als der klassische Baustoff und findet seit Jahrtausenden aus den Zeiten der ersten Segelkanus Verwendung. Von der Optik her werden insbesondere Boote im Mahagoni-Look als zeitlos schön empfunden, der Pflegeaufwand ist allerdings höher anzusetzen als bei anderen Materialien, ebenso der Anschaffungspreis.

Der Kunststoff Polyvinylchlorid (= PVC) trat Anfang der sechziger Jahre seinen Siegeszug an und ist aus dem Bootsbau nicht mehr wegzudenken. Das Verarbeitungsverfahren ist relativ (!!!) einfach: Der mit Glasfasern verstärkte Kunststoff (= GFK) wird in eine vorgefertigte Bauform gespritzt oder im Handauflegeverfahren mit so genanntem Rowinggewebe verarbeitet. Durch die Serienherstellung können die Preise für Kunststoffboote günstiger kalkuliert werden als bei Verwendung von Holz. Manche glauben, dass Schiffe aus GFK keiner Pflege bedürfen, sie wären höchstens gelegentlich mit Wasser zu reinigen. Das ist ein Irrtum, weil der Kunststoff stumpf wird und „verkreidet" (= sich hell verfärbt bzw.

In jedem Hafen gibt es interessante Boote zu bestaunen.

ausbleicht), wenn er nicht zumindest vor Beginn einer Segelsaison mit speziellem Bootswachs (kein Autowachs!) ausreichend konserviert wird.

Die Materialien Stahl und Aluminium werden eigentlich nur für größere Sportboote ab etwa 10 Metern Lüa (Länge über alles) verwendet. Wir beschränken uns darauf zu wissen, dass die Verarbeitung durch Zusammenschweißen einzelner Bauplatten erfolgt.

Sehr verbreitet sind Boote, bei denen der Rumpf aus Stahl oder (häufiger) aus Kunststoff hergestellt ist und das Deck mit den Aufbauten aus Holz. Auch viele Jollen und andere kleine Sportboote gibt es in entsprechender Kombination.

Fassen Sie es bitte nicht als Seglerlatein auf, dass es Bootskörper aus Stahlbeton gibt. Der Baustoff hat sich allerdings nicht sehr durchgesetzt und fand niemals Verwendung für kleine offene Sportboote.

Als Nächstes könnten wir eine Einteilung der Segelboote nach ihrer **Zweckbestimmung** vornehmen, wobei die Übergänge von einer Gruppe zur anderen natürlich sehr fließend sind:
– Kinderboote,
– Juniorboote,
– Familien- und Wanderjollen,
– sportliche Familienboote,
– Sportboote,
– Rennjollen,
– Jollenkreuzer,
– „Dickschiffe" (Die beiden Letztgenannten stehen für Kajütboote.)

Möglich ist auch eine Katalogisierung nach der **Besatzung** eines Bootes, das heißt nach der Zahl der aktiven Mitsegler. Die Liste klingt allerdings ein wenig simpel, nämlich:
– Ein-Mann-Boot (Einhandsegler),
– Zwei-Mann-Boot,
– Drei-Mann-Boot – ich denke, Sie können das von alleine fortsetzen.

Man sollte dazu wissen, dass Regattaboote aus wertungsrechtlichen Gründen jeweils mit einer vorgeschriebenen Crewstärke gefahren werden. Ansonsten ist es jedem freigestellt, ob er ein Boot allein oder mit etlichen anderen Personen segelt, solange keine Sicherheitsaspekte vernachlässigt werden.

Ein offizielles Einteilungsmerkmal für Regattaboote sind die **Konstruktionsbedingungen**, nach denen die nationalen und internationalen Verbände zwischen
– Einheitsklassen und
– Konstruktionsklassen
unterscheiden.

Boote von Einheitsklassen werden nach einem einheitlichen Riss (= Konstruktionsplan) gebaut, sie stimmen in ihren Abmessungen, Gewichten und anderen technischen Daten total überein.

Boote von Konstruktionsklassen können innerhalb festgelegter Grenzmaße frei konstruiert werden, da gibt es also einen gewissen Spielraum, in dem die Experten immer wieder neue Ideen ausprobieren.

Die besten und bewährtesten Boote dieser beiden Klassen werden vom Deutschen Segler-Verband (DSV) und/bzw. von der International Yacht Racing Union (IYRU) als nationale bzw. internationale Klassen anerkannt, wenn sie eine entsprechende Verbreitung gefunden haben. Das bedeutet, dass die Bauzeichnungen und Klassenbestimmungen dieser Boote vom deutschen oder internationalen Dachverband verwaltet und die Register geführt werden. Aus dem Pool der internationalen Klassen werden im Übrigen zu jeder Olympiade die sechs geeignetsten Boote ausgewählt.

Falls jemand an solchen Booten ungenehmigte Bauänderungen vornimmt, wird ein Messbrief nicht ausgestellt bzw. verlängert, und der Eigner kann nicht mehr an Verbandsregatten seiner Klasse teilnehmen.

Zusätzlich gibt es noch unzählige Werftbauten als Eintypboote sowie natürlich Eigenbauten und auch „Eintagsfliegen" aus so genannten Waschküchenbetrieben. Jeder, der sich für kompetent hält, darf Boote konstruieren oder herstellen – die wenigsten Bauten können sich auf Dauer durchsetzen.

Leichte Jollen benötigen keinen Wasserliegeplatz.

Ein weiteres Kriterium zum Ordnen der Bootevielfalt ist das **Unterwasserschiff**. Diesbezüglich haben wir schon einige Kenntnisse aus Kapitel 15 im Zusammenhang mit der CWL erfahren und begnügen uns nun damit, die bekanntesten Vertreter noch einmal aufzuzählen:
– Schwertboote,
– Ballastschwertboote,
– Kielboote,
– Hubkieler,
– Kielschwerter,
– Kimmschwerter und Kimmkieler.

In Bezug auf die Art des **Rumpfes** können wir nur zwischen
– Ein- und
– Mehrrumpfbooten
unterscheiden.

Eine kleine Jolle kann mit einem Sliptrailer
leicht ins Wasser gesetzt werden.

Die weit überwiegende Zahl von Booten und Yachten gehört zu der ersten Kategorie, doch etliche Eigner schwören auch auf die positiven Eigenschaften der Mehrrumpfboote, insbesondere der Katamarane. Diese erzeugen mit ihren zwei schlanken Schwimmkufen sehr wenig Reibung im Wasser und fahren deshalb jedem Einrumpfboot locker davon. Demgegenüber muss als Nachteil gesehen werden, dass Katamarane aus bautechnischen Gründen nicht mit einem Kiel ausgerüstet werden und daher kenterbar sind. Für bewohnbare Hochseekats wäre noch zu erwähnen, dass diese wegen ihrer Breite in manchen Häfen Liegeplatzprobleme haben und allemal höhere Gebühren entrichten müssen.

Wegen der Vollständigkeit sei hier angemerkt, dass es auch Trimarane und Auslegerboote gibt, allerdings wohl selten auf Binnenrevieren.

Ein sehr wesentliches Merkmal, nach dem Segelboote voneinander zu unterscheiden sind, ist das **Rigg** (= die charakteristische Takelungsart). Da sollten wir als angehende Insider zumindest folgende Grundformen kennen:
– die Kat-Takelung,
– die Slup-Takelung,
– die Kutter-Takelung,
– die Ketsch,
– die Yawl,
– den Schoner,
– den Rah-Segler.

Ein **Kat**-Boot (das hat jetzt nichts mit Katamaran zu tun!) fährt mit einem Mast und einem Segel daran – fertig.
Eine **Slup** hat ebenfalls nur einen Mast, aber dazu ein Großsegel und ein Vorsegel. Dies ist die Takelungsart, mit der wohl die meisten Jollen ausgestattet sind.
Auf **Kuttern** können im Unterschied zur Slup zwei Vorsegel gefahren werden. Ein solches Rigg finden wir selten bei kleinen offenen Sportbooten, sondern mehr auf größeren Yachten ab etwa 12 m Länge.
Die **Ketsch** (auch: Ketch) ist ein Zweimaster mit dem vorderen Großmast und einem achteren und kleineren Besan-Mast, der innerhalb der CWL steht. Auch dies ist natürlich eine Takelungsart für größere Boote. Der Vorteil eines Zweimasters ist u. a. darin zu sehen, dass die Gesamtsegelfläche bei verschiedenen Windverhältnissen individueller verteilt werden kann als bei einer gleich großen Slup. Außerdem ist es für manche Crew oft einfacher, statt eines gewaltigen Großsegels zwei kleinere Tücher von entsprechend gleicher Gesamtgröße zu bedienen. Letztlich kann der Großmast einer Ketsch wegen des zusätzlichen Besans niedriger sein als der einer Slup. Dadurch verlagert sich der Segeldruckpunkt nach unten, das Boot wird nicht so schnell krängen.

Auch eine **Yawl** ist ein Zweimaster, aber im Unterschied zur Ketsch steht der Besan außerhalb der CWL, also sehr weit achtern, und das Besan-Segel ist häufig sehr klein geschnitten. Solche Boote finden wir überwiegend unter den so genannten Traditionsschiffen, insbesondere bei klassischen Holzbauten.

Ebenfalls mit zwei Masten ist der **Schoner** ausgerüstet, einem achteren Großmast und dem vorderen und kleineren Fockmast. Diese Takelungsart ist überwiegend bei größeren Yachten ab etwa 15 Metern Länge zu finden, jedoch längst nicht so verbreitet wie die Ketsch, obwohl ähnliche Vorteile anzumerken sind.

Einfaches Cockpit eines
nicht liebevoll gepflegten Bootes

Sämtliche vorstehenden Takelungsarten können wir in zwei Versionen antreffen, nämlich als **Hoch**-Takelung oder als **Gaffel**-Takelung. Bei der erstgenannten sind die Segel dreieckig mit Kopf, Hals und Schothorn, bei der anderen wird das Segel viereckig geschnitten und mit einer Gaffel gesetzt. Statt des Segelkopfes haben wir dann zwei Ecken, nämlich die **Klau** am Mast und die **Piek** an der Gaffelnock. Vorteile eines Gaffelriggs liegen darin, dass bei gleicher Segelfläche der Mast nicht so hoch sein muss wie bei der Hochtakelung. Im Übrigen sind gaffelgetakelte (Plattboden-)Schiffe besonders in Holland sehr verbreitet, wo sie mit ihrem oft braunen Segeltuch zur Landschaft gehören wie Milchkühe nach Ostfriesland.

Selbstverständlich gibt es auch die verschiedensten Kombinationen mehrerer Takelungsarten, sie alle hier aufzuführen, dürfte entschieden zu weit gehen. Auf Binnenrevieren werden wir jedoch überwiegend kat- und slupgetakelte Boote antreffen, die sich wegen der einfachen Handhabung ihrer Riggs durchgesetzt haben. Darüber hinaus wäre es auch wohl ziemlich unsinnig, auf einer Jolle von 6 Metern Länge eine Ketsch-Takelung oder ein Kutter-Rigg zu fahren.

Zur Komplettierung:

Rahsegler sind jedem von uns durch die beeindruckenden Bilder einer Windjammerparade bekannt: majestätisch wirkende Schiffe mit drei bis fünf Masten, bei denen die meist rechteckigen Segel an Querhölzern, den so genannten **Rahen**, gefahren werden (im Allgemeinen sechs Stück pro Mast). Diese Takelungsart erwähne ich nur der Vollständigkeit halber, auf Sportbooten ist sie natürlich so gut wie nie zu finden. Trotzdem: Wir staunen begeistert, wenn wir eine Drei- oder Fünfmastbark im Original erleben und unter Segel vorbeigleiten sehen. Diese Schiffe erinnern uns manchmal wehmütig an vergangene Zeiten voller Tradition und Romantik, und sie vermitteln uns den Duft der weiten See. Man muss sie gesehen haben!

Boote haben verschiedene **Spantenformen**. Gemeinsam mit dem Kiel und den anderen Längsverbänden bilden die Spanten bei Holzbooten das Gerippe, auf dem letztlich die Planken angebracht werden. Sie dienen der Versteifung des Bootskörpers und der Formgebung. Bei Kunststoffbooten gibt es ein solches Gerippe nicht mehr, trotzdem haben auch diese natürlich eine Querschnittsform wie Holzboote und werden entsprechend eingeteilt.

Man spricht unter Fachleuten von
- **Rund-Spant** (bei Jollen und Jollenkreuzern verbreitet),
- **S-Spant** (bei Kielschiffen),
- **V-Spant** (bei Verdrängern),
- **Knick-Spant** (bei Jollen und Dickschiffen).

Es gäbe noch eine Reihe von Kriterien, nach denen Segelboote bestimmten Gruppen zugeordnet werden könnten, als da sind die Beplankungsart, die Bug- oder Heckformen usw. Für eine A-Scheinprüfung müssten Sie sich auch damit beschäftigen, wir aber wollen uns das jetzt schenken und letztlich noch einiges über zwei **Geschwindigkeitsmerkmale** erfahren, nach denen Boote entweder
- **Verdränger** oder
- **Gleiter**
sind.

Alle Schiffe, auch die Sportboote, fahren grundsätzlich als Verdränger. Sie müssen mit dem Bug oder Steven das anströmende Wasser zur Seite und nach unten wegdrücken, alias: verdrängen. Wenn sie ihre maximale Geschwindigkeit erreicht haben (**Rumpfgeschwindigkeit**), werfen sie vorne eine Bugwelle und achtern eine Heckwelle auf und können dieses Wellensystem nicht überwinden. Selbst wenn ein starker Motor nachhelfen sollte, der Verdränger wird nicht schneller, er stampft sich gleichsam in seiner Bugwelle fest.

Die Höchstgeschwindigkeit ist bei jedem Boot abhängig von der Länge seiner Wasserlinie und kann nach einer bestimmten Formel berechnet werden (siehe Kapitel 31).

Insbesondere leichte Jollen haben nun die Möglichkeit, ihr eigenes Wellensystem zu überwinden und eine wesentlich höhere als die Rumpfgeschwindigkeit zu erreichen, indem sie nicht mehr als Verdränger, sondern als Gleiter fahren. Voraussetzung dafür ist ein flacher Rumpf, eine Windstärke ab etwa 4 Beaufort und eine etwas

Insbesondere Holzboote sollten in der Box durch eine Persenning vor Schmutz und Sonneneinstrahlung geschützt werden.

Offene Kutter (hier gaffelgetakelt) sind verbreitete Ausbildungsboote.

geschickte Mannschaft, die ihr Gewicht nach achtern trimmt und das Vorschiff entlastet, damit es sich leicht aus dem Wasser heben kann. Der günstigste Kurs für Gleitfahrt ist der halbe oder auch raume Wind.

Während des Gleitens wird die Bugwelle nicht mehr am vorderen Teil des Bootes aufgeworfen, sondern fast mittschiffs, das flache Heck rutscht reibungsarm über das Wasser, die Heckwelle entsteht erst weit hinter dem Spiegel. Wie eine leichte und flache Wanne schwimmt das Boot gut auf, es muss kaum noch Wasser verdrängen und zeigt während der Gleitfahrt ein hohes Maß an dynamischer Stabilität.

Kielyachten, Motorsegler sowie alle tief gehenden und schweren Boote müssen damit leben, dass sie sich nur als Verdränger im nassen Element tummeln können, dafür sind die leichten gleitfähigen Boote nicht hochseetauglich und auch kippeliger, wenn sie mangels ausreichendem Wind ebenfalls als Verdränger unterwegs sind. Jedes Für hat eben sein Wider.

Tauwerk gibt es in jeder Qualität und für jeden Verwendungszweck.

23 Knoten im Ende

Es gibt nicht wenig Sportarten und Hobbys, bei denen Taue, Schnüre, Seile, Bindfäden und auch Knoten gebraucht werden: Seilspringen und Tauklettern sind beliebt bei Kindern, Hochalpinisten bewältigen Gipfelstürme als risikoverbundene Seilschaften, der Angelhaken wird an einer Schnur ausgeworfen und Bungeejumping könnte ich mir ohne (Gummi-)Seil nicht so recht vorstellen.

Unabhängig davon wird unser gesamter Lebensalltag begleitet von Hunde- und Wäscheleinen, Kälber- und Galgenstricken, Richt- und Korsettschnüren, Paket- und Wurstbändern sowie Näh- und Ariadnefäden. Als Segler fallen wir also nicht besonders auf, wenn auch wir uns mit verknüpfungsfähigem Material befassen.

Der seemännische Oberbegriff *Tauwerk* umfasst alles von der Festmacherleine über Fallen, Schoten, Trimm- und Ankerleinen bis hin zu Stagen und Wanten. Vom Material her wäre zu unterscheiden zwischen Tauwerk aus
– Naturfasern (Baumwolle, Manila, Hanf),
– Kunstfasern (auf Polyesterbasis),
– Draht (rostfreier Stahl/V2A).

Verschiedene Eigenschaften sind bei der Verwendung insofern zu berücksichtigen, als Naturfasern sich bei Nässe (Regenwetter!) sehr zusammenziehen und bei Hitze (starker Sonnenstrahlung!) ausdehnen, Kunstfasern reagieren umgekehrt. Drahttauwerk findet fast ausschließlich Verwendung bei der Verstagung von Masten als Vor-, Achter-, Back-, Jump-, Baby-, Kutterstag oder als Ober- und Unterwanten (das muss man sich nicht merken, und Weiteres bezüglich Draht soll uns sowieso nicht interessieren).

Von größerer Bedeutung für den praktizierenden Segler ist die Herstellungsart des Tauwerks. Dieses ist entweder
– geschlagen (bzw. gedreht) und dadurch sehr fest und hart
oder
– geflochten und dadurch weich und griffig.

Diese Eigenschaften machen wir uns natürlich insofern zunutze, als wir das widerstandsfähigere Tauwerk vorwiegend für Festmacher und Fallen benutzen, das geflochtene eignet sich besser für handfreundliche Schoten. Bezüglich des Materials für Fallen ist es von zusätzlichem Vorteil, wenn dieses bei der Herstellung vorgereckt wurde, damit es – unter Spannung gebracht – nicht nachgibt und das Vorliek so dicht gesetzt bleibt, wie wir es haben wollen.

Spezialtauwerk gibt es heute in jeder Ausführung und für jeden sinnvollen Zweck, so u. a. Festmacher mit integrierten Ruckdämpfern, Leinen mit höchster Bruchlast bei geringer Stärke oder schwimmfähiges Material für Schleppleinen, die nicht unter Wasser und damit in die Schraube gelangen können. Nicht zu unterschätzen sind auch die modernen Farbgebungen, die heute bei der Herstellung möglich sind, um die verschiedensten Fallen, Schoten, Strecker und Trimmleinen bei schnellen Manövern problemloser unterscheiden zu können. Man sollte vor kostspieligen Neuanschaffungen möglichst den Rat eines Fachmannes einholen und kann sich dadurch viel Ärger wegen einer möglicherweise falschen Wahl ersparen.

Bevor Sie es von anderen erfahren: Offiziell ist das auf bestimmte Länge zugeschnittene Stück Tauwerk ein **Ende**, und die Enden von dem Ende sind die **Tampen**.
Erst durch den zugedachten Verwendungszweck mutiert ein Ende zu einer Schot, einem Fall, einem Festmacher oder einer Ankerleine. Sie sollten das aber nicht zu verbissen sehen: Bei mir auf dem Boot gibt es manchmal auch Bänder oder Strippen und dergleichen. Wenn allerdings ein Segelpuritaner in der Nähe ist, dann bemühe ich mich schon mal um die zünftigen Fachbegriffe – man könnte mich ja sonst für ein Greenhorn halten!

Tauwerk hat es so an sich, dass die Tampen (??? – ach ja!) mit der Zeit ausfransen und aufdröseln. Das sieht nicht gut aus und führt auch sehr schnell dazu, dass das Material unbrauchbar wird. Man schafft Abhilfe, indem die Tampen vor dem ersten Gebrauch durch einen **Takling** oder durch **Verschweißen** geschützt werden.

Angesetzter und fertiger Achtknoten

In den meisten Fällen werden wir es heutzutage mit Kunststofftau-werk zu tun haben, da reicht es, die Tampen in oder besser etwas über eine Kerzenflamme zu halten und zu warten, bis die End-fasern miteinander verschmolzen sind und sich später nicht mehr öffnen können.

Bei Tauwerk aus Naturmaterial hilft das Verschweißen nicht, da müssen die Tampen mit speziellem Takelgarn umwickelt und ver-näht werden. Ich könnte mir noch so viel Mühe geben, vom Lesen begreift man diese Technik kaum, deshalb bitte keine Hemmun-gen, einen Praktiker am Steg zu fragen – der macht es für Sie oder zeigt es Ihnen, ganz wie Sie wollen.

Wenn Sie seemännisch (noch) nicht so penibel sind, reicht es auch, wenn Sie die Tampen statt mit einem Takling zu versehen mit ein paar Lagen Tape oder Isolierband umwickeln und dieses notfalls gelegentlich erneuern. In vielen Fällen reicht auch das völ-lig aus, bringen Sie aber diesbezüglich lieber nicht meinen Namen ins Spiel, es wäre mir peinlich – denn ein Takling bleibt ein Takling!

Zum Segeln gehören die Knoten wie der Suppenlöffel zum Koch – denkt man. In Wahrheit gibt es Sportler, die mehrfach mit einem Boot die Welt umsegelt haben, ohne wesentlich mehr Kno-tenkenntnisse zu haben als jemand, der gelegentlich ein Postpaket verschnürt. Fest steht, dass einiges Fachwissen auf diesem Gebiet sehr gewinnbringend sein kann, und bei jeder A-Schein-Prüfung muss ein Kandidat so etwa zehn bis zwölf dieser Fingerfertigkeitsnachweise beherrschen.

*Ein Kreuzknoten dient
zum Verbinden
(etwa) gleich starker Enden.*

Seemännische Knoten (alias: Steke) zeichnen sich dadurch aus, dass sie
– schnell zu knüpfen sind,
– sicher halten und
– im Bedarfs- oder gar Notfall leicht gelöst werden können.

Nachfolgend zitiere ich aus einem Lehrbuch, wie z. B. ein **einfacher Palstek** (zum Festmachen an einem Pfahl) hergestellt wird: *Lege mit der rechten Hand das Ende der losen Part so auf die feste Part, dass der Daumen unten und der Zeigefinger oben liegt. Erfasse mit der linken Hand die feste Part und versuche von dir weg, unter gleichzeitiger Drehung der rechten Hand, ein Auge zu bilden, sodass der Zeigefinger von unten aus dem Auge heraussieht. Fahre mit dem Ende der losen Part über den Schnittpunkt des Auges hinweg hinter der festen Part her, und führe die lose Part wieder von oben zurück in das Auge. Dann hole den Stek steif.*

Merken Sie was? Das ist so verständlich wie die Moraltheorien des heiligen Konfuzius auf chinesischen Steintafeln – man begreift es nicht so ganz. Fairerweise muss ich anfügen, dass der Text durch Zeichnungen vervollständigt wird, aber auch das macht

Belegen einer Klampe mit Kreuzschlägen …

… und einem Kopfschlag

einem das Üben kaum leichter. Wir ziehen die Konsequenz, dass man die Herstellung eines Knotens in der Praxis sehen und nachmachen sollte, um nicht zu verzweifeln. Sie werden Mitsegler kennen, die Ihnen da gerne zur Seite stehen, und im Handumdrehen haben Sie das notwendige Grundwissen.

Als Minimalanspruch würde ich empfehlen,
– den Achtknoten,
– den Kreuzknoten,
– eineinhalb Rundtörns mit zwei halben Schlägen sowie
– das Belegen einer Klampe
zu üben und schließlich zuverlässig herstellen bzw. ausführen zu können.

Der **Achtknoten** wird grundsätzlich in die Tampen jeder Schot gemacht, um ein Ausrauschen durch Leitösen oder Blöcke (Rollen) zu verhindern. Es kann sonst passieren, dass Sie nach einer Wende die neue Leeschot dichtholen wollen, und diese ist nicht greifbar, weil das im Wind schlagende Segel sie aus der Leitöse im Cockpit herausgezogen und ins Wasser gewirbelt hat.

Der **Kreuzknoten** dient zum Verbinden von zwei etwa gleich starken Enden, z. B. Schleppleinen und anderen.

Mit eineinhalb **Rundtörns** (Wicklungen) und zwei zusätzlichen **halben Schlägen** (gewöhnlichen Knoten) können Sie jedes Boot an Pfählen, Stangen, Pollern oder Metallringen sicher festmachen.

Das **Belegen einer Klampe** mit **Kreuzschlägen** und einem **Kopfschlag** sollten wir unbedingt üben, weil damit die meisten Boote in den Boxen festgemacht werden.

Wenn Sie anfangs noch unsicher sind, ob das Ergebnis Ihrer Bemühungen der richtige Knoten ist, dann vergleichen Sie bitte mit den hier zugehörigen Fotos. Sehr bald werden Sie einer solchen Kontrolle nicht mehr bedürfen und stellen vielleicht sogar fest – wer hätte das gedacht! –, dass Sie eine Begabung fürs Knotenknüpfen haben. Mancher wird sich sogar dem Fancywork zuwenden wollen, um schließlich so tolle Dinge wie den „Türkischen Bund" oder den „Zweipartigen Diamantknoten im laufenden Ende" herzustellen – lange Winterabende sind gerettet!

24 Was man so sieht und hört

Wer nur auf kuscheligen Baggerseen und anderen Binnenrevieren von der Art betauter Wiesen umhersegelt, hat im Bereich des Optischen und Akustischen wenig zu beachten. Allenfalls entdeckt er mal ein Schild mit der Aufschrift „Privat! Nicht anlegen!", das hat aber nichts mit See- und Schifffahrtszeichen zu tun.

Auch auf hoher See wird man nie eine Boje als Fahrwasserbegrenzung, auch keine Ver- und Gebotszeichen oder Hinweistafeln zur Regulierung des Schiffsverkehrs entdecken – in der Weite der Ozeane und Meere reicht ein Minimum an Vorschriften, um ein reibungsloses Miteinander der Wasserfahrzeuge zu gewährleisten. Je näher es aber in Richtung Küste geht, desto mehr gibt es an notwendigen und sinnvollen Vorschriften zu beachten. Logisch, denn vor den Flussmündungen und Hafeneinfahrten treffen auf engerem Raum all die wieder zusammen, die sich vorher weit draußen getummelt haben: Sportboote und die Gewerblichen. Dazu kommen all jene, die ihre Nase nur mal kurz in den Wind stecken wollten und über Binnen- oder Küstenrevier nicht hinausgegangen sind. Diesseits der hohen See ist also manchmal ganz schön was los, da geht es nicht ohne stramme Regeln.

Wer jederzeit korrekt und auf Nummer sicher mit seinem Boot unterwegs sein will, muss zumindest wissen, was auf dem von ihm befahrenen Haus- bzw. Urlaubsrevier für Auge und Ohr geboten wird und was es dementsprechend zu beachten gibt. Können andere uns auf Fragen nicht weiterhelfen, dann kann das bestimmt eine Ausgabe der Binnenschifffahrtsstraßenordnung, in der wir jederzeit nachschlagen sollten, wenn irgendwelche Unklarheiten bestehen. Machen Sie bitte nicht den Fehler, dass Sie sich unbekümmert aufs Wasser begeben und hinsichtlich der Verbote, Beschränkungen und anderer Regelungen nicht ausreichend informiert sind – es wäre leichtsinnig!

Einiges zu den optischen Zeichen:
Gott sei Dank sind die meisten davon genau so leicht und unkompliziert zu verstehen wie die heutigen Piktogramme auf

Signaltafeln hat man entweder
im Kopf oder im Cockpit.

einem Flughafenterminal. Dort sind die Reisenden aus entlegens-
ten Ländern ohne weiteres in der Lage, ein Telefon, die Herren-
toilette oder einen Duty-free-Shop zu finden, ohne diesbezüglich
schriftliche Hinweise entziffern zu müssen: Pfiffige Symbole und
Zeichen weisen den Weg.

   Ähnlich einfach geht es manchmal auf unseren Wasserwegen
zu, und ich möchte den sehen, der ein Schild mit einem rot durch-
strichenen Anker nicht zu deuten wüsste – na also! Allerdings
gibt es natürlich auch einige Zeichen, die wir nicht ganz leicht
übersetzen können, da hilft nur, sich zu informieren, damit wir im
Falle eines Falles nicht ahnungslos sind. Am intensivsten haben
diejenigen zu lernen, die auf Flüssen wie z. B. Rhein oder Elbe
gemeinsam mit der Berufsschifffahrt unterwegs sind und somit
auch die Signale verstehen und in ihre Manöver einbeziehen müssen, die von den „Dickschiffen" gegeben werden – die Binnenseen in Mecklenburg-Vorpommern, Bayern oder Schleswig-Hol-
stein machen da weniger Arbeit.

Ich empfehle, dass auf Gewässern mit umfangreichen Regelungen zur eigenen Sicherheit passende Unterlagen mitgeführt werden, aus denen im Bedarfsfall sehr einfach die Bedeutung von Schifffahrtszeichen abgelesen werden kann. Die Hinweiszeichen für eine Brückendurchfahrt falsch zu interpretieren oder zu ignorieren, könnte schon recht fatale Folgen haben. Es gibt deshalb im maritimen Buchhandel leicht zu verstauende und sogar wasserfest aufgemachte Hilfsmittel, die jeder Skipper unbedenklich und zu jeder Zeit griffbereit an Bord dabei haben sollte, zumal sie den sensiblen Gewichtstrimm seines Bootes wirklich nicht negativ beeinflussen. So kann bei gegebener Notwendigkeit auch nachgeschlagen werden, welches Zeichen das letzte Fahrzeug eines Schleppverbandes führt (einen gelben Ball), oder wie ein Saugbagger im Einsatz gekennzeichnet ist, der nur an seiner Backbordseite passiert werden darf (rotweiße Flagge an Backbord, rote Flagge an Steuerbord) – wer sollte das und Schlimmeres denn ständig im Kopf haben!?

Müssen wir als Sportbootsegler einerseits wissen, was uns an optischen Regelungen von anderen gezeigt werden kann, so haben wir andererseits zumindest in zwei Fällen selbst durch vorgeschriebene Sichtzeichen auf uns aufmerksam zu machen:
– Schon in Kapitel 19 haben wir zur Kenntnis genommen, dass der Ankerlieger einen schwarzen Ball im vorderen Teil des Bootes zeigen muss;
– des Weiteren haben wir einen schwarzen Kegel (Spitze nach unten!) zu führen, wenn wir segeln **und** gleichzeitig einen Motor mitlaufen lassen. Sie wissen bereits, dass wir dann als ein Motorfahrzeug gelten und uns bezüglich des Wegerechts entsprechend zu verhalten haben – Raum den Seglern!

Ein paar Anmerkungen noch für diejenigen, die beim Befahren von Flüssen oder anderen Revieren mit der Betonnung von Fahrrinnen zu tun haben.
Etwas vereinfacht gesagt, unterscheidet man rote Tonnen mit stumpfen Toppzeichen zum rechten Flussufer und grüne Tonnen mit spitzen Toppzeichen zum linken (jeweils in Fließrichtung). Anders formuliert: Von See kommend (z. B. aus dem Watten-

meer), sehen wir an Backbord rot/stumpf und an Steuerbord grün/spitz.

Die Kennzeichnung der Fahrwassertonnen erfolgt mit fortlaufenden Zahlen auf den roten und mit Buchstaben auf den grünen, sodass man durch Vergleich mit der Revierkarte jederzeit seine augenblickliche Position überprüfen kann, oder durch sorgfältiges Mitzählen von Tonne zu Tonne sicherstellt, dass der richtige Fahrweg eingehalten wird. Vor allem aber ist innerhalb des gekennzeichneten Fahrwassers gewährleistet, dass die in der See- oder Revierkarte eingetragene Wassertiefe jederzeit gegeben ist. Boote mit relativ großem Tiefgang halten sich also tunlichst innerhalb der Betonnung auf, wir mit unseren kleinen Segelbooten können in eigener Verantwortung auch außerhalb der vorgegebenen Fahrrinne dem Ziel entgegensteuern. Das hat den Vorteil, beim Aufkreuzen mehr Platz zu haben, und ganz besonders, dass wir nicht ständig auf Tuchfühlung mit der gewerblichen Schifffahrt sind.

Was den Augen recht ist, sollte den Ohren billig sein – auch akustisch gibt es gelegentlich einiges wahrzunehmen und zu beachten. Wir als Eigner oder Mitsegler auf Kleinfahrzeugen müssen zwar selbst keine „Tonsignale" geben, sehr wohl aber in der Lage sein, diese zu verstehen, wenn die gewerbliche Schifffahrt sie einsetzt.

Ähnlich wie im sicherlich dem Namen nach vertrauten Morsealphabet (wer kennt nicht das Notsignal dreimal kurz – dreimal lang – dreimal kurz für SOS!?) werden kurze und/oder lange Töne abgegeben, die mit festgelegten Bedeutungen verbunden sind. Dabei hat ein langer Ton die Dauer von etwa vier Sekunden, ein kurzer Ton von etwa einer Sekunde.

Aus der Fülle des Angebotes sollten wir wenigstens die nachstehenden akustischen Signale kennen, wenn wir unser Revier mit der gewerblichen Schifffahrt teilen:

– einmal lang   (–)   = *Achtung!*
– einmal kurz   (•)   = *Kursänderung nach Steuerbord*
– zweimal kurz (••)   = *Kursänderung nach Backbord*
– dreimal kurz (•••)   = *Maschine geht rückwärts*
– viermal kurz   (••••)   = *Fahrzeug ist manövrierunfähig.*

Alles andere entnehmen wir mitgeführten Hilfsunterlagen, die im Bedarfsfall zu Rate zu ziehen sind. Ich glaube, auch viele gestandene Segelpraktiker könnten aus dem Gedächtnis nicht angeben, was „dreimal lang, zweimal kurz" bedeutet (= Ein- oder Ausfahrt bei Häfen oder Nebenwasserstraßen mit Kursänderung nach Backbord), aber wenn dieses Signal gegeben wird, muss jeder informiert sein oder sich informieren können, um angemessen zu reagieren und keine unnötigen Gefahren heraufzubeschwören.

Was für die optischen Zeichen gilt, sollte auch für die Akustik selbstverständlich sein: Keine Leichtsinnsfehler durch Unkenntnis oder Ignoranz! Jeder wird in etwa wissen, mit welchen Kompliziertheiten auf seinem Heimatgewässer zu rechnen ist und kann dementsprechend seine Lernwilligkeit ausrichten. Wenn ich in der Saison einige Male von einem ablegenden Rundfahrtdampfer mit „dreimal kurz" angeblafft werde, dann brauche ich nicht mehr nachzublättern, sondern weiß spontan, dass die Maschine des „Dicken" jetzt im Rückwärtsgang läuft und ich ihm Raum geben muss, falls ich mich in seinem Heckbereich aufhalte.

Wer Segeln gedanklich nicht nur mit Sonnenschein verbindet, wird möglicherweise auch bei Dunst, Nebel, Regenwetter, in der Dämmerung oder gar auch des Nachts auf dem Wasser anzutreffen sein. Dadurch ergeben sich nicht selten ganz neue Reize und Aspekte für unser Hobby, vor allem aber auch die Verpflichtung zur Führung vorgeschriebener Lichter!

Wann welche Lichter wie und wo zu führen sind, ist umfangreicher Prüfungsstoff für die Erteilung von Segelscheinen. Das Abfragewissen beginnt bei der schlichten Ankerlaterne und endet bei der achterlichen Kennung eines vorausfahrenden Schubverbandes, der geschleppt wird – was es nicht alles gibt! Wenn auf Ihrem Revier solche Ungetüme zu Hause sind, dann hilft es nichts: Die Lichterführung wird eingepaukt, oder – na klar! – wir haben zumindest mal wieder die einsehbaren Unterlagen an Bord, um uns im Zweifel zu informieren.

Bootslaternen

Ein paar Kleinigkeiten sollten wir auf jeden Fall jederzeit präsent haben:

– Lichter sind grundsätzlich zu führen bei Nacht und bei unsichtigem Wetter.

– Als Nacht gilt der Zeitraum von Sonnenuntergang bis Sonnenaufgang.

– Kleinfahrzeuge unter Segel haben zumindest ein festes weißes Rundumlicht im Mast-Topp zu führen. Bei Annäherung eines anderen (Klein-)Fahrzeugs sind mit einer Hand- oder Taschenlampe zusätzlich die eigenen Segel anzuleuchten. Es geht nicht darum, gut zu sehen, sondern gut gesehen zu werden.

– Die fest installierten Lichter müssen bestimmten Bauvorschriften entsprechen, Eigenbauten sind nicht zulässig.

– Wer keine vorgeschriebenen Lichter an seinem Boot installiert hat, darf nachts und bei unsichtigem Wetter nicht segeln oder motoren.

Ohne in spitzfindige Einzelheiten einzutauchen, sollten uns noch ein paar grundsätzliche Dinge interessieren.

Für größere Sportboote und insbesondere für die Berufsschifffahrt reicht natürlich nicht mehr die Ausstattung mit einem einzigen Rundumlicht. Aber auch, wenn wir damit auf unseren kleinen Jollen und „Mini-Yachten" keine beachtenswerten Probleme haben, ist es doch wertvoll zu wissen, nach welchem System und mit welcher Logik die weitergehende Lichterführung aufgebaut ist, damit wir in die Lage versetzt sind zu beurteilen, was da so rings um uns herum dampft und segelt.

Warum hat man die Sache eigentlich nicht so wie beim Auto geregelt, vorne zwei Scheinwerfer und hinten zwei Rücklichter? Gute Frage, aber die Verhältnisse und Anforderungen auf dem Wasser sind nun doch etwas anderer Art als an Land. Ein Boot oder Schiff liegt unruhiger auf den Wellen als eine Limousine auf der glatten Autobahn, Scheinwerfer würden ständig den Gegenverkehr blenden. Besonders ist beim Seeverkehr aber zu berücksichtigen, dass Verkehrsteilnehmer aus jedem denkbaren Winkel aufeinander zufahren können, nicht nur von vorn oder aus einer gekennzeichneten Nebenstraße. Unter diesen Gegebenheiten ist die Lichterführung für Wasserfahrzeuge raffiniert ausgedacht, weil durch Konstellation und Zuordnung bestimmter Positionslampen schon von weitem der Kurs, die Größe und der Typ eines Bootes oder Schiffes zu erkennen sind.

Das wird dadurch erreicht, dass die Lichter in verschiedenen Farben leuchten oder blinken, und dass sie nur festgelegte Sichtwinkel haben. In der „Grundversion" zeigt z. B. ein Fahrzeug (= ab 20 Meter Länge), das sich in Fahrt befindet, folgende Positionslampen:

– An Backbord rot, zu sehen über einen Winkel von recht voraus bis zwei Strich achterlicher als querab – ! ? ! ? ! ?

Das klingt so gewaltig und ist doch mal wieder sehr einfach. Wir erinnern uns an das Kapitel über Wind und Wetter (Nr. 9) und wissen, dass ein Strich die Winkelgröße von 11,25 Grad ist. Von recht voraus (also genau von vorn) bis querab beschreibt einen Winkel von 90 Grad, bei zwei Strich achterlicher als querab kommen insgesamt 22,5 Grad hinzu, sodass die Backbordlaterne einen Gesamtwinkel von 112,5 Grad bescheint und nur innerhalb dieses Bereichs für andere sichtbar ist.

- An Steuerbord grün, zu sehen über einen Winkel wie vorstehend, allerdings natürlich nur an Steuerbord.
- Am Heck ein weißes Licht, zu sehen über einen Winkel von recht achteraus bis jeweils zwei Strich achterlicher als querab an Backbord **und** an Steuerbord. Die Hecklaterne bescheint also genau den Sektor, der vom Backbordrot und Steuerbordgrün nicht ausgefüllt wird, das sind 135 Grad.
- Nur Maschinenfahrzeuge müssen zusätzlich noch ein Topplicht führen, das den gleichen Sichtwinkel hat wie Rot und Grün zusammen, aber höher angebracht ist – können Sie es selbst formulieren? Zur Kontrolle: Von zwei Strich achterlicher als querab an Backbord über recht voraus bis zwei Strich achterlicher als querab an Steuerbord, das macht 225 Grad.

Warum nur, warum sollte ich das alles wissen? – so wird mancher entnervt fragen. Muss man nicht: Wer's ohne Schwierigkeiten behalten kann, ist gut dran, für die anderen ist es zunächst ausreichend, sich zu merken, dass verschiedene Lichterkonstellationen je nach Begegnungswinkel zweier Boote möglich sind:

- Fahren zwei Maschinenfahrzeuge aufeinander zu, so sieht jeder die grüne Steuerbordlaterne des Gegenkommers, rechts daneben die rote Backbordlaterne und zusätzlich über diesen beiden das weiße Topplicht.
Um die Gefahr eines Zusammenstoßes zu vermeiden, müssen beide Schiffe ihren Kurs jeweils angemessen nach Steuerbord versetzen. Sie begegnen sich dann Backbord an Backbord – wie der Seemann sagt: Rot an Rot hat keine Not.
- Fahre ich von achtern als Überholer an ein anderes Fahrzeug heran, so habe ich dessen weißes Hecklicht in Sicht – kein Grün, kein Rot.
- Laufen zwei Fahrzeuge parallel nebeneinander, so erkennen sie sich jeweils an den entsprechenden Seitenlaternen, bei mitlaufender Maschine in Verbindung mit einem Topplicht.

Andere Beleuchtungsschikanen werden Sie sich selbst ausdenken können, und wer häufiger des Nachts unterwegs ist, wird das sinnvoll durchdachte System irgendwann begreifen und manchmal bewundern. Das Ganze ist eine halbe Wissenschaft für sich, und es bedarf schon einiger Erfahrung, in Sicht kommende Positionslaternen nicht nur zu registrieren, sondern die gegenseitigen Verschiebungen zu beobachten und richtig zu interpretieren.

Im Zusammenhang mit dem Reffen von Segeln hatte ich Ihnen vermittelt, dass die „drei R" für rechtzeitig, reichlich und richtig beachtenswert sind. Auch in Bezug auf Fahrten unter erschwerten Sichtbedingungen wie Nacht und Nebel möchte ich Ihnen gerne drei R ans Herz legen:
– **rrr**echtzeitig die Lichter an,
– **rrr**echtzeitig die Geschwindigkeit drosseln,
– **rrr**echtzeitig die notwendigen Ausweichmanöver fahren!!! Anhand der Positionslaternen ist die Entfernung zu einem anderen Fahrzeug nicht immer so genau zu schätzen wie bei hellem Tageslicht, deshalb ist noch umsichtiger zu agieren, als wir es ohnehin tun sollten.

Wenn Sie irgendwann einmal einen Segelführerschein machen, so wird zumindest das Thema Lichterführung Sie zwingen, intensiv zu büffeln. Als Belohnung gehören Sie dann zu jenen Erwählten, die wissen, ab welcher Schiffsgröße zwei Topplichter gefahren werden, wie sich eine frei fahrende von einer nicht frei fahrenden Fähre unterscheidet, wer im Topp Rot über Grün zeigen darf, aber nicht muss, oder welche Lichter ein gaffelgetakeltes Unterseeboot im Wattenmeer führt.

Letzteres war natürlich nur ein Joke, aber ähnlich kompliziert ist es schon!

25 Auf und davon

Für Regattasegler ist es die selbstverständlichste Sache der Welt: In der Saison so etwa ein Dutzend Mal karren sie ihr Boot über Autobahnen und Landstraßen zu anderen Revieren, um dort engagiert um Ranglistenplätze und Pokale zu kämpfen. Doch auch wir anderen können den schönsten See vor der Haustür haben – irgendwann zieht es uns in die Ferne, um seglerisch etwas Neues auszuprobieren.

Ob im Urlaub oder an einem verlängerten Wochenende, zeitliche Möglichkeiten findet jeder. Schwieriger ist es gelegentlich, sich für eines der vielen sich anbietenden „Alternativ-Gewässer" zu entscheiden, oft bestätigt sich da wohl das Motto von den (landschaftlichen) Gegensätzen, die sich anziehen.

Der Norddeutsche möchte gerne mal bayerische Seen kennen lernen, den Südbewohner zieht es zur Mecklenburgischen Seenplatte, der Rheinländer hat Lust auf das Wattenmeer, und alle zusammen liebäugeln mit dem Gardasee oder träumen von schwedischen Fjorden – für jeden Geschmack ist etwas dabei.

Bevor wir uns überhastet auf und davon machen, ist es ratsam, sich vor allem erst einmal um einen Gastliegeplatz zu kümmern. Durch direkte Kontaktaufnahme mit dem Hafenmeister oder der örtlichen Gemeindeverwaltung unseres Traumreviers kann man das Notwendige regeln und sich bei der Gelegenheit gleich erkundigen, ob auf dem für uns noch fremden Gewässer eventuell Motoren zugelassen sind, was für Besonderheiten es zu beachten gibt und welche Liegegelder, Slip- oder Krangebühren entstehen.

Auch für grundsätzliche Wetterbedingungen sollte sich jeder vorab ein wenig interessieren. Natürlich kann niemand verbindlich vorhersagen, ob wir mit Sonne oder Regen empfangen werden, es ist aber schon ein Unterschied, ob man die Windbedingungen des vom Küstenklima beeinflussten Nordens erlebt oder die meist etwas ruhigeren Zonen Süddeutschlands, wo allerdings Sturmböen bei Gewitter oder Föhnlagen ganz schön happig werden können. Windstärke 6 auf überschaubaren Binnenseen ist eine tolle Sache, das Gleiche auf dem Wattenmeer bedeutet für kleinere Sportboote oft die Grenze des Möglichen.

Zusammengefasst sollten uns im Rahmen einer sorgfältigen Törnvorbereitung folgende Punkte am Herzen liegen:
– Die Entfernung des Reviers (Bei einem mehrwöchigen Urlaub wären auch 800 Kilometer und mehr nicht zu weit, für ein verlängertes Wochenende eigentlich schon.)
– Habe ich genug Erfahrung für die mich erwartenden Bedingungen? (Spezielle Windverhältnisse, Strömung, Tide, Schleusen)
– Ist eine (befristete) Zulassung für das Urlaubsrevier zu beantragen?
– Sind besondere Ausrüstungen vorgeschrieben oder notwendig?
– Brauche ich einen Motor?
– Welche Papiere sind erforderlich? (Segelscheine, Sportbootführerschein, Eignernachweis)
– Welche Befahrens-Gebote und -Verbote gibt es?
– Ist ein passender Kran oder Slip vorhanden, damit das Boot zu Wasser gebracht werden kann?
– Sollte ich mir Kartenmaterial für das Revier besorgen?
– Welche Kosten werde ich haben?

Der Jollenkreuzer liegt urlaubsklar auf dem Trailer.

All diese Dinge sind leicht zu regeln, möglichst schon sehr rechtzeitig vor der Abreise und nicht holterdiepolter in letzter Minute; dann wird eh einiges vergessen, und wegen einer misslichen Kleinigkeit gerät der Urlaub in Schieflage.

Das gilt auch für die Ausrüstung und das Zubehör Ihres Bootes. Auf einem begrenzten Heimatrevier haben Sie möglicherweise außer Bootshaken und Paddel nichts „Belastendes" an Bord, beim Tourensegeln auf fremden Gewässern reicht das nicht aus. Im Sinne einer verantwortungsvollen Törnplanung sind folgende Ausrüstungsgegenstände zu empfehlen:

Zwei (!) Paddel, ein Bootshaken, pro Crewmitglied eine Schwimmweste, Anker, Festmacher, Ersatz-Tauwerk, Takel- und/oder Taschenmesser, Verbandskasten, Lenzpumpe, Schöpfeimer, Werkzeug mit einigen Schäkeln, Splinten, Sicherungsringen, Isolierband u. Ä., rote Flagge, eventuell Kompass, Fernglas und Revierkarten.

Wenn es dann endlich so weit ist, dass wir das Boot aus dem Becken des Heimathafens herausholen und auf den Trailer packen, sind eigentlich die gleichen Handgriffe erforderlich wie an jedem Saisonende zur Vorbereitung auf das Winterlager: Es wird abgetakelt, das heißt, wir müssen das gesamte Rigg abbauen bzw. transportfähig flach legen. Es empfiehlt sich, dabei besonders sorgfältig zu arbeiten, denn es ist ein Unterschied, ob wir mal eben um die Ecke ins Winterlager fahren oder mehrere hundert Kilometer über Asphalt und Kopfsteinpflaster zu einem anderen Revier. Wenn da nicht alles „kunstflugtauglich" festgezurrt und verpolstert ist, gibt es die bösesten und gleichzeitig unnötigsten Macken und Schrammen bis hin zu dem Malheur, dass uns das Boot vom Trailer rutscht.

Jeder wird wissen, ob er sein Boot per Slipanlage oder mithilfe eines Krans aus dem Wasser hieven muss. Die Trailerauflagen sollten besonders bei längeren Transporten ausreichend dimensioniert sein, damit es keine Druckstellen und Einbuchtungen am Bootsrumpf geben kann. Nachdem die Wanten etwas loser gemacht sind und der Mast gelegt ist, sollte dieser – mit der Nut nach oben – möglichst so festgezurrt werden, dass er vorn und achtern beim Boot aufliegt und etwa in der Mitte ein wenig nach unten durchgebogen wird, damit er unter Spannung liegt und das Material beim Transport nicht arbeitet.

Der Baum und die Ruderanlage werden rutschfest und abgepolstert im Cockpit verstaut, alle Stage und Wanten müssen mit Bändseln so gesichert sein, dass sie nicht außenbords hängen und andere Verkehrsteilnehmer gefährden können. Ob man die Segel im Boot transportiert oder in den Kofferraum des Autos packt, hängt von den gegebenen Platzmöglichkeiten ab. Auf jeden Fall würde ich den Verklicker vom Mast-Topp abnehmen, er könnte durch starken Fahrtwind oder unbeabsichtigtes Anstoßen beim Hantieren mit dem Boot leicht verbiegen oder vorzeitig ausfransen.

Der Bootskörper wird auf den meisten Trailern vorn am Bug arretiert und zusätzlich mit zwei Spanngurten (notfalls Leinen) festgebunden. In Ihrem eigenen Interesse gehe ich davon aus, dass der Hänger bezüglich der Verkehrsvorschriften absolut in Ordnung ist. Konnte man da in zurückliegenden Zeiten manchmal die abenteuerlichsten Gespanne erleben, von denen man sich gerne weiträumig freihielt, so hat sich das ein wenig gebessert, seit der TÜV ein Wörtchen mitredet.

Wenn Sie nun noch ein hübsches, vor allem gut sichtbares rotes Tuch an den meist nach achtern überstehenden Mast binden und allzeit Tempo 80 als Höchstgeschwindigkeit einhalten (100 km/h unter bestimmten Voraussetzungen), werden Sie mit größter Wahrscheinlichkeit relaxed und erwartungsfroh an Ihrem Traumrevier ankommen. Gute Fahrt!

Sobald wir unseren Zielhafen erreicht haben, sollte der erste Weg zum Hafenmeister führen. Dieser wird uns (verabredungsgemäß?) einen Liegeplatz zuteilen, die Hafenordnung erklären oder als Merkblatt aushändigen, bei Bedarf den Kran vorbereiten und auf jeden Fall unsere Fragen nach Wetterbedingungen, Revierbesonderheiten oder Zahlungsmodalitäten gern beantworten.

Da Liegegelder im Allgemeinen nach Schiffsgröße abkassiert werden (übrigens auch Schleusengebühren, und zwar nach Länge mal Breite), ist es nicht allzu verwunderlich, dass viele Eigner, die sonst mit ihren Bootsdaten prahlen, in diesem Falle gerne mal untertreiben. Da muss jeder selbst beurteilen, wie weit er das

Mit dem Einkranen oder Einslippen beginnt der Urlaub auf einem fremden Revier.

Spielchen treibt. Man sollte die Kenntnisse vieler Hafenmeister jedoch nicht unterschätzen: Die meisten von ihnen wissen besser Bescheid als mancher von uns, und sie wundern sich im Stillen, wie doch gelegentlich um ein paar Mark Liegeplatzgebühren gefeilscht wird.

Für ganz schlimm halte ich es allerdings, wenn sich jemand nach Beendigung eines Hafenaufenthaltes klammheimlich im Morgengrauen davonmacht und quasi „Boxen-Prellerei" begeht. Das schadet dem Ansehen der gesamten Seglergemeinschaft und ist zumindest kein Kavaliersdelikt.

Wir sind nun aber erst mal heil angekommen und müssen unser Boot wieder auftakeln, also die gesamte Takelage funktionsfähig aufbauen. Dazu kann ich mir weitere Ausführungen ersparen bis auf den Hinweis, dass der Verklicker gerne mal vergessen wird: Also diesen bitte vor dem Aufrichten des Mastes anbringen, wenn man sich doppelte Mühe sparen will.

Nach der Arbeit das Vergnügen: Sobald das Boot fix und fertig hergerichtet und zu Wasser gelassen ist, können wir uns freudigst dem neuen Revier widmen und hoffentlich schöne Tage oder gar Wochen genießen.

Sind Sie mit der Jolle und einem Zelt unterwegs oder mit einem kleinen Kajütboot, so werden eventuell noch andere Häfen angelaufen. Auch hier führt der erste Weg jeweils zum Hafenmeister, nachdem man zunächst nur provisorisch an geeigneter Stelle festgemacht hat.

Das richtige Verhalten beim Schleusen will gelernt sein. Es beginnt damit, dass nur bei grünem Licht eingelaufen wird und (falls vom Personal nicht anders angeordnet) auf jeden Fall nach der Berufsschifffahrt. Von dieser sollte man etwas respektvollen Abstand halten, das wirbelnde Schraubenwasser eines Kümos (= Küstenmotorschiff) kann einem kleinen Sportboot böse zu schaffen machen. Während des Schleusens sind die Festmacherleinen vorne und achtern unbedingt auf Slip zu halten und ständig zu fieren bzw. dichtzuholen. Es kann sonst passieren, dass Ihr Boot beim Aufwärtsgang mit länger werdender Leine wie wild durch die Schleusenkammer driftet oder beim Absenken des Wasserspiegels plötzlich mit „singenden Seilen", die wie Gitarrensaiten gespannt sind, an der Mauer hängt.

Die Entrichtung der fälligen Gebühren geschieht entweder vor oder nach dem Durchgang, in Holland wird Ihnen nicht selten per Angelschnur ein Holzschuh ins Cockpit gereicht. Das ist zünftig und eigentlich empfehlenswert, aber Kiel-Holtenau und andere können sich zu diesem Kundenservice noch nicht durchringen, da ist es manchmal gut, wenn Sie ein schnellfüßiges Crewmitglied an Bord haben.

Wer gerne andere Reviere erleben möchte, sich aber die ganze Tüdelei mit dem Trailern ersparen will, der kann jederzeit und überall ein Boot chartern. Von der Jolle im Ferienzentrum bis zur 20-Meter-Yacht in der Karibik ist für gutes Geld alles zu haben.

Als noch nicht so erfahrener Segler könnte man in einer der zahlreich existierenden Feriensegelschulen einen Grund- oder

Einführungskurs buchen, um von der Pike auf den richtigen Eindruck zu gewinnen.

Wem es zunächst nur darum geht, ein bisschen Seglerromantik zu erleben, der bucht einen Kojenplatz auf einem größeren Schiff mit fester Crew. Dort kann man sich je nach Laune erholsamem Müßiggang hingeben, oder man darf bei Manövern auch an Schoten und Fallen zerren, um seinen Teil zum richtigen Trimm beizutragen. Angebote für jeden Geschmack findet man in seitenlang aufgelisteten Annoncen bekannter Fachzeitschriften. Die freundlichsten Texte beinhalten allerdings nicht immer das beste Angebot, man sollte sich deshalb vor der Buchung sorgfältigst informieren!

Bei allen vielgestaltigen Möglichkeiten, die einem heutzutage manchmal die Wahl schwer machen, bleibt es für die meisten Bootseigner eine Sache von besonderem Reiz, auf eigenem Kiel „die Welt" zu erobern, natürlich oft unter Verzicht auf Komfort und Bequemlichkeit. Mit einem kleinen Sportboot und aus eigener Kraft ein völlig neues Revier zu erkunden, kann jedoch wesentlich mehr bedeuten, als Cocktail schlürfend vom Achterdeck einer schnieken Yacht den Sonnenuntergang vor Menorca zu genießen. Weniger ist manchmal eben erheblich mehr, das erlebt man auch in anderen Bereichen, wie z. B. beim Bergsteigen: Der eine quält sich mühevoll zu Fuß bis zum Gipfel vor, ein anderer bevorzugt die Seilbahn – glücklich sind vermutlich beide, wenn sie ins ferne Tal zurückblicken.

26 Natürlich

Wir leben in einem Zeitalter der Technik. Schon Kinder sind eher in der Lage, einen Videorecorder zu bedienen oder das Mittagessen in der Mikrowelle aufzuwärmen, als ein Buch zu lesen oder das kleine Einmaleins herunterzubeten. Statt mit einem Teddy beschäftigen sie sich lieber mit einem Tamagotchi oder Gameboy, und Computerspiele scheinen allemal interessanter zu sein als Halma oder Monopoli. Bei den Erwachsenen ist es nicht anders: Viele kennen mehr Automarken als Vogelarten und sprechen statt mit dem Nachbarn von gegenüber lieber per Online mit einem Fremden in Übersee.

Wer in solcher Zeit ein Hobby wählt, das nur im Einklang und in Harmonie mit der Natur zu betreiben ist, dokumentiert dadurch, dass er zumindest gelegentlich der Hektik und dem Stress des Alltags entfliehen möchte, indem er sich bewusst untechnischen und traditionsgebundenen Dingen zuwendet.

Verglichen mit anderen heutigen Fortbewegungsmöglichkeiten ist das Segeln als absolut antiquiert einzustufen: langsam, teuer, umständlich, abhängig von den Launen der Natur.

Sie haben Recht: Es gibt auch Yachten mit so viel Hightech an Bord, dass man glaubt, in einem Flugzeugcockpit zu sitzen. Wie aber schon in anderem Zusammenhang mehrfach betont, interessieren uns in diesem Buch mehr die Boote vom kleineren Kaliber, bei denen ausschließlich noch mit Herz und Hand gesegelt wird und manchmal nur noch der eigene Verstand zu Hilfe genommen werden kann. Minimaler Aufwand – maximales Vergnügen!

In einem Punkt waren Segler immer modern und den Technikfreaks vielleicht eine Bootslänge voraus: Sie sind seit je umweltfreundlich eingestellt und verhalten sich jederzeit umweltbewusst. Das bringt das Hobby nun einmal so mit sich, denn wer sich daran erfreuen kann, auf einem stillen See in die Abendsonne hineinzusegeln oder auch bei ausgesprochenem „Schietwetter" an der Pinne seines Bootes mit sich und der Welt im Reinen zu sein, der wird jeglichem Umweltfrevel abgeschworen haben.

Für das Verhalten von Wassersportlern in der Natur gibt es seit langem die so genannten *Zehn Goldenen Regeln*, die im Wesentlichen empfehlen,

– Umweltverschmutzung in jeder Form zu vermeiden,
– Gebote und Verbote bezüglich gekennzeichneter Naturschutzgebiete zu beachten,
– behutsam mit der Tier- und Pflanzenwelt an unseren Revieren umzugehen.

Unter Beachtung dieser Vorgaben versteht es sich von selbst, dass man keine leeren Getränkedosen oder anderen Müll ins Wasser wirft – entsorgt wird an Land!

Falls ein Außenborder betankt werden muss, ist besondere Sorgfalt geboten, damit kein Treibstoff überschwappt. Deshalb sollte stets ein großer Trichter benutzt und darauf geachtet werden, dass der Tank nicht überläuft. Haben wir uns diesbezüglich einmal ungeschickt verhalten, so wird mit einem bereitgehaltenen Lappen der Schaden begrenzt.

Seichte Gewässer, flache und dicht bewachsene Ufer, Röhrichtzonen sowie Schilfgürtel sind grundsätzlich tabu für Wassersportler. In diesen Bereichen nisten und brüten viele Vogelarten, außerdem befindet sich hier recht oft die „Kinderstube" für den Fischnachwuchs, es handelt sich also nicht selten um Laichgebiete. Darum die Empfehlung, mit kleinen Booten einen Abstand von etwa 50 Metern einzuhalten, im Zweifel lieber mehr.

Zum Anlanden sind nur die vorgesehenen Plätze zu benutzen oder solche Stellen, an denen sichtbar kein Schaden angerichtet werden kann.

Wir Segler sollten durch unsere Kenntnisse und dem daraus resultierenden Verhalten in Sachen Umwelt- und Naturschutz gegenüber anderen zeigen, dass wir eine gewisse Vorbildfunktion wahrnehmen.

Wenn nicht wir, wer dann?!

Abendstimmung bei einsetzender Flaute

27 Wenn es denn sein muss ...

Es gibt Momente, da sind Segler zutiefst deprimiert, unzufrieden mit sich und der Welt. Mancher ist dann kurz davor, den ganzen Laden hinzuschmeißen und doch lieber ein „richtiges Hobby" zu betreiben – vielleicht Goldfische züchten, damit die Verbindung zum Wasser bleibt?

Ich spreche von den Tiefpunkten des Lebens, in denen jedes kinderbesetzte Tretboot an uns vorbeisprintet und Paddler oder gar Schwimmer zu Überholern werden – wir haben keinen Wind!! Eben noch machten wir recht gute Fahrt und überlegten, ob ein kleiner Abstecher zum Nordufer nicht angebracht wäre, nun blicken wir trübsinnig ins nicht vorhandene Kielwasser. Die Segel flappen kraftlos hin und her, der Verklicker spielt verrückt, und unser Zielhafen liegt natürlich in der entferntesten Ecke des Reviers. Immer unruhiger und hektischer werden wir, schwingen uns von Backbord nach Steuerbord und wieder zurück, versuchen alle Schoten und Strippen gleichzeitig zu ziehen und begreifen nicht, warum uns das passieren musste. Erkenntnis: Ein Segelboot ohne Wind ist wie Romeo ohne seine Julia – bemitleidenswert!

Vor der endgültigen Selbstaufgabe erinnern wir uns an das Rezept der durchdachten Feinfühligkeit (siehe Kapitel 18):
– Bewegungsruhe ins Boot bringen,
– extrem nach Lee krängen, um Reibung im Wasser zu vermindern und damit die Segel nicht mehr unkontrolliert pendeln, sondern durch ihr Eigengewicht eine strömungsgünstige Form annehmen und behalten,
– Schoten so weit wie möglich fieren.

So versuchen wir, den allerletzten Lufthauch in Vortrieb umzusetzen. Haben wir auch damit keine Chance, dann bleibt nur noch das Paddeln. Je länger dabei die Arme werden, desto intensiver geht jedem Betroffenen der Gedanke durch den Kopf, ob man nicht doch – nur für den Fall der Fälle – einen Flautenschieber anschafft.

Das will überlegt sein, aber man sollte sich allein wegen der einen oder anderen Frustsituation nicht zu einem Motorkauf genötigt sehen. Gelegentlicher überraschender Windabbau sollte vielmehr unsere Sinne besser sensibilisieren und so dazu beitragen, die Wetterentwicklung noch sorgfältiger zu beobachten, damit wir rechtzeitig den Rücktörn antreten oder nicht mehr zum falschen Zeitpunkt unangemessen weite Ausflüge starten.

Unter Abwägung aller ernst zu nehmenden Umstände kann jedoch letztlich der Entschluss wachsen, auch ein kleines Boot zu motorisieren, weil
– das Revier sehr flautenträchtig ist,
– überwiegend fließende Gewässer oder Tidengebiete befahren werden,
– Gesundheits- oder Altersgründe berücksichtigt sein wollen,
– man immer ohne jedes Risiko segeln möchte und sich mit Motor halt sicherer fühlt.

Den saubersten Antrieb bietet ein Elektromotor, der wegen seiner Umweltverträglichkeit auf allen Binnenrevieren zugelassen ist. Allerdings bleibt einzukalkulieren, dass derartige Fahrhilfen eigentlich nur als reine Flautenschieber taugen, weil ein Elektroquirl nicht allzu viel Schubkraft bringt. Bei stürmischen Winden oder bereits mittelstarker Strömung ist er überfordert und bietet absolut keine Sicherheit.

Wird also mehr Power benötigt, dann muss ein benzingetriebener Außenborder her – vorausgesetzt, ein solcher darf auf unserem Revier eingesetzt werden. Ist das der Fall, gilt die nächste Überlegung den Fragen, ob wir uns für einen Zwei- oder Viertakter entscheiden und wieviel PS wir gerne anklemmen möchten.

Hinsichtlich dieser Anschaffungsprobleme sind bereits etliche Bücher und noch mehr seitenlange Abhandlungen geschrieben worden. Wenn wir die alle gelesen haben, kommen wir zu dem Ergebnis, dass für offene Sportboote (Jollen) bis zu etwa 500 Kilo Gewicht ein Zweitakter mit etwa 3 bis 4 PS absolut ausreichend ist. Diese Motorenklasse ist noch nicht allzu schwer, darf ohne

Führerschein von Personen ab 16 Jahren gefahren werden und wird von den meisten Herstellerfirmen auch mit einem integrierten Tank angeboten. Dieser hat in der Regel ein Fassungsvermögen von 2 bis 3 Litern Kraftstoffgemisch (1 : 100) und gibt mir damit einen Aktionsradius von bis zu 10 Seemeilen – je nach Fahrweise und Wetterbedingungen. Scheint mir das im Einzelfall mal zu knapp, packe ich noch einen Reservekanister ins Boot und bin damit so ziemlich aller Sorgen ledig. Einen Schalthebel für vorwärts, rückwärts und Leerlauf sollte mein Motor schon haben, damit ich zum Abbremsen des Bootes wegen der notwendigen Schubumkehr nicht den ganzen Außenborder um 180 Grad drehen muss, wie es bei Einfachmodellen der Fall ist.

Bei kleineren Kajütbooten bis zu einem Gewicht von etwa einer Tonne würde ich mich für einen Zweitakter mit 5 PS an der Welle (= Grenze der Führerscheinfreiheit) entscheiden, mehr muss es nicht sein. Falls ich größere Reviere befahre, wäre dann allerdings ein separater Tank (10 bis 20 Liter) empfehlenswert.

Der richtige Außenborder für mein Boot ist die eine Sache, der passende Propeller für den Motor die andere. Diesbezüglich gibt es die verschiedensten Zweckbestimmungen und dementsprechenden Konstruktionskriterien, insbesondere hinsichtlich Steigungswinkel und Form der Propellerflügel. Man sollte sich bei einem Kauf vom Fachhandel oder von einem Insider beraten lassen und dabei bedenken, dass wir keine Motor-Rennyacht bestücken wollen, sondern ein kleines Segelboot, mit dem wir auch bei Wind und Strömung gegenan den Hafen sicher erreichen können.

Ein Außenborder wird bei Bedarf nicht mal so eben wie ein Mixstab für Milchshakes ins Wasser gehalten, sondern er braucht natürlich eine solide Halterung am Spiegel unseres Bootes. Auch diesbezüglich gibt es einige beachtenswerte Überlegungen anzustellen: Zum einen soll der Motor bei Nichtgebrauch hochgekippt werden, damit der Propeller nicht bremsend durch das Wasser geschleift wird, zum anderen muss er im Einsatz tief genug (nach Angabe des jeweiligen Herstellers) eintauchen, damit eine solide Kraftübertragung erfolgen kann.

Eine gewisse Vorauswahl kann schon dadurch getroffen werden, dass man sich beim Kauf des Motors für einen Lang- oder Kurzschafter entscheidet, die also im heruntergekippten Zustand bei gleicher Montagehöhe entweder tiefer oder flacher ins Wasser eintunken. Im Übrigen aber muss die eigentliche Motorhalterung möglichst zentimetergenau angepasst werden, oder ich entscheide mich für ein Modell, das in verschiedenen Abstufungen arretiert werden kann. Der Anbau ist ohne weiteres in Eigenarbeit zu erledigen, allerdings sollte man wissen, worauf es ankommt, oder einen beratenden Fachmann zur Seite haben.

Zur Abrundung dieses Kapitels noch einige Anmerkungen für die Praxis:

– Starten Sie einen Motor niemals mit eingelegtem Vor- oder Rückwärtsgang. Durch das ruckartige Anspringen könnten Mitfahrer gefährdet oder Nachbarlieger beschädigt werden.

– Der Fahrzeugführer eines Motorbootes muss nach den geltenden Bestimmungen körperlich, geistig und fachlich geeignet sein und ein Mindestalter von 16 Jahren haben, egal ob führerscheinfrei gefahren wird oder nicht.

– Für Motoren von mehr als 5 PS (3,68 kW) braucht man den Sportbootführerschein (Binnen) oder ein gleichwertiges Befähigungszeugnis.

– In manchen Regionen gibt es speziellere Regelungen, z. B. im Großraum Berlin oder am Bodensee.

– Fahren wir gleichzeitig unter Segel und Motor, so haben wir das durch Setzen eines schwarzen Kegels (Spitze nach unten) kenntlich zu machen, damit andere Wasserfreunde ihr Ausweichverhalten darauf einstellen können – wir haben jetzt den Seglern **Raum** zu geben!

– Grundsätzlich ist stets mit angepasster Geschwindigkeit zu fahren, und zwar in Bezug auf Fahrwasser-, Witterungs- und Sichtverhältnisse sowie unter Berücksichtigung der Verkehrsdichte. Ausgeschilderte oder auf andere Weise verordnete Geschwindigkeitsbeschränkungen sind zu beachten.

– Auf besondere Sorgfalt beim Tanken kann nicht deutlich genug hingewiesen werden. Brennende Zigaretten sind natürlich tabu, im Übrigen erinnern wir uns an das Gesagte zum Umweltschutz – Benzin ist für den Motor gut, nicht für die Fische!

– Bevor Sie einen Motor nach Gebrauch hochkippen, sollten Sie den Benzinhahn schließen und im Standlauf den Vergaser leer fahren, damit kein Treibstoff auslaufen kann.
– Wenn Sie darauf bestehen, Ihren Liegeplatz unter Maschine zu verlassen bzw. anzulaufen, dann wird das Segelsetzen und -bergen in der Form durchgeführt, dass man auf dem freien Wasser unter angepasster Geschwindigkeit in den Wind hinein-fährt und dann die notwendigen Handgriffe vornimmt.

Last not least:
Überlegen Sie noch einmal, ob Sie wirklich einen Motor gebrau-chen, oder ob Segeln pur nicht das einzig Wahre ist. Es gibt auch große Yachten ohne Maschine, die Crew muss dann allerdings ihr Handwerk verstehen.

28 Bootserwerb

Ich möchte Ihnen eine Geschichte erzählen:

Ein Mensch, der sich entschlossen hat, Segelsport zu betreiben, steht möglicherweise irgendwann vor der Entscheidung, sich ein Boot zu kaufen. Er hört sich im Bekannten- und Freundeskreis um, besucht Ausstellungsmessen, lässt sich Prospekte schicken, stu-diert Annoncen, begutachtet immer wieder das Bankkonto und weiß am Ende weniger denn am Anfang.

Eines steht für den Menschen schicksalhaft fest: Welches Boot er auch kauft, es wird das falsche sein! Spätestens bei der Taufe wer-den ihm seine Freunde ganz offen anvertrauen: „Solche Joghurt-becher müsste man eigentlich …" Unser Segelfreund ist frustriert, was hatte er beim Kauf nicht alles berücksichtigt! Zunächst einmal musste ein gewisser finanzieller Rahmen abgesteckt und eingehal-ten werden, notfalls unter Verzicht auf drei Jahre Urlaub und im Vertrauen auf eine zweifelhafte, aber immerhin mögliche Steu-errückvergütung. Obwohl einem Kajütboot mit Stehhöhe und Kochecke sowie vier bequemen Schlafkojen nicht abgeneigt, soll-

te es doch lieber eine Jolle sein. Holz oder Kunststoff? Schwierig zu entscheiden: PVC bringt Probleme mit Osmose und späterer Entsorgung, Holz geht ins Geld und zulasten schützenswerter Wälder.

„Nimm bloß keine Ein-Mann-Jolle!", riet ein Praktiker, „wenn du bei Regatten verlierst, kannst du es nie auf den Schotten schieben!" Da war was dran.

Noch etliche weitere Fragen waren zu entscheiden:

Schwert oder Kiel?

Knick- oder Rundspant?

Neu oder gebraucht?

Welche Länge über alles? usw., usw.

Es ist nicht bekannt, für welches Boot sich unser Freund entschied. Kaum aber hatte er die ersten, ach so beglückenden Segelwochen hinter sich, sprach er eines Tages zu seiner Liebsten: „Bei unserem **nächsten** Boot sollten wir aber doch besser ..."

Er zeigte damit ein zwangsneurotisch ausgerichtetes Verhalten, das international in allen Seglerkreisen bekannt ist, und das die Psychologen das „Next-Ship-Syndrom" nennen.

Wer davon betroffen ist, sollte wissen, dass ihm niemand helfen kann. Weder Anverwandte oder ärztliche Betreuung, nicht einmal die Telefonseelsorge können Heilungserfolge bringen. Allenfalls durch ein freiwilliges Entmündigungsverfahren und mit Unterstützung eines segelsportresistenten Therapeuten lässt sich das Syndrom stoppen – vielleicht! ...

Diese Geschichte ist natürlich frei erfunden, und doch ist sie x-tausend Mal passiert. Das richtige Boot zu finden, ist fast (oder bestimmt) noch schwieriger, als den passenden Lebenspartner auszuwählen. Glückwunsch dem, der schließlich das Richtige sein Eigen nennt!

Ein Bootskauf verlangt Kompromissbereitschaft und eine flexible Einstellung. Man sollte vorab unbedingt prüfen, wo die persönlichen Schwerpunkte liegen und in welcher Form man Segelsport betreiben möchte. Für eine Entscheidungsfindung ist es von Vorteil, wenn der angehende Käufer als Mitsegler bereits mehrere Bootstypen kennt und in etwa beurteilen kann, worauf es ihm ankommt.

Auf Bootsmessen findet man sein Traumschiff und viele Anregungen.

Niemals natürlich sollte man ein Boot allein aufgrund eines vollmundigen Prospektes erwerben, denn Papier ist geduldig, und die schönsten Fotos sagen nichts über eine reale Tauglichkeit. Lassen Sie sich auch nicht von so genannten Tipptopp-Neukonstruktionen beeindrucken, da sollen lieber andere als Versuchskaninchen für Kinderkrankheiten und Mängel herhalten. Es ist im Gegenteil für Neueinsteiger oft von großem Vorteil, auf Bewährtes zurückzugreifen und eine Bootsklasse zu wählen, die ausgereift ist und deswegen schon eine nennenswerte Verbreitung gefunden hat.

Das Neue ist beileibe nicht immer vorzuziehen, es gibt halt Formen und Konstruktionen, die man nicht mehr verbessern kann. Bei manchen Booten ist es wie mit den Hühnereiern: Wenn man deren Gestaltung in die Hände von Designern und Konstrukteuren gelegt hätte, dann wären diese Produkte heute vermutlich achteckig oder dreizackig gestylt, aber kaum gehaltvoller, eleganter oder handhabungsfreundlicher – weder für das Huhn noch für den Konsumenten.

Andererseits: Natürlich kann (!) eine bestimmte Neukonstruktion ausgerechnet die Voraussetzungen erfüllen und genau solche Eigenschaften haben, wie sie Ihnen seglerisch am Herzen liegen – wie schwierig das doch alles ist!

Wer mit einem Gebrauchtboot liebäugelt, orientiert sich hinsichtlich des Angebots gerne an den Annoncen der Fachzeitschriften oder in der regionalen Tagespresse. Fallen Sie nicht auf raffiniert abgefasste Texte herein, man muss Anzeigen zu lesen und zu interpretieren wissen, jedenfalls die meisten:
– Ein wortgewaltig angekündigtes „Schnäppchen" ist längst nicht immer ein günstiges Angebot, sondern oft ein verniedlichter Höchstpreis.
– Auch ein „Notverkauf" soll einen besonders niedrigen Preis suggerieren. Das kann sogar stimmen, muss aber nicht.
– Wenn in einer Annonce das Zubehör in allen Teilen bis hin zur Nebeltröte aufgeführt ist, bleiben Sie zurückhaltend. Eine komplette Ausstattung ist nicht schlecht, das Wesentliche bleibt aber das eigentliche Boot, nur das zählt.
– Bei der Ankündigung eines „leichten Saisonschadens" und angemessener Preisminderung würde ich persönlich passen müssen, weil ich handwerklich ziemlich trottelig bin. Eine Arbeitsstunde für den Bootsbauer kostet sattes Geld, da kann ich lieber gleich etwas Teureres nehmen. Anschauen kostet hingegen nichts, und dann entscheiden Sie in solchen Fällen selbst, ob der Schaden für Ihre Fähigkeiten tatsächlich kein Problem darstellt.
– Das angegebene Baujahr eines Gebrauchtbootes sagt noch nichts, zumindest wenig über den Zeitwert: Zehn Jahre alt und bestens gepflegt ist mir lieber als zweijährig und halber Schrott.
– Gerne werden Preise als „VHB" (Verhandlungsbasis) angekündigt, da ist also noch mehr oder weniger Luft drin, oft aber nicht mehr als in allen anderen Preisen vermutlich auch.

187

Aktuelle Angebote findet man übrigens nicht selten am Aushang („schwarzen Brett") von Segelklubs. Hier ist von Vorteil, dass die angepriesenen Boote meistens direkt am Steg nebenan begutachtet werden können. Das ist noch unverbindlicher und weniger umständlich, als wenn ich auf eine Zeitungsannonce reagiere und nur über Chiffre Kontakt zum Verkäufer und seinem Boot bekomme.

Das Gute beim Bootskauf ist der Umstand, dass man sich im Allgemeinen nicht von heute auf morgen entscheiden muss wie beim Neuerwerb eines verlorenen Regenschirms. Man geht in den meisten Fällen längere Zeit mit dem Gedanken schwanger, vom Vorschoter zum Eigner, aufsteigen zu wollen, und kann sich dementsprechend umsichtig verhalten.

In Anlehnung an die einführend gebrachte Geschichte, diesmal aber ganz ernsthaft, gilt es tatsächlich, eine gewisse Checkliste innerlich abzuhaken, um später nicht voll danebenzuliegen. Dabei sind folgende Minimalüberlegungen, auf das eigene Interesse bezogen, persönlich zu entscheiden:
– finanzielle Möglichkeiten bzw. Vorgaben:
  Mehr als x-tausend Mark/Euro möchte ich nicht anlegen, weil ich noch andere kostspielige Hobbys pflege oder einfach nicht mehr aufbringen kann.
– Auf welchem Revier bin ich zu Hause?
  Ein Boot für das Wattenmeer oder die Ostseeküste verlangt zum Teil andere Kriterien hinsichtlich Bauart und Ausrüstung als eine Jolle auf der Talsperre.
– Möchte ich Regatten oder Touren segeln? Eventuell beides?
– Steht Sicherheit vor Tempo oder umgekehrt? Wo liegt für mich der gute Kompromiss?
– Plane ich für eine kleinere oder große Crew (Familie)?
– Neu oder gebraucht?
– PVC oder Holz?
– Welche Besegelung bevorzuge ich, und welche Trimmvorrichtungen erwarte ich unbedingt?
– Welche Ausrüstung halte ich für angebracht?
– Muss ein eigener Trailer her, oder kann ich auf den (vorerst) verzichten?

Die Liste ließe sich erweitern, und irgendwo käme die Frage nach der Farbgebung des Rumpfes. Bei allen wirklich wichtigen Fragen würde ich mit Freunden, Klubkameraden oder Arbeitskollegen sprechen, die schon länger dem Segeln verbunden sind und eine abgerundete Ahnung von dem haben, was ich noch nicht weiß.

Handeln Sie niemals übereilt oder unter Zeitdruck – auch wenn alles reiflich überlegt wurde, auf das Probesegeln sollte man nicht verzichten, sonst hat man leicht die berühmte Katze im (Wasser-) Sack gekauft.

Ist die Entscheidung für ein Gebrauchtboot gefallen, dann wird der bevorstehende Eigentumswechsel natürlich mit einem Kaufvertrag besiegelt. Dieser sollte wenigstens folgende Daten enthalten:
– Beschreibung des Bootes
  (Typ, Werft, Baujahr, Segel-Nummer, Zubehör)
  Zusatz: wie besichtigt und probegesegelt,
– Anschrift des Verkäufers,
– Anschrift des Käufers,
– Preis in Ziffern und Buchstaben,
– Zahlungsweise,
– Klausel:
  Der Verkäufer versichert durch seine Unterschrift, dass er alleiniger Eigentümer des oben bezeichneten Bootes ist. Dieses geht mit dem Erhalt des Kaufpreises in das Eigentum des Käufers über.
– (Eventuell quittierte Zahlung vermerken, wenn diese am gleichen Tag erfolgt.)
– Unterschriften beider Parteien mit Verhandlungsort und Datum.

Falls die Tendenz doch mehr in Richtung Neukauf geht:
Einen günstigen Preis können Sie in vielen Fällen auch auf Bootsmessen erzielen, indem Sie den oft angepriesenen Messerabatt in Anspruch nehmen. Des Weiteren sollten Sie überlegen, ob Ihre handwerklichen Fähigkeiten ausreichen, um ein Selbstbauboot (wie es so sinnig heißt) zu erstehen und aus den erworbenen Baupaketen ein schmuckes Schiffchen zu formen. Es gibt etliche Werften, die sich auf so etwas spezialisiert haben, allerdings selten im Jollenbereich. Bei kleinen Kajütbooten aber können Sie die verschiedensten Ausbaustufen erstehen, und entweder schon die passgenau zugeschnittenen Teile zusammenbauen oder zumindest die Lackierarbeiten übernehmen. Sie investieren Zeit und Geschick und sparen Geld.

Ich fühle mich übrigens verpflichtet, im Zusammenhang mit dem Bootskauf noch einen kleinen Hinweis zu geben, bevor Sie endgültig zur Tat schreiten: Sind Sie sicher, dass die Anschaffung angebracht ist und Sie den Segelsport – zumindest für eine gewisse Dauer – ernsthaft betreiben möchten? Einige tausend Mark oder Euro sind schnell ausgegeben, und das ist viel Geld, wenn man die gemachte Anschaffung nicht sinnvoll nutzt. Für drei bis fünf Segelnachmittage pro Saison lohnt es meines Erachtens nicht, ein eigenes Boot mit allen Nebenkosten zu unterhalten, da kann man besser gelegentlich mieten oder chartern. Beim Segeln ist der Einstiegsaufwand nun einmal etwas höher als z. B. beim Joggen oder Kegeln: Wenn Sie da mal das Geld für den Kauf von Turnschuhen und Trainingsanzug in den Sand gesetzt haben, ist der finanzielle Verlust überschaubar, dann liegen nur ein paar nicht mehr benötigte Klamotten im Schrank. Beim Segelsport können Sie – auch wenn das Boot letztlich wieder weiterverkauft wird – leicht ein unnötiges Minus verbuchen. Fazit: Vorher überlegen und nicht zu spontan handeln erspart Ärger und Aufwand.

Alles vorstehend Gesagte darf Sie nun nicht allzu sehr verwirren. Ein Bootskauf will zwar sorgfältig bedacht sein, übersteigt aber nicht die geistigen Fähigkeiten eines durchschnittlich begabten Mitteleuropäers. Insbesondere auf dem Gebrauchtsektor ist der Erwerb eines Autos vermutlich risikogeladener, weil man in den Motor und das Getriebe nicht so leicht Einblick gewinnen kann, da bleiben nur zu leicht viele Tücken verborgen. Ein älteres Boot als gesund und preiswert einstufen zu können, bedarf nicht zu großer Fachkenntnisse, und im äußersten Notfall wird zu gegebener Zeit eben wieder verkauft – „Schnäppchen" für andere.

Wir sollten uns übrigens auch in diesem Zusammenhang bewusst machen, dass die Freude am Segeln nicht von der Größe eines Bootes abhängt. Der Dichter Eugen Roth hat so trefflich formuliert:

Ein Mensch gelangt mit Müh und Not
vom Nichts zum ersten Stückchen Brot.
Vom Brot zur Wurst geht's dann schon besser –
der Mensch entwickelt sich zum Fresser
und sitzt nun, scheinbar ohne Kummer,

als reicher Mann bei Sekt und Hummer.
Doch sieh, zu Ende ist die Leiter,
vom Hummer aus geht's nicht mehr weiter.
Beim Brot, so meint er, war das Glück,
doch findet er nicht mehr zurück.

Wenn wir statt Brot das Surfbrett einlesen, statt Hummer die Luxusyacht, dann hat das Gedicht auch seinen Sinn.

29   Verein – ja oder nein?

Wie in anderen Sportarten, so ist es auch beim Segeln irgendwann eine Überlegung wert, ob man für sich alleine bleibt oder sich einem Verein anschließt. Wird das Für und Wider gegeneinander abgewogen, dann sprechen meines Erachtens doch weit mehr Argumente für einen Zusammenschluss mit Gleichgesinnten als umgekehrt.

Einen Nachteil sehe ich allenfalls darin, dass gewisse weitere Kosten auf mich zukommen, dafür handle ich mir aber auch eine Menge Vorteile ein, die im Einzelnen nicht unbedingt in Geld zu beziffern sind.

Für einen Vereinsbeitritt sprechen aus meiner Sicht folgende Argumente, deren Reihenfolge nicht wertend ist:
– Man hat leichter Kontakt zu anderen Seglern, kann mit ihnen Erfahrungen austauschen, sich Rat holen oder gute Tipps weitergeben.
– Oft ist es nur über einen Verein möglich, einen Wasserliegeplatz für sein Boot zu bekommen. Auch wenn so genannte Anwartslisten manchen abschrecken, in der Meinung man habe sowieso keine Chance: Bleiben Sie am Ball!
– Ein gesundes Vereinsleben bringt manchen Schwung in den Alltag. Sicher kann man nicht mit allen Mitgliedern gleich gut befreundet sein, aber es bilden sich mit der Zeit verschiedene

Kreise von Seglern, die besonders gut miteinander harmonieren, den gleichen Bootstyp fahren oder sich aus anderen Gründen verstehen. Mit diesen Segelfreunden setzt man sich gerne mal zwischen den Törns zu einem freundlichen Klönschnack zusammen, bevor man wieder an Bord steigt. Diese freundliche Verbundenheit besteht nicht nur während der Saison, sondern meistens auch im Winterhalbjahr, um gemeinsam Erlebtes zu besprechen und neue Aktivitäten vorzubereiten.

– Mögen Sie gerne mal feiern? Einmal im Jahr ist Sommerball oder Hafenfest oder Schwimmwestenfete oder Grünkohlessen oder Klubkarneval oder alles und noch mehr.

– Nirgendwo ist es leichter, ein anderes Boot als das eigene kennen zu lernen. Der Stegnachbar und man selbst auch ist jederzeit bereit, jemand anderen mitsegeln zu lassen, wenn dieser Interesse bekundet.

– Die meisten Vereine haben ein Klubhaus und bieten damit die Möglichkeit, dort bei Bedarf eine Mahlzeit oder Getränke einzunehmen, abseits von sonst häufig überfrequentierten Touristenlokalen. Auch der Sanitärbereich mit Duschen, Umkleideräumen und Toiletten wird gerne in Anspruch genommen.

– Wer Regattaambitionen hat, wird außerhalb eines Vereins wenig Gelegenheiten zu seglerischem Wettkampf finden.

– Wer will, kann sich engagieren: Vom Mitglied des Festausschusses über den Jugendwart, den Ausbilder für Segelscheine, den Hafenwart bis zum Ersten Vorsitzenden sind viele verantwortungsvolle Posten zu vergeben und möglichst zuverlässig zu besetzen. Wer in irgendeiner Richtung gewisse Talente hat, sollte diese in die Gemeinschaft einbringen, das kann manchmal Freude bringen – für andere und auch für uns selbst.

– Anfänger können Segelscheine in den meisten Vereinen sehr kostengünstig erwerben und erhalten eine solide Ausbildung, weil (im Allgemeinen) nicht die Geldeinnahme im Vordergrund steht, sondern die traditionell und umfassend orientierte Nachwuchsförderung.

– Gegenseitige Hilfe und Unterstützung sind unter Segelfreunden selbstverständlich. Nicht nur an Bord ist man ein Team, sondern auch beim Ein- und Ausslippen zum Beginn bzw. Ende jeder Saison, beim Mastlegen und in vielen anderen Situationen. Bei

Jüngsten-Ausbildung in einem Verein

längerer Abwesenheit wegen Urlaub oder Krankheit weiß ich mein Boot in guter Obhut: Ein Klubfreund achtet darauf, ob Leinen, Persenning oder Fender in Ordnung sind, so wie ich es für ihn machen würde.

– Falls ich segelinteressierte Kinder habe, sind die in einem Verein mit ihresgleichen bestens untergebracht und wachsen wie selbstverständlich in eine Gemeinschaft hinein, die ihnen Anregung, Abenteuer und Bewährungsmöglichkeiten in einem Alter gibt, das manchmal Eigenbrötler hervorbringt und als schwierig gilt. Die Jugendlichen in einem Verein werden selten zu „Eckenstehern" und „Straßenkids".

Ich bin sicher, dass man auch in einer „unvereinten" Steggemeinschaft glücklich werden kann, dort nette Leute trifft und positive Erlebnisse mit anderen hat. Alles ist aber eben unverbindlicher, mehr dem Zufall überlassen, weil organisatorisch nicht so viel auf die Beine gestellt wird oder dafür keine Möglichkeiten gegeben sind. Mancher wird sagen, das sei für ihn gerade das Richtige: kein Zwang, keine Verpflichtungen, jeder verhält sich so, wie er möchte. Diese Meinung ist zu akzeptieren wie jede andere auch.

Deutlich abgrenzen möchte ich die aktive Mitgliedschaft in einem Verein von der berüchtigten Vereinsmeierei. Sie wissen, was damit gemeint ist: Vor lauter Pflichterfüllung und Aktivismus für den Verein kommt man nicht mehr zum Segeln, das Klubleben ist nicht mehr Mittel zum Zweck, sondern nur noch Selbstzweck. Für den, der's mag, ist allerdings auch damit die Welt in Ordnung, und mancher Verein ist froh, solche Mitglieder in seinen Reihen zu haben, die freudig jede Aufgabe übernehmen, wenn sie nur nicht immer segeln müssen.

Und auch das werden Sie in jedem Verein beobachten können: Wochenende, schönstes Wetter, bester Wind, und der Hafen voller Boote. Wo sind die Eigner? Die sitzen mit Familie, Freunden oder solo auf der Terrasse der Klubanlage und genießen Longdrinks oder Vanilleeis, führen maritime Gespräche, staunen über den neuesten Küstentratsch und halten sich für das, was sie nicht sind: aktive Segler. Genau genommen ist es in jedem Hafen das gleiche Bild: 10 Prozent der Boote werden regelmäßig und oft bewegt, weitere 20 Prozent schon deutlich seltener, aber immerhin noch häufiger als die restlichen 70 Prozent, deren Eigner als „Stegsegler" mehr dem geselligen Part des Vereinslebens zugetan sind und anderen auf dem Wasser keinen Platz wegnehmen. Ich selbst weiß übrigens nie so recht, was ich von den Segelfreunden halten soll, die „nebenbei" noch reiten, golfen und Tennis spielen. Sie gefallen sich vermutlich in der Rolle derer, die gerne überall mitmischen, jedoch laufen sie damit Gefahr, von allem etwas, aber von nichts viel zu verstehen. Ist der Segelsport nicht eigentlich zu schade, um nur so ganz nebenbei betrieben zu werden?
Natürlich gibt es Hobbys, die sich mit dem Segeln zeitlich in Einklang bringen lassen und zusätzlich ausgeübt werden können,

ohne dass eines unter dem anderen leidet. Letztlich kommt es eben darauf an, ob Segeln als echtes Hobby oder nur als gelegentlicher Zeitvertreib neben anderen Beschäftigungen verstanden wird.

Fakt ist natürlich auch, dass jeder seinem Hobby mit persönlich angemessener Intensität nachgeht, der eine fanatisch und leidenschaftlich, der andere nur so nach gelegentlicher Lust und Laune. Dazwischen liegen alle denkbaren Abstufungen, und jeder wird da seine eigene Ansicht haben und bezüglich Segeln die für ihn richtige Mischung von Cockpit und Klubhaus genießen.

Außerhalb eines Vereins findet man übrigens einen Liegeplatz in manchen Privathäfen oder so genannten Marinas, gelegentlich auch an kommunalen Steganlagen. Falls es Ihrem Lebensstil entspricht, empfiehlt es sich vielleicht, eine Immobilie direkt an einem See oder an der Küste zu erwerben, mit eigenem Steg, versteht sich.

Zu teuer? Warten Sie doch die nächste Lottoziehung ab – wer weiß?!

Auch für den Nachwuchs gilt:
so viel Praxis wie möglich!

30 Um die Wette

In der Saison ein Dutzend Mal
befällt den Segler Lust und Qual,
manchmal Fieber, Frust und Leid,
Magenschmerzen, Übelkeit,
Hektik, Hoffnung, Mut sogar,
wenn er – so ist's jedes Jahr –
in Regattakämpfe steigt
und sein Talent im Segeln zeigt ...

Um es gleich vorwegzunehmen: Regatten sind nicht meine Welt. In zurückliegenden Jahren habe ich zwar mehrfach als Vorschoter an derartigen Veranstaltungen teilgenommen, allerdings ohne je einen Pokal zu erlangen. Meinem Skipper und mir fehlte wohl die rechte Einstellung zum Wettkampf, vielleicht auch das Talent.

Ich verbinde das Segeln in erster Linie mit Zwanglosigkeit, Freizügigkeit, unbeengter Bewegung, Weite und Raum. Dazu passt es überhaupt nicht, wenn mir aus taktischen Gründen von einem anderen Regattateilnehmer der Wind genommen wird oder ich diesen mit allen zulässigen Raffinessen zur Kursänderung zwingen soll, damit ich eher an der Tonne bin als er. Ich kann jederzeit auch sportlich segeln, ohne zu wissen, ob ich in einer Rangfolge trickreicher Konkurrenten der Erste, Vierte oder Vorletzte bin. Aber: Das ist nur meine ganz persönliche Einstellung, und die wird sich natürlich niemand überstülpen lassen oder sollen, der gerade im engagierten Vergleich Boot gegen Boot den Reiz des Segelsports sieht.

Regattafans sind ein Völkchen für sich, motiviert bis in die Haarspitzen, von gesundem Ehrgeiz durchsetzt und keine Mühe scheuend, um jedes Wochenende erneut auszufechten, wer nun tatsächlich der Bessere ist.

Wie oft kann man in jeder Saison beobachten, welche Strapazen manche Regattateilnehmer immer wieder auf sich nehmen, um im Sinne des olympischen Gedankens lediglich dabei zu sein, mit null Chance auf Platz oder Sieg. Man muss sich den Aufwand einmal vorstellen: das Boot im Heimathafen transportfertig abtakeln, stundenlange Trailerfahrt im Wochenendverkehr, im Gasthafen wieder auftakeln, nach den Wettfahrten am nächsten Tag das Gleiche wieder retour. Dabei kann es noch geschehen, dass die geplante Regatta wegen absoluter Flaute oder Gewittersturm gekürzt oder total abgeblasen wird – Pech gehabt. Und doch kann ich mir gut vorstellen, dass Regatten eine tolle Sache sind für den, den es gepackt hat. Da darf man nicht fragen, ob sich das lohnt im Verhältnis zu Kosten und Zeitaufwand – es macht Spaß, basta!

Vereinfacht gesagt gibt es Regatten, bei denen nur gleiche Bootstypen gegeneinander segeln, und solche, bei denen die verschiedensten Typen miteinander konkurrieren. Damit jeweils die Chancengleichheit für alle Teilnehmer gewahrt bleibt, muss entweder ein gültiger Messbrief vorgelegt werden, in dem die Einhaltung der offiziellen Bauvorschriften bestätigt ist, und/oder es erfolgt eine Bewertung des Zieleinlaufs nach dem Handikapverfahren: Bauart bedingt langsame Boote erhalten eine festgelegte Zeitvergütung gegenüber den Rennern. Es liegt auf der Hand, dass unverfälschte Ergebnisse eher bei Regatten mit gleichen Bootsklassen möglich sind, da entscheidet in erster Linie das Können der Mannschaft. Bei den Wettfahrten verschiedener Boote gegeneinander (auch z. B. Jollen gegen Katamarane oder kleine Kajütboote) gibt es immer unpräzise Bewertungskriterien, weil die Vergütungsfaktoren (= so genannte Yardstickzahlen) nur als Erfahrungswerte vorliegen und einer ständigen Neuausrichtung bedürfen.

Wer sich für Regatten interessiert, sollte das Einmaleins des Segelns schon beherrschen, auch wenn es wirklich nicht nur um das Gewinnen geht. Aber eine Regattabahn ist nicht der rechte Ort, um lange zu überlegen, wer nun Wegerecht hat und wie ich den besten Anstellwinkel für das Groß finde – das muss dann schon so ziemlich sitzen. Empfehlenswert ist es wohl, die ersten Erfahrungen als Vorschoter zu sammeln, vielleicht auch mit wechselnden Steuerleuten, um von jedem in puncto Technik und Taktik zu lernen und den eigenen Stil zu finden.

Anders als beim Wettrennen auf der Aschenbahn führen bei Regatten im wahrsten Sinne des Wortes viele Wege zum Ziel, und es gehört eine Menge Erfahrung dazu, jeweils zum richtigen Zeitpunkt die angemessenen Manöver und Kurse zu fahren.

Nicht vergessen werden sollte die Tatsache, dass zum Regattasegeln auch eine gute Kondition benötigt wird. Bei leichten Winden liegt diese vielleicht mehr im mentalen Bereich: Da heißt es Ruhe bewahren, nicht die Übersicht verlieren, seine Chancen nutzen. Bei hackigem Wetter aber kann der Wettsegler keinen Blumentopf gewinnen, wenn er vorzeitig refft, wie es beim Tourensegeln aus Gründen der Vorsicht angebracht ist. Da muss man schon mal ausreiten, bis die Bauchmuskeln krampfen, und unter höchster Anspannung bis zum Zieleinlauf durchhalten.

Es bedarf einiger Voraussetzungen, um letztlich erfolgreich an Regatten teilzunehmen:
– Die Crew muss auf- und miteinander eingespielt sein und mit kürzesten Anweisungen wissen, was Sache ist.
– Die Kenntnis der (international gültigen) Wettsegelbestimmungen ist selbstverständlich.
– Das eingesetzte Boot hat in einem regattafähigen Zustand zu sein und sollte im Rahmen der zulässigen Möglichkeiten dem neuesten Stand der Kontruktions- und Ausrüstungstechnik entsprechen.
– Neben Kondition und Können muss nicht selten auch das Glück dem Tüchtigen helfend zur Seite stehen.

Besonders der Punkt mit dem topaktuellen Boot ist für viele Segler nicht leicht zu erfüllen, denn das geht schließlich ins Geld. Kann ich als Tourenskipper völlig zwanglos entscheiden, wann ich mir einen neuen Satz Segel zulege oder ob ich einen vermessungstaktisch raffinierteren Bootskörper haben möchte, sieht das für den Regattisten anders aus: Schlechtes Material – kein Pokal, so einfach ist das.

Unter diesem Gesichtspunkt ist es manchmal geradezu rührend anzusehen, mit welch antiquierten Booten und verbrauchtem Zubehör manche Regattateilnehmer immer wieder anreisen, um auch gegen die Cracks der Szene mit ihren jeweils modernsten Rennschlitten anzutreten – mit minimalen Chancen, aber größter Begeisterung.

Ein wesentlicher Bestandteil des Regattalebens ist meines Erachtens auch das gesellschaftliche Umfeld. Da treffen sich nicht nur die aktiven Wettfahrtteilnehmer in mehr oder weniger regelmäßigen Abständen, sondern es kommen auch die Ehepartner, Kinder und/oder Freunde mit. Zwischen oder nach den sportlichen Aktivitäten sitzt man in vertrauter Runde zusammen und hat gemeinsamen Spaß. Da steht keiner im Abseits, jeder kennt jeden, man fühlt sich wie in einer großen Familie.

Den Abschluss einer jeden Regatta bildet die Preisverteilung. Der Erste Vorsitzende lässt es sich nicht nehmen, Worte der Anerkennung für die gebrachten Leistungen und Worte des Dankes für die Regattaleitung zu finden. Dann werden die erkämpften Pokale, Plaketten und Urkunden überreicht. Abschiedsworte verschaffen Wehmut, und mit dem Vorsatz, beim nächsten Mal weiter vorn zu landen, fährt auch der Letztplatzierte frohgemut nach Haus.

Auf der Rückfahrt immer wieder
pfeift man flotte Seemannslieder,
glaubt – und darauf jede Wette,
dass man fast gewonnen hätte,
wenn, man redet's gern sich ein,
einiges hätte können müssen anders sein.
Trotzdem ist die Stimmung groß:
Nächste Woche geht's wieder los !!!

31 Grabbelkiste für dies und das

Auf der Windkante segeln bedeutet, man läuft so hoch am Wind, dass mit dem nächsten Tick weiteren Anluvens schon der Aufschießer beginnt und die Segel anfangen zu killen.

Die Plicht ruft – so heißt es in Abänderung eines bekannten Sprichwortes gelegentlich unter Seglern, wenn es sie zum Boot zieht.

Fahrrad verhält sich zu Dreirad wie Jolle zu Dickschiff. Wer das Segeln richtig lernen will, gehört auf die Jolle.

Ein Boot, das im fließenden Gewässer ankert, macht **Fahrt durchs Wasser**, aber keine **Fahrt über Grund**. Wenn es in der Strömung mittreibt, macht es **Fahrt über Grund**, aber keine **Fahrt durchs Wasser**.

Für Halbprofis: Auf Am-Wind-Kursen **raumt der Wind** beim **Einfallen einer Bö**. Das liegt daran, dass unser Boot trotz der Zunahme des wahren Windes nicht sofort schneller wird und somit der Fahrtwind zunächst konstant bleibt. Nach den Gesetzen des Kräfteparallelogramms fällt der scheinbare Wind achterlicher ein, er raumt. Ich kann diesen Umstand nutzen und durch entsprechendes Anluven mehr Höhe gewinnen.

Ein **Bergfahrer** bewegt sich auf einem Fluss aus Richtung der Mündung in Richtung zur Quelle, ein **Talfahrer** – na klar: umgekehrt.

Der Verkehr auf den Binnenschifffahrtsstraßen wird grundsätzlich durch die Binnenschifffahrtsstraßenordnung (BinSchStrO) geregelt. Daneben gibt es die speziellen Rhein-, Mosel- und Donauschifffahrtspolizeiverordnungen – was für Wortungetüme!

Eignergemeinschaften sind Gruppen von zwei oder mehr Personen, die sich gemeinsam ein Boot kaufen und sämtliche Kosten,

Plegearbeit und Nutzungsmöglichkeiten teilen. Das kann gut gehen, schafft aber dann Probleme, wenn die Beteiligten nicht flexibel sind. Sobald eine Partei nach dem Motto „du putzt für mich und ich segle für dich" handelt, ist die Sache meistens gelaufen.

Nicht der Anker, sondern der **Schäkel** ist das heimliche Signum und Erkennungszeichen der Seglerkaste. Skipper tragen diesen verschließbaren Metallbügel gerne am Schlüssel- oder Hosenbund. Damen bevorzugen oft eine Schmuckversion in Gold, Silber oder V2A (= nicht rostender Stahl) an einem Halskettchen. Der Anker als Symbol signalisiert häufig nur ein gewisses Sympathisantentum seitens derer, die wohl einen Katamaran von einer Windmühle unterscheiden können, ansonsten aber kaum seglerische Kenntnisse haben müssen.

Bedingt durch Seegang und Wind kann ein Schiff
– **stampfen** (= Bewegung um die Querachse, Bug und Heck heben bzw. senken sich wechselseitig),
– **rollen** oder **schlingern** (= Bewegung um die Längsachse, Schaukeln von Backbord nach Steuerbord und umgekehrt ohne Kursänderung),
– **gieren** (= Bewegung um die Vertikalachse, wechselnde Kursausbrüche nach Backbord und Steuerbord).

Innerhalb des Hafenbereichs sollte man – wenn überhaupt – nur mit äußerster Umsicht segeln. Ist Ihr Boot (z. B. nach dem Ablegen) erst einmal in Fahrt, und es kommt eine unvorhersehbare Ausweichsituation, dann geraten Sie in Schwierigkeiten. Es genügt, dass Sie zielstrebig die Hafenausfahrt erreichen wollen, und ein anderer Segler hat Sie übersehen oder die Lage falsch eingeschätzt und zieht sein Boot rückwärtig aus der Box heraus – das Ramming ist vorprogrammiert. Im Hafen mit seinen beengten Platzverhältnissen können Sie nicht ausweichen oder einen Aufschießer fahren, der andere kommt nicht schnell genug zurück in seine Box, schon ist es passiert. Darum: Segel werden besser am Hafenrand gesetzt und geborgen, für den Rest reicht uns ein Paddel.

Das **Backhalten** eines Segels geschieht in der Form, dass es (bei Vorsegeln) mit der Luvschot bedient oder (beim Groß) am Baum mit der Hand gegen den Wind gedrückt wird.

Angewendet wird diese Maßnahme besonders beim Ablegen und in der Wende, um bei geringer Fahrt die Drehbewegung eines Schiffes durch Windunterstützung zu beschleunigen. Lassen Sie also beim Wenden die Fockschot so lange dicht belegt, bis das Vorsegel nach dem Über-Stag-Gehen von selbst backsteht; erst wenn der neue Kurs anliegt, wird die Schot an Luv gefiert und in Lee dichtgeholt.

Unter **Takelage** versteht man die Summe der Einzelteile und Vorrichtungen, die zum Setzen und Bedienen der Segel benötigt werden – Mast + Baum + Wanten + Stage + Tauwerk + Beschläge (das „stehende und laufende Gut").

Als **Rigg** bezeichnet man das vergleichend Charakteristische einer Takelage, nicht mehr die Einzelteile. Das Rigg einer Ketsch unterscheidet sich von dem einer Yawl, obwohl beide Bootstypen grundsätzlich die gleichen Vorrichtungen in ihrer Takelage haben.

Eigentlich rechnen Segler nur in Knoten und Seemeilen, trotzdem werden Geschwindigkeitsbegrenzungen auf Hinweistafeln an Kanälen und Flüssen stets in Kilometern pro Stunde angegeben. Einen Grund wird es haben, ich kenne ihn nicht.

Es klingt so gefährlich, aber **über Stag gehen** heißt nun mal nichts anderes, als ein Wendemanöver zu fahren. **Über Kopf gehen** ist da schon von größerem Kaliber: Es bedeutet, dass man über den Bug kentert, z. B. wenn das Boot vornüber in ein tiefes Wellental fällt und/oder eine hohe achterliche See das Heck extrem anhebt.

Vier Begriffe aus Kapitel 14:

Das **Kielschwein** ist eine Verstärkung des Kielverbandes (insbesondere bei Holzbooten), um die enormen Zug- und Spannungskräfte im Bereich des Mastfußes aufzufangen.

Der **Bullenstander** ist eine Sicherungsleine, die auf Kursen vor dem Wind von der Baumnock zum Vorschiff gespannt wird, um ein unkontrolliertes Zurückschlagen des Baumes und des Großsegels zu verhindern. Auf Jollen ist diese Maßnahme nicht üblich, da wird einfach mehr Aufmerksamkeit beim Kurshalten verlangt.

Hundsfott nennt man den Metallbügel (= Auge) an dem Block (= Rolle) einer Talje (= Flaschenzug), an dem die Part (= Tauwerk) zuerst befestigt und von dort aus durch die übrigen Blöcke zu einer Talje geschoren wird. Ist klar, oder?

Als **Hahnepot** bezeichnet man die Verteilung einer Zugkraft von einem Ende auf zwei oder mehr (meist) dünnere Enden, z. B. beim Piekfall eines gaffelgetakelten Bootes oder beim Bootsmannsstuhl. Für Nichtsegler ist vielleicht besser das Beispiel von der Hundeleine angebracht, die sich am unteren Ende teilt, damit man zwei Dackel damit spazieren führen kann.

Für den Fall, dass ein Tiefdruckgebiet über uns hinwegzieht, gibt es zwei althergebrachte Verhaltensrezepte:
– Erst der Regen, dann der Wind – Segel runter ganz geschwind!!
– Erst der Wind und dann der Regen – kannst dich wieder schlafen legen!!

Beim Schmetterlingsegeln kann durch **Ausbaumen** sichergestellt werden, dass das Vorsegel auf der Luvseite stehen bleibt und nicht immer wieder einfällt, sobald der Wind ein wenig Unregelmäßigkeiten zeigt. Als Mittel zum Zweck dienen der Spinnakerbaum oder der Bootshaken, auf kleinen Jollen der ausgestreckte Arm des Vorschoters.

Das **Herannahen einer Bö** kann rechtzeitig und deutlich an der dunkleren Wasserschattierung in Luv erkannt werden. Man pariert eine Bö grundsätzlich durch stärkeres Ausreiten. Wenn das nicht mehr reicht, wird bei Kursen am Wind angeluvt bzw. die Windkante besegelt (siehe oben) und/oder man fiert die Großschot (die Fockschot bleibt dichtgeholt, um Tempo zu halten). Bei Halb-Wind-Kursen sollte etwas abgefallen und/oder die Großschot gefiert werden. Nur im äußersten Notfall sind sämtliche Schoten loszuwerfen. Besser ist es, raumschots abzulaufen und wieder anzuluven, wenn die Bö sich abgebaut hat.

Beim **Fast-Aufschießer** steuert man sein Boot nicht „senkrecht in den Wind", sondern läuft aus einer Position hoch am Wind gegen den Steg oder die Festmacherboje. Wenn die Schoten gefiert sind, killen die Segel nicht mittschiffs, sondern etwas seitlich aus dem Cockpit heraus. Vorteil: bessere Bewegungsfreiheit und die Möglichkeit, bei zu knapp angesetztem Manöver die Segel noch einmal kurz dichtzuholen und Fahrt aufzunehmen.

Sportboote werden **getauft**, aber wie sie auch heißen mögen, aus Tradition wird ihnen stets eine weibliche Seelenstruktur zugeschrieben: **die Neptun, die Seeteufel, die Sturmvogel …**

Die **Taufzeremonie** erfolgt, um Neptun und Rasmus gnädig und wohlwollend zu stimmen. In unseren Breitengraden gießt man ein Glas Sekt oder Champagner über den Bug des Bootes und lässt von einer Dame (sie muss keine Jungfrau sein) den Taufspruch hersagen, z. B. „Ich taufe dich auf den Namen ALLEGRO und wünsche dir und deiner Crew allzeit gute Fahrt und eine Handbreit Wasser unter dem Kiel!".

In Japan wird bei solchen Gelegenheiten kein Glas vergossen, sondern stattdessen eine Festmacherleine durchtrennt wie die Nabelschnur eines Neugeborenen.

Araber taufen mit Wasser aus Mekka.

In den USA musste in den Zeiten der Prohibition mit Coca-Cola vorlieb genommen werden – Alkohol war tabu.

Die Südamerikaner taufen mit Konfetti wie beim Karneval in Rio.

Mir ist nicht bekannt, wie es die Eskimos machen – vielleicht mit Lebertran?

Und auch das sollte man bedenken:

Manche Eigner finden es toll, ihrem Boot einen ach so sehr witzigen oder auch ausgefallenen Namen zu geben: **Muttis Nerz; Du kannst mich mal; Seeflittchen** und wie die Trends so lauten. Anfangs lacht man sich über seine eigene Lustigkeit kaputt, aber ob der Name nach dreieinhalb Jahren noch immer humorvoll ankommt? Umgetauft wird jedenfalls nicht, denn das bringt Unglück, da sind wir Segler sehr abergläubisch. Nur bei einem Verkauf hat der neue Eigner das Recht auf einen anderen Bootsnamen.

Im **Winterlager** sollten Sie
– das vorher gereinigte Boot mit einer Plane abdecken, allerdings nicht „luftdicht",
– Schapps und Luken wegen der besseren Durchlüftung offen lassen,
– den Trailer mithilfe von Holzklötzen, Steinen oder speziellen Stützen aufbocken, damit Achse und Reifen entlastet sind.

Der Buchstabe **G** im Segel (gelegentlich auch **GER**) steht als Länderkennzeichen für Deutschland (Germany). Anders als im Straßenverkehr, wo wir uns mit einem D vorstellen, wurde die Länderliste für Schiffe von der traditionsreichen Seefahrernation England in deren Sprache festgelegt. Das D bestimmte sie für Dänemark.

Als **Seemannschaft** bezeichnet man das gesamte theoretische Wissen und praktische Können, das erforderlich ist, um ein Schiff in jeder Lage sicher zu führen. Falls Ihnen irgendwann eine gute Seemannschaft attestiert wird, soll das also nicht heißen, dass Sie eine gute Crew an Bord haben, sondern dass Sie zu denen gehören, die ihr Handwerk verstehen.

Die Fockschot sollte man niemals mit einem Schäkel am Schothorn des Vorsegels befestigen. Es besteht große Verletzungsgefahr für den Vordeckmann, wenn ihm bei strammem Wind während des Ab- und Anlegens die killende Fock um die Ohren fliegt.

Ree ist das offiziell gebräuchliche Ausführungskommando zum Ruderlegen bei Wendemanövern: „Klar zum Wenden!" – „Ist klar!" – **„Ree!"** Erst **jetzt** wird das Manöver gefahren! Den Begriff Contra gibt es im Kartenspiel, nicht beim Segelsport.

Größere Boote müssen in fremden Häfen nicht selten *im Päckchen* liegen, man kann also nicht in einer Box oder direkt an einem Steg festmachen, sondern nur längsseits an einem anderen Boot. In solchen Päckchen liegen (z. B. auf Helgoland) an manchen Tagen/Nächten bis zu 20 Schiffe nebeneinander, da läuft alles nur reibungslos, wenn gewisse Regeln eingehalten werden:

– Man sollte nur bei Booten passender Größe längsseits gehen, 7 Meter Länge nicht an 15 Meter oder umgekehrt.
– Fender raus!
– Die Etikette erfordert, dass gefragt wird, ob man anlegen darf. Ohne triftigen Grund abzulehnen, gilt als schlechte Seemannschaft!
– Am besten legt man die Boote Backbord an Backbord und Steuerbord an Steuerbord, den Bug also abwechselnd zur einen oder anderen Seite. Bei Schwell oder sonst unruhigem Hafenwasser bleiben die Takelagen voneinander frei, und man schaut sich gegenseitig nicht immer direkt ins Cockpit.
– Es wird zunächst nur am Nachbarboot festgemacht, jeder dritte (mindestens fünfte) Päckchenlieger bringt außerdem eine Vor- und eine Achterleine an Land aus, damit der ganze Verband nicht zu sehr driftet.
– Beim Landgang über die anderen Boote darf jeweils nur über das Vordeck des Nebenliegers gegangen werden, um niemals neugierigen Einblick in die gelegentlich offene Kajüte zu nehmen.
– Unpassendes Schuhwerk, Lärmbelästigung und unnötige Hektik sind unbedingt zu vermeiden.

Es gibt unendliche Diskussionen darüber, ob man in einem Päckchen lieber das Boot Nr. 1 oder Nr. 20 ist – alle trampeln über mein Deck, oder ich im Slalom über das aller anderen. Vielleicht ist mal wieder die gesunde Mittellage das Beste? Freude kommt auf, wenn Boot Nr. 13 morgens um 4 Uhr auslaufen will: Es hilft nichts, die Nachbarn müssen „stand by" machen und helfen – Segeln ist ein Mannschaftssport.

Als *Schiften* bezeichnet man das Wechseln der Segelseite vor dem Wind, ohne dabei den Kurs zu ändern: Erforderlich z. B., wenn wir mit Backbordschoten platt vor dem Laken segeln und der Wind raumt (mehr von Backbord einfällt). Durch rechtzeitiges Schiften vermeiden wir eine (ungewollte) Patenthalse.

Länge läuft, das ist allgemein bekannt. Gemeint ist, dass ein schlankes Boot mehr Tempo bringen kann als ein gleich langes mit mehr Breite. Das ideale Längen-Breiten-Verhältnis soll etwa bei 6 zu 1 liegen, was in der Praxis so gut wie nie eingehalten wird, allenfalls bei den Schwimmrümpfen der Katamarane. Ansonsten ist 3 zu 1 ein gebräuchlicher Wert für Tourenboote (9 Meter lang, 3 Meter breit).

Eine **Marina** ist keine nervige Hafengöre oder Seemannsbraut, sondern die international gebräuchliche Bezeichnung für einen meist großflächig angelegten Yachthafen mit angegliedertem Allroundservice. Dieser reicht von ausreichend zur Verfügung stehenden Parkplätzen und guten Sanitäranlagen über Einkaufs- und Tankmöglichkeiten bis hin zu Reparaturbetrieben oder angegliederten Ferienwohnungen.
Ob man lieber in solchen Großbetrieben oder in kleineren und verträumten Häfen mit manchmal weniger Komfort liegt, hängt von der persönlichen Einstellung ab und natürlich auch von den vorhandenen Möglichkeiten.

Segeln hat mit **Aerodynamik** zu tun, physikalisch vergleichbar mit den Gesetzmäßigkeiten beim Fliegen. Das dem Wind geschickt entgegengestellte Segel erfährt einen Überdruck auf der Luvseite und einen Unterdruck in Lee, das Boot wird quasi im Rahmen eines Druckausgleichs vorwärts geschoben und gezogen. Der Unterdruck auf der Leeseite kann durch die Düsenwirkung einer richtig getrimmten Fock erhöht werden, sodass optimale Fahrt möglich ist.

Als **Osmose** bezeichnet man eine gefürchtete „Krankheit" bei Kunststoffbooten: Wasser ist durch feinste Öffnungen (Haarrisse) in die inneren Schichten des PVC-Unterbodens eingedrungen und drückt in Form mehr oder weniger großer Bläschen nach außen. Wenn diese mit der Zeit platzen, kann an diesen Stellen weiteres Wasser eindringen und mit der Zeit den gesamten Unterboden pockenartig überziehen. Abgesehen von der unschönen Optik wird ein Boot durch ständige schwammartige Wasseraufnahme schwerer und damit langsamer. Vorbeugen sollte schon die Werft, indem sie nur beste Kunststoffe verarbeitet (z. Z. Isoptalsäure-Harze), des Weiteren muss der Eigner eine regelmäßige Unterbodenpflege betreiben und bei trotzdem auftretenden Osmoseschäden sofort mithilfe einer Fachkraft ausbessern.

Ein Boot kann durch **Abdrift** (bedingt durch den Wind) und/oder durch **Abtrift** (bedingt durch Strömung) vom gesteuerten Kurs abgelenkt werden.

Wenn Sie an einer Klubtheke einen Schlauschnacker treffen, der mehr erlebt hat, als Sie in Ihren kühnsten Träumen nicht vermuten würden, dann bewahrheitet sich wieder einmal: *Die besten Kapitäne sitzen immer an Land!*

Ein **Blick zum Verklicker** muss ebenso regelmäßig erfolgen wie beim Auto der in den Rückspiegel. Der Wind wechselt fast ständig mehr oder weniger deutlich seine Richtung, und es bedarf langer Erfahrung, um das auch ohne häufige Kontrollblicke festzustellen. Wer einen steifen Nacken befürchtet, sollte sich als Ergänzung oder Ersatz zumindest auf halber Höhe je eine Schleife (20 Zentimeter) an die Wanten knoten.

Ein **Reitbalken** unterteilt zwar das Cockpit eines Segelbootes und wurde deshalb schon gelegentlich sogar in Testberichten von Fachzeitschriften als „störend" eingestuft, für den guten Trimm ist er aber von unschätzbarem Wert – siehe Kapitel 20. Er „stört" genauso wenig wie das Lenkrad auf der Fahrerseite eines Autos.

Neptun ist nach der römischen Mythologie der Gott der Meere, **Poseidon** ist sein griechischer Konkurrent. **Rasmus** (abgeleitet aus Erasmus) gilt als Schutzpatron der Seeleute, gelegentlich auch als Gott des Windes. Alle drei sind Namensgeber für ungezählte Boote.

Machen Sie nicht den Fehler, Ihren Mast zu lose zu verstagen! Im unruhigen Kabbelwasser des Hafens leidet er dann Qualen:

Das Material der Takelage ermüdet, und Bruchsituationen ereignen sich immer in ungeeignetsten Augenblicken.

Wenn bei hartem Wetter, insbesondere auf Kreuzkursen, das Schwert einer Jolle mehr oder weniger aufgeholt wird, nimmt die Krängung ab, und die Abdrift nimmt zu. Ist genug Raum nach Lee gegeben, sollte diese Sicherheitsmaßnahme im Falle eines Falles bedacht werden.

Eine *Regatta* besteht im Allgemeinen aus mehreren *Wettfahrten*. Gesegelt wird meistens der *Olympia-Kurs*, der durch Bojen oder Tonnen in Form eines Dreiecks markiert ist und Kreuzstrecken, Raumwind- und Vor-dem-Wind-Kurse ermöglicht. Zehn Minuten vor dem fliegenden Start ertönt der *Zeitschuss* (Ankündigungssignal), fünf Minuten später folgt der *Vorbereitungsschuss*, die Mannschaften haben also durch Mitstoppen der Zeit die Möglichkeit, sekundengenau die Startlinie zu passieren.

Als *Regattawitwen* bezeichnet man Ehefrauen und andere Weiblichkeiten, die während der Durchführung von Segelwettfahrten fiebernd auf der Klubterrasse oder am Steg ausharren, bis Männe abgekämpft heimkehrt und wortreich erklärt, warum er nicht gewonnen hat.

Rückwärts Segeln (z. B. beim Ablegen) ist nicht schwer, man kann sich dann allerdings nur in Windrichtung bewegen. Streng genommen sollten wir in diesem Zusammenhang nicht von „Segeln" sprechen, es handelt sich eher um ein kontrolliertes Treiben nach achteraus. Um diesen Kurs halten zu können, muss nach dem Loswerfen des Festmachers die Pinne entweder mittig oder – wenn das Boot abzufallen beginnt – entgegengesetzt zum Baum gehalten werden: Pendelt dieser nach Backbord, geht die Pinne zügig nach Steuerbord – und umgekehrt.

Möchte man (vielleicht nur zur Übung) auf der freien Wasserfläche aus der Vorwärtsfahrt auf rückwärts übergehen, so ist zunächst natürlich ein Aufschießer zu fahren, um das Boot abzubremsen. Solange dieses noch nach vorne ausläuft, ist die Pinne jeweils zu der Seite zu drücken, auf der sich der Baum befindet;

sobald das Boot vom Wind langsam zurückgeschoben wird, ist so zu verfahren, wie eingangs gesagt: Pinne jeweils weg vom Baum.

Wenn auf größeren Schiffen die Planken unheilschwanger knarren, oder in stockdunkler Nacht gruselige Lichtschatten über das Deck huschen, dann denkt der Seefahrer an den **Klabautermann**, einen legendären Schiffskobold und Beschützer der Mannschaft.

Bei einem **Topp-getakelten** Boot greifen Vor- und Achterstag am Mast-Topp an und haben lediglich die Funktion, diesen in der richtigen Stellung zu halten. Auf kleineren Booten ist ein so genanntes Sieben-Achtel-Rigg moderner und effektiver, bei dem das Vorstag entsprechend tiefer am Mast befestigt ist. Durch Dichtsetzen der Oberwanten und/oder Zug am Achterstag kann der flexible Mast den Windverhältnissen angepasst werden, um z. B. bei Starkwind einen Bauch aus dem Großsegel zu ziehen. Manche sprechen von einem Drei-Viertel-Rigg; gemeint ist das Gleiche.

Der Wind wird bezeichnet nach der Richtung, aus der er weht: Nordwestwind **kommt** aus Nordwest.
Eine Strömung wird bezeichnet nach der Richtung, in die sie fließt: Nordweststrom **geht** nach Nordwest.

Denken Sie bitte nicht, dass bei achterlichem Wind (= Segeln vor dem Wind) das Heck Ihre Luvseite ist!!! Diese liegt <u>immer</u> jeweils an Back- oder Steuerbord, und zwar gegenüber dem gesetzten Großbaum.

Ein Schiff befindet sich (rechtlich gesehen) **in Fahrt**, wenn es
– weder vor Anker liegt,
– noch am Ufer festgemacht hat,
– noch auf Grund sitzt.

Als **Überholer** gilt, wer aus dem Bereich heransegelt, den die Hecklaterne bescheint – 135 Grad nach recht achteraus. Bei zweifelhafter Lagebeurteilung bezüglich des Wegerechts haben Kontrahenten jeder für sich die für ihn ungünstige Version anzunehmen und sich besonders umsichtig zu verhalten.

Der Ruf **Wahrschau!** hat seine Bedeutung im Sinne von pass auf!, gib Obacht! (wahr schauen = richtig schauen = genau hinsehen).

Wenn Ihre Jolle gelegentlich sehr luvgierig reagiert, ist möglicherweise das Ruderblatt nicht konsequent abgesenkt. Beheben Sie den Mangel mit einem Ruderblattniederhalter.

Eine **Glasenuhr** ist ein Zeitmesser mit Traditionshintergrund, sie ist auf den meisten Dickschiffen und in vielen Seglerwohnungen zu finden. Ihr blankes Messinggehäuse beinhaltet ein Uhrwerk, das mit hellklingenden Schlägen den vierstündigen Wachrhythmus alter Rahsegler wiedergibt. Dort wurde jede halbe Stunde das Stunden**glas** (eine Sanduhr) umgedreht und durch folgende Schläge der Schiffsglocke begleitet:
Beginn der Wache um 0.00 Uhr,
0.30 Uhr = 1 Schlag,
1.00 Uhr = 1Doppelschlag,
1.30 Uhr = 1 Doppelschlag und 1 Einzelschlag,
2.00 Uhr = 2 Doppelschläge,
2.30 Uhr = 2 Doppelschläge und 1 Einzelschlag,
3.00 Uhr = 3 Doppelschläge,
3.30 Uhr = 3 Doppelschläge und 1 Einzelschlag,
4.00 Uhr = 4 Doppelschläge und Ende der Wache.
Dann wieder beginnend um 4.30 Uhr mit einem Einzelschlag, bis es um 8.00 Uhr erneut mit 4 Doppelschlägen achtmal **glast**.

Bootsgrößen werden nicht selten in **Fuß** angegeben, einer mittelalterlichen Maßeinheit, die von der Länge des menschlichen Fußes abgeleitet wurde. Von Land zu Land gab es früher abweichende Werte – die Füße waren eben nicht überall gleich groß. Heutzutage entspricht die Angabe von einem Fuß in etwa der Länge von 30,45 Zentimetern.

Unter **Kabbelwasser** versteht man unregelmäßige und durcheinander laufende Wellenbewegungen. Diese entstehen durch einander kreuzende Strömungen und Wellensysteme, die aus verschiedenen Tiefdruckgebieten zusammentreffen oder auch, wenn „Echowellen" von einer Kaimauer zurückgeworfen werden.

Nach einem Sturm kann der Wind gelegentlich recht schnell abflauen, das Wasser als trägeres Element bleibt länger in unruhiger Bewegung. Wellengang ohne gleichzeitigen Wind nennt man **Dünung**. Diese kann, als Ausläufer eines Tiefdruckgebietes, auch in Regionen auftreten, in denen es zuvor überhaupt nicht geweht hat.

Aus Kapitel 22 kennen wir den Begriff der **Rumpfgeschwindigkeit** – das Höchsttempo in Verdrängerfahrt. Dieses kann für jedes Boot berechnet werden nach der Formel 2,42 mal Wurzel aus LWL (= Länge in der Wasserlinie). Beispiel:
Eine Jolle von 5,80 Metern Lüa (= Länge über alles) hätte eine LWL von 4,84 Metern (diesen Wert ersieht man jeweils aus dem Messbrief). Dann wird gerechnet: Wurzel aus 4,84 ist gleich 2,2; diese Zahl mit dem Faktor 2,42 multipliziert ergibt als Ergebnis 5,3. Die Rumpfgeschwindigkeit für dieses Boot beträgt also 5,3 Knoten – schneller geht's nicht, außer in Gleitfahrt bzw. (im Regatta-Deutsch) „auf der Glitsche".

Segler verabschieden einander vor dem Auslaufen mit einem kernigen **Mast- und Schotbruch** sowie dem hoffungsvollen Wunsch und häufigen Taufspruch **Allzeit eine Handbreit Wasser unter dem Kiel!**

Fahren Sie niemals unnötig dicht an großen Fahrzeugen vorbei, der Sog des anderen sowie die große Bug- und Heckwelle können Ihnen Schwierigkeiten machen. Außerdem wird Ihnen teilweise die Sicht genommen, und Sie geraten bei ungünstiger Konstellation in totalen Windschatten.

Schwimmfähiges Tauwerk eignet sich besonders für Wurf- und Schleppleinen sowie als Sorgleine an Rettungsringen. Als Ankerleine würde ich es nicht benutzen.

Der Deutsche Segler-Verband vertritt als Dachorganisation die nationalen und internationalen Interessen aller Segelsportfreunde, die in Verbandsvereinen organisiert sind. Gegründet wurde der DSV im Jahre 1888 in Hamburg von den seinerzeit in Deutschland existierenden Segelvereinen. Seine Aufgaben sind vielfältig und werden durch so genannte Fachausschüsse erledigt, wie z. B. die Herausgabe und Überwachung der Wettsegelbestimmungen oder die Erteilung von Segelführerscheinen.

Der DSV ist Mitglied im übergeordneten Weltverband der International Yacht Racing Union (IYRU) und bedeutet uns Seglern das, was der DFB für die Fußballkicker darstellt.

Eine **Seemeile** ist 1.852 Meter lang. Dieses Maß entsteht aus der Teilung des Erdumfangs am Äquator (genauer: eines Meridians, ca. 40.000 Kilometer) in Grad (Entfernung geteilt durch 360) und anschließend in Bogenminuten (voriges Ergebnis noch einmal geteilt durch 60).

Im Segelsport steckt **Tradition**, da haben sich im Laufe der Jahrhunderte natürlich viele Sitten und Bräuche entwickelt, die mancher ganz bewusst pflegt, ein anderer aus seiner persönlichen Einstellung ablehnt oder belächelt.

In einem Buch über Seemannschaft von 1958 ist u. a. ausgeführt:

„An Bord von Yachten darf gesungen und musiziert werden, doch soll das nicht in ungebührlichen Lärm ausarten; Pfeifen ist verboten. Als Musikinstrument bediene man sich der Handharmonika, des traditionellen Bordinstrumentes, und nicht des Grammophons. Außerdem ist es nicht schicklich, laut von einer Yacht nach der anderen hinüberzurufen."

Wörtlich gesehen vielleicht ein bisschen überholt, aber dem Sinne nach ...?!

Nicht aus Tradition, sondern aus **Einsicht** sollten Sie auch als Freund von Flaggen und bunten Wimpeln niemals zwei davon (egal welcher Art) gleichzeitig unterhalb der Steuerbord-Saling vorheißen. Grund: Das könnte aus größerer Distanz mit den Buchstaben N und C des Flaggenalphabets verwechselt werden, die international zum Signalisieren eines Notfalls bestimmt sind. Ist der gegeben, dann dürfen Sie natürlich auch auf diese Weise Hilfe erbitten.

Einen **Knoten** haben wir im Zusammenhang mit den Ausführungen über Tauwerk kennen gelernt – lösbare Verbindungen zweier

Enden. Außerdem werden Schiffsgeschwindigkeiten in der Maßeinheit **Knoten** angegeben – Seemeilen pro Stunde. Es heißt niemals Knoten pro Stunde, das wäre doppelt gemoppelt wie ein weißer Schimmel.

Die **Wassertiefe** wird auf kleinen Booten nicht mit einem Echolot, sondern mit einer Peilstange oder dem Handlot gemessen. Bei klarem Wasser kann man gelegentlich auf beides verzichten und die Algen oder Kiesel auf dem Grund mit bloßem Auge ausmachen.

Schnell und stetig fallender **Luftdruck** signalisiert schlechtes Wetter mit Starkwind. Langsam, aber ständig steigender Luftdruck verheißt Wetterbesserung.

Surfen ist nachts und bei unsichtigem Wetter grundsätzlich nicht gestattet, weil keine Lichter mitgeführt werden können. Eine Laterne am Halsband ist nach den Vorschriften nicht zulässig.

Auf kleinen Booten (Jollen) kann man sich bei Flaute seinen eigenen scheinbaren Wind durch **Pumpen** erzeugen. Da die Luft nicht als Wind in das Segel einfällt, wird das dichtgeholte Segel durch gleichmäßig schwingendes Pendeln (Pumpen) von Backbord nach Steuerbord und zurück gegen die „stehende Luft" gedrückt, indem der Steuermann – mittschiffs im Boot stehend – entsprechende Gewichtsverlagerungen mit seinem Körper vornimmt. Damit kommt man leichter und schneller voran als durch Paddeln.

Der kürzeste Weg ist beim Segeln nicht immer der schnellste. Es lohnt im Allgemeinen nicht, unbedingt Höhe zu kneifen und so hoch wie möglich an den Wind zu gehen. Die meisten Boote laufen wesentlich besser, wenn auf etwas Höhe verzichtet wird – längerer Weg nach Luv, aber mehr Tempo. Kurse vor dem Wind sind relativ langsam, deshalb ist es empfehlenswert, auch hier zu „kreuzen": Wir segeln raumschots und halsen abwechselnd vom Backbord- auf den Steuerbordbug und zurück. Das bringt uns schneller zum Ziel, trotz der größeren Distanz.

Auch **Einhandsegler** betreiben ihr Hobby beidhändig. Gemeint sind damit solche Segelfreunde, die ein größeres Boot alleine segeln, obwohl eigentlich eine Crew an Bord agieren sollte. In den zurückliegenden Jahren gab es viele Einhandsegler, die solo den Globus umrundet haben – eine seemännische Leistung allemal, ob es vernünftig ist und im Einklang mit guter Seemannschaft steht, bleibt umstritten.

Der Propeller eines Motors dreht entweder (von achtern nach vorn betrachtet) rechts herum, also im Uhrzeigersinn, oder umgekehrt. Dabei wird das Heck des Bootes bei rechts drehendem Propeller nach Steuerbord, bei links drehendem nach Backbord versetzt. Dieses physikalisch erklärbare Phänomen nennt man den **Radeffekt**, der durch instinktives Gegensteuern aufgefangen wird. Insbesondere bei Anlegemanövern unter Motor kann der Radeffekt von Nutzen sein: Habe ich einen links drehenden Propeller an meinem Boot, dann lege ich klugerweise möglichst mit meiner Steuerbordseite am Steg an, indem ich im spitzen Winkel auf diesen zufahre. Kurz vor dem Steg lege ich zum Abbremsen den Rückwärtsgang ein, der normal links drehende Propeller läuft jetzt rechts herum und zieht das Heck wunderschön an den Steg.

Antifoulings sind spezielle Anstriche für das Unterwasserschiff, die einen Bewuchs mit Algen und Muscheln verhindern sollen. Bei ihrer Verwendung ist unbedingt darauf zu achten, dass nur umweltverträgliche Produkte verarbeitet werden.

Setzen Sie sich niemals (!!!) beim Segeln neben Ihre Pinne, sodass diese nicht frei nach Backbord und Steuerbord gelegt werden kann. Der Cockpitbereich im Radius der Pinne ist für Steuermann und Mitsegler tabu! Wenn Sie diese Empfehlung missachten, können Sie auch gleich ein Transparent im Mast-Topp fahren mit der deutlich sichtbaren Aufschrift: „Ich habe leider keine Ahnung!"

Segeln – *ein Sport für Reiche?*
Ab einer bestimmten Kategorie ist das sicher zu bejahen: Wenn Sie – nicht nur in Häfen wie Monaco oder Marbella – schnieke

Yachten mit turmhohen Masten und angeheuerter Decksmann-
schaft bewundern, dann sind das selten Boote von Menschen wie
Sie und ich. Allerdings wird damit auch nicht unbedingt Segelsport betrieben, sondern eher Lifestyle praktiziert.

Im Übrigen ist Segeln an sich nicht teurer als viele andere Sportarten oder Hobbys: Auch ein Rennrad oder eine Briefmarken-
sammlung haben ihren Preis, und die Frage ist nicht, ob sich die
Sache rentiert, sondern ob man das macht, was uns Freude bringt
und letztlich zu dem beiträgt, was heutzutage unter Lebensqualität
verstanden wird.

Die Regel aller Regeln nach der BinSchStrO:
Alle Verkehrsteilnehmer haben Vorsichtsmaßregeln zur sicheren
Führung des Fahrzeugs zu treffen, damit kein anderer geschädigt,
gefährdet oder mehr als nach den Umständen unvermeidbar
behindert oder belästigt wird.

„Die Guten schaffen das, um die anderen ist es nicht schade!" –
so die launige Antwort eines Hafenmeisters auf die Frage eines
skeptischen Mitseglers, ob man „bei diesem Wetter" denn wohl
über die Ostsee segeln könne.

*Saisonende – der See ist leer, die Regattatonnen sind eingeholt.
Auf ein Neues im nächsten Jahr!*

32 Und was nun?

Um ehrlich zu sein: Wenn Sie alles das, was dieses Buch anbietet, verstanden haben und in der Praxis anwenden können, dann sind Sie dem Anfängerstadium schon längst entwachsen. Sie sollten sich dann zwar noch nicht für einen Profi halten, aber zu den weit Fortgeschrittenen gehören Sie allemal. Was tun mit diesem geballten Wissen?

Falls für Sie inzwischen feststeht, dass Segeln Ihr Hobby bleiben wird, gibt es im Moment nur eine Empfehlung: Machen Sie den A-Schein! Das ist jetzt nicht mehr schwer: Alles noch ein wenig vertiefen, dazu die komplette Lichterführung sowie optische und akustische Signale büffeln, mehr ist es eigentlich nicht. Vieles wird man wieder vergessen, wenn es nicht zur ständigen Praxis gehört. Mit einem Schein sind Sie jedoch in den Kreis derer aufgestiegen, die ihre Kenntnisse und Befähigung offiziell nachgewiesen haben. Für Bootseigner und Regattasegler ein Muss!

Fachliteratur für Interessierte gibt es jede Menge.

Anregung für Bastler:
Seitenansicht des eigenen Bootes mit
Messingnägeln auf Mahagoni.

Ein Knotenbrett
gibt jedem Raum
den gewissen
maritimen Touch.

Sie brauchen sich nicht unbedingt einer Segelschule anzuvertrauen oder zwecks Ausbildung in einen Verein einzutreten. Jeder kann sich autodidaktisch vorbereiten. Ausgezeichnete Lehrbücher gibt es jede Menge, bezüglich der Praxis beherzigen Sie aber bitte die Vorgabe, dass nur eine Jolle das richtige Boot zum Üben ist. Wenn Sie im Freundeskreis einen guten Lehrmeister finden, wird es nicht lange dauern, bis sie alles beherrschen und schließlich eine praktische und schriftliche Prüfung ablegen können. Setzen Sie sich diesbezüglich mit einem Prüfungsausschuss (PA) des DSV in Verbindung, die Adressen erfahren Sie über jeden Verbandsverein.

Falls Sie lieber langsam, aber dafür noch intensiver in der Ausbildung vorgehen wollen, könnten Sie in einer Segelschule (auch an vielen Urlaubsorten des In- und Auslandes!) zunächst einen so genannten Grundkurs absolvieren, an dessen Abschluss keine Prüfung abverlangt wird. Dann haben Sie den begehrten Führerschein zwar noch nicht in Händen, aber bereits einen guten Überblick als Basis für die weiteren Ambitionen.

Über jedes der vorstehend behandelten Kapitel könnte man ein spezielles und damit weit ausführlicheres Buch schreiben, so vielseitig ist die Gesamtmaterie zum Thema Segeln. Wenn Sie sich in einer guten Buchhandlung einmal umsehen, werden Sie feststellen, dass es da äußerst interessante Literatur und auch Abhandlungen zu solchen Themen gibt, die nur indirekt mit dem Segelsport zu tun haben: Umweltschutz, Natur, Navigation, Astronomie, Bootsbau, Knotentricks usw. Der Spaß am Segeln steigt mit der Zunahme der theoretischen und praktischen Kenntnisse und Fähigkeiten. Insoweit sind es keine verlorenen Stunden, in denen man an Flautentagen oder Winterabenden spannende Fachliteratur in sich aufnimmt und dabei erstaunt feststellt, was es alles zu lernen und zu durchdenken gibt.

Vielleicht hat dieses Buch Sie ein bisschen neugierig gemacht und den Ansporn gegeben, ein faszinierendes Hobby mit Wind und Wonne zu betreiben.

Mast- und Schotbruch!

33 Boote im Winterlager

Ich möchte abschließend die Gedanken unseren treuesten Freunden zuwenden, den Booten, die uns in jeder Saison ergeben zur Seite stehen, manchen Fehler verzeihen und längst nicht immer so liebevoll und pfleglich behandelt werden, wie sie es doch verdient hätten. Diesen Partnern unseres Hobbys, nicht den Sportgeräten, sind die folgenden Zeilen zugedacht:

Die Halle ist groß. Das letzte Tageslicht fällt durch verstaubte Fenster auf die vielen kleinen und größeren Boote, die scheinbar ungeordnet auf Trailern und Polsterunterlagen abgestellt sind. Ruhig ist es, kaum hört man den frischen Herbstwind, der die Halle umweht. Alles scheint friedlich. Doch lassen wir uns nicht täuschen, die Boote ruhen noch nicht! Sie reden miteinander und fallen erst allmählich in den Winterschlaf.

Nun ja, der rundliche Backdecker dahinten ist mal wieder der Erste, der wohlig unter seiner Winterpersenning schnarcht. Aber gleich neben ihm stöhnt ein Vollholzjollenkreuzer, weil er vom ewigen Wasserziehen Rheumaschmerzen in seinen Nähten spürt.

Eine kleine Jolle erzählt stolz, wie sportlich sie in der letzten Saison manche Regatta gewonnen hat. Sie kann es kaum erwarten, im nächsten Frühjahr wieder starten zu können.

Ein Katamaran schräg gegenüber ist traurig: Sein Eigner will ihn verkaufen, und wer weiß, in wessen Hände man gerät?! Sein Nachbar tröstet ihn: Er habe schon dreimal den Besitzer gewechselt und sei jedesmal noch freundlicher behandelt worden.

Ganz anders geht es da dem gelben Dickschiff: Es hat zwar einen schönen Hallenplatz, so mitten drin, wo's mollig warm ist, aber es jammert unaufhaltsam, weil die Trailerauflagen für sein Gewicht viel zu klein sind und mächtig kneifen. In den vorigen Wintern war es die gleiche Qual gewesen, der Rumpf war an den empfindlichen Stellen schon leicht eingedrückt. Das Dickschiff würde gerne mal den Eigner wechseln, es könnte sich wohl nur verbessern.

Glücklich und zufrieden zeigt sich eine schon recht betagte Holzjolle mit Gaffelrigg: Trotz ihres hohen Alters wurde sie noch hart rangenommen, aber das hält sie jung und macht Laune. Sie kann noch gut mithalten mit den „neuen Dingern", und so manche junge Rennziege hat in der Saison neidisch hergeblickt. Ihr Eigner und sie, die sind eben gut aufeinander eingestimmt.

In einem Regal weiter hinten räkeln sich ein Dutzend Surfbretter und streiten lauthals darüber, wer in der zurückliegenden Saison das interessanteste Revier kennen gelernt hätte. Das eine erwähnt daraufhin die Brandung vor Sylt, ein anderes den Jadebusen, ein

Ein solches Winterlager ist eigentlich nicht empfehlenswert.

drittes die Mecklenburgische Seenplatte, das nächste gar schwärmt von einem Ritt über den Gardasee usw., usw. Schließlich meint eines der Bretter: „Ihr könnt sagen, was ihr wollt, aber unser See hier nebenan, zumal bei Windstärke 6, geht mir über alles!" Da sind die anderen still und nicken bedächtig vor sich hin ...

Überraschend für einige meldet sich ein plumpes Motorboot zu Wort und glaubt feststellen zu können, auch eine interessante Saison gehabt zu haben. Die Segelboote zeigen sich pikiert und meinen so von oben herab, was sie wohl mit einem Motorboot gemein hätten! „Tut doch nicht so arrogant!", meint dieses, „ich habe schon manchem von euch geholfen und ihn nach einer Kenterung in den sicheren Hafen gebracht!" Das passt, und alle sind nun freundlich miteinander.

Schmerzen verspürt eine größere Jolle, der beim letzten Anlegemanöver der Steven beschädigt worden war. „Nicht einmal provisorisch bin ich behandelt worden!", beklagt sie sich und rollt beleidigt mit den Augbolzen.

Weiter hinten mag sich ein kleines, noch ziemlich neues Segelboot gar nicht an der allgemeinen Unterhaltung beteiligen. Es schämt sich, weil es ungesäubert, noch behaftet mit dem ganzen Dreck des letzten Sommers, achtlos im Winterlager abgestellt worden ist. Man spürt richtig, wie die anderen ringsherum die Nase rümpfen. Dabei wäre es so gerne blitzsauber gewesen wie das Dickschiff neben dem Hallentor.

Doch auch das hat so seine Sorgen: „Hier bei mir in der Ecke zieht es wie Hechtsuppe. Wenn das den ganzen Winter so weitergeht ..." – „Ach, komm", sagt das etwas größere Nachbarboot, „ich geb dir was von meiner Decke ab, dann hast du es auch warm!" Und geschickt lässt es einen Teil seiner Winterpersenning auf den Frierenden rutschen. Dankbar drückt der Kleinere seine Scheuerleiste an den Großen.

Die Gespräche gehen noch eine Zeit lang hin und her, werden allmählich leiser und pausenreicher.

„Eigentlich haben wir es doch ganz gut", meint schließlich eines der Boote, „im Sommer gibt es viel zu erleben, wir werden manchmal gehätschelt und gepflegt und sind auf einem wunderschönen Segelrevier zu Hause. Im Winter können wir uns ausruhen im trockenen Stall – was wollen wir eigentlich noch mehr?"

Die anderen stimmen zu, machen es sich auf ihren Stellplätzen bequem und beginnen, vor sich hinzudösen und zu träumen.

Die Halle ist inzwischen dunkel geworden, nur ein Strahl der Mondsichel lugt durch das Fenster auf die Bootsgemeinde, die nun den verdienten Winterschlaf erwartet.

Wer doch nur hören könnte, was unsere Boote so zu sagen haben!